权威·前沿·原创

皮书系列为
"十二五""十三五""十四五"时期国家重点出版物出版专项规划项目

BLUE BOOK

智 库 成 果 出 版 与 传 播 平 台

扬州蓝皮书

BLUE BOOK OF YANGZHOU

扬州经济社会发展报告
（2023~2024）

ANNUAL REPORT ON ECONOMIC AND SOCIAL DEVELOPMENT
OF YANGZHOU (2023-2024)

主　编／张长金　　潘学元
副主编／沙志芳　刘　流　朱柏兴　徐志刚

社会科学文献出版社
SOCIAL SCIENCES ACADEMIC PRESS (CHINA)

图书在版编目（CIP）数据

扬州经济社会发展报告.2023~2024/张长金,潘
学元主编;沙志芳等副主编.--北京:社会科学文献
出版社,2024.5
　（扬州蓝皮书）
　ISBN 978-7-5228-3659-1

　Ⅰ.①扬… Ⅱ.①张… ②潘… ③沙… Ⅲ.①区域经
济发展-研究报告-扬州-2023-2024②社会发展-研究
报告-扬州-2023-2024　Ⅳ.①F127.533

中国国家版本馆 CIP 数据核字（2024）第 101255 号

扬州蓝皮书
扬州经济社会发展报告（2023~2024）

主　　编／张长金　潘学元
副 主 编／沙志芳　刘　流　朱柏兴　徐志刚

出 版 人／冀祥德
责任编辑／朱　月
责任印制／王京美

出　　版／社会科学文献出版社·马克思主义分社（010）59367126
　　　　　　地址：北京市北三环中路甲 29 号院华龙大厦　邮编：100029
　　　　　　网址：www.ssap.com.cn
发　　行／社会科学文献出版社（010）59367028
印　　装／天津千鹤文化传播有限公司

规　　格／开 本：787mm×1092mm　1/16
　　　　　　印 张：16.5　字 数：243 千字
版　　次／2024 年 5 月第 1 版　2024 年 5 月第 1 次印刷
书　　号／ISBN 978-7-5228-3659-1
定　　价／158.00 元

读者服务电话：4008918866

扬州蓝皮书编委会

摘　要

2023~2024年度"扬州蓝皮书"是在扬州蓝皮书编委会的指导下，由扬州市社科联组织编写，综合研判扬州经济社会发展形势的第十四部蓝皮书。全书共24篇，重点分析扬州2023~2024年度经济社会发展形势，总结分析重点领域、重点产业、社会事业运行情况。全书以经济社会发展年度数据为研判基础，为扬州新一年经济社会高质量发展提供决策参考。

2023年，扬州市坚持以习近平新时代中国特色社会主义思想为指导，深入学习贯彻习近平总书记对江苏、对扬州重要讲话重要指示精神，完整准确全面贯彻新发展理念，聚焦市委"发力奋进年"各项部署，扎实推进了经济社会高质量发展，中国式现代化扬州新实践实现良好开局。总体来看，全市经济稳步恢复、持续回升，产业发展稳中提质，市场需求总体改善，新兴动能加快壮大，就业物价保持稳定，基本民生保障有力，各项社会事业蓬勃发展，经济社会高质量发展迈出坚实步伐。2023年，全市实现地区生产总值7423.26亿元、增长6%，经济增长重回合理区间。

综合研判，2024年全市农业将保持平稳增长，工业有望延续较快增长态势，服务业将持续稳步恢复，建筑业预计总体保持稳定，以及随着统筹扩大内需和深化供给侧结构性改革的深入推进，固定资产投资、社会消费品零售总额有望保持较快增长，外贸进出口增长承压恢复，有望支撑2024年全市经济增长6%以上。

目 录

Ⅰ　总报告

B.1　2023~2024年扬州经济社会发展形势分析与预测
　　　……………………… 扬州市发展和改革委员会课题组 / 001

Ⅱ　经济发展篇

B.2　扬州高质量发展评价考核研究报告
　　　………………………………… 中共扬州市委组织部课题组 / 014

B.3　2023年度扬州市经济体制改革研究报告
　　　……………………… 扬州市发展和改革委员会课题组 / 025

B.4　2023年扬州市服务业发展研究报告
　　　……………………… 扬州市发展和改革委员会课题组 / 036

B.5　2023年度扬州数字经济发展研究报告
　　　……………………… 扬州市发展和改革委员会课题组 / 046

B.6　2023年度扬州制造业高质量发展研究报告
　　　…………………………… 扬州市工业和信息化局课题组 / 054

B.7　2023年度扬州市开发园区高质量发展路径研究报告
　　　………………………… 扬州市自然资源和规划局课题组 / 062

B.8　2023年扬州开放型经济发展调研报告 …… 扬州市商务局课题组 / 072

B.9　2023年扬州旅游新业态发展研究报告
　　　………………………… 扬州市人民政府办公室课题组 / 081

B.10　2023年扬州体育产业发展情况及对策研究
　　　……………………………………… 扬州市体育局课题组 / 091

B.11　2023年扬州金融形势回顾与展望 …… 扬州市金融学会课题组 / 098

Ⅲ　社会发展篇

B.12　2023年扬州市城乡居民收入与消费状况分析报告
　　　………………………… 国家统计局扬州调查队课题组 / 103

B.13　2023年扬州居民消费价格形势报告
　　　………………………… 国家统计局扬州调查队课题组 / 114

B.14　2023年度扬州乡村振兴战略发展研究报告
　　　…………………………………… 扬州市农业农村局课题组 / 127

B.15　2023年扬州教育事业发展研究报告 …… 扬州市教育局课题组 / 136

B.16　2023年扬州市卫生健康事业发展报告
　　　………………………… 扬州市卫生健康委员会课题组 / 142

B.17　2023年扬州民政事业发展报告 …… 扬州市民政局课题组 / 148

B.18　2023年度扬州特色文化产业集聚区发展研究报告
　　　……………………………………… 扬州市统计局课题组 / 159

B.19　2023年度扬州放大"世界美食之都"品牌建设发展报告
　　　……………………………………… 扬州市商务局课题组 / 169

Ⅳ　公共服务篇

B.20　2023年度扬州市经营主体发展报告
　　　………………………… 扬州市市场监督管理局课题组 / 178

B.21 2023年度扬州公共就业服务体系建设发展报告
……………………… 扬州市人力资源和社会保障局课题组 / 196

B.22 2023年度扬州文旅项目发展研究报告
……………………… 扬州市文化广电和旅游局课题组 / 204

B.23 2023年度扬州市"一件事一次办"改革研究报告
……………………… 扬州市政务服务管理办公室课题组 / 212

B.24 2023年度扬州市道路交通治理现代化发展研究报告
……………………………… 扬州市公安局课题组 / 221

Abstract ……………………………………………………… / 228

Contents ……………………………………………………… / 229

皮书数据库阅读**使用指南**

总报告

B.1

2023~2024年扬州经济社会发展
形势分析与预测*

扬州市发展和改革委员会课题组**

摘　要：　2023 年，扬州市深入贯彻落实党的二十大精神和习近平总书记重要讲话指示精神，紧扣"发力奋进年"决策部署，全力以赴稳增长、扩投资、增后劲，持续推动经济运行整体好转，全市经济实现稳步恢复、持续回升，全市实现地区生产总值 7423.26 亿元、增长 6%，经济增长重回合理区间。2024 年，扬州市将坚持以习近平新时代中国特色社会主义思想为指导，深入落实中央经济工作会议精神，完整准确全面贯彻新发展理念，坚持稳中求进、以进促稳、先立后破，聚焦经济建设中心工作和高质量发展首要任务，切实增强经济活力、防范化解风险、改善社会预期，巩固和增强经济回升向好态势，不断谱写"强富美高"新扬州现代化建设新篇章。

　＊　本报告数据来源于扬州市统计局。
　＊＊　课题组负责人：胡春风，扬州市发改委主任。课题组成员：孙景亮，扬州市发改委副主任；于松海，扬州市发改委国民经济综合处处长（执笔人）；胡凌子，工程师，扬州市重大战略研究与推进中心副主任；茅雨薇、王易成，扬州市发改委国民经济综合处干部。

关键词： 扬州　宏观经济　产业融合

2023 年，扬州市坚持以习近平新时代中国特色社会主义思想为指导，深入学习贯彻习近平总书记对江苏重要讲话重要指示精神，完整准确全面贯彻新发展理念，聚焦市委"发力奋进年"各项部署，扎实推动高质量发展，中国式现代化扬州新实践实现良好开局。总的来看，全市经济稳步恢复、持续回升，产业发展稳中提质，市场需求总体改善，新兴动能加快壮大，就业物价保持稳定，基本民生保障有力，高质量发展迈出坚实步伐。2023 年，全市实现地区生产总值 7423.26 亿元、增长 6%，经济增长重回合理区间。

一　2023年扬州市经济社会发展总体形势

（一）政策举措持续显效，产业发展稳中提质

一是政策效应加快释放。统筹把握政策的时度效，全面评估扬州市 2022 年"1+1+N"助企纾困政策实效，提出延续执行的 8 项"干货"措施，2 月研究出台了扬州市推动经济运行率先整体好转的"42+8"实施细则。在此基础上，9 月制定出台了促进经济持续回升向好的"30 条"实施意见。全年累计新增减税降费 108.88 亿元，惠及市场主体 20 余万家。截至 2023 年 12 月末，全市金融机构人民币存款余额达 10257.24 亿元、增长 15.2%，贷款余额 9758.68 亿元、增长 20.2%。

二是产业科创稳步推进。高规格召开产业科创名城建设推进会，制定出台加快建设制造强市行动方案、六大主导产业集群实施方案和专项政策，扎实推进"613"产业体系建设，六大主导产业集群总产值达 6400 亿元。高端装备产业集群入围中国百强产业集群，邗江数控成形机床产业集群入围全国百家中小企业特色产业集群。建立科技创新双月例会制度，在北京、上

海、深圳等地布局设立11家域外创新中心，航空科技扬州实验室规划建设有序推进。加大创新企业培育，新招引科技型企业695家，新增省创新型中小企业811家。人才引育成效明显，入选国家级引才计划47人、省"双创计划"人才（团队）25人（个）。

三是三次产业融合发展。农业生产稳步增长，粮食生产实现"二十连丰"，绿色优质农产品比重达82%，全市农业增加值增长3.7%。工业生产企稳回升，全市工业开票销售额达到8212亿元、增长5.3%；工业用电量、规上工业增加值分别增长9%和7.2%。服务业发展提质增效，新增省级现代服务业高质量发展集聚示范区3个、省级养老服务高质量发展示范企业1家，18家企业（集聚区）通过省"331"工程综合评价，完成服务业增加值3576.57亿元、增长5.6%，服务业增加值占地区生产总值比重达到48.2%。建筑业保持平稳发展，完成建筑业总产值5450亿元，21家企业入围全省建筑业"百强企业"。

（二）重大项目扎实推进，内需拉动支撑有力

一是产业项目招引成效明显。坚持把招商引资作为"头号工程"，大力营造"大抓项目、抓大项目"的浓厚氛围，先后成功举办"烟花三月"国际经贸旅游节、扬海丝路发展大会，分专题赴欧洲、北京、上海、深圳等地密集开展高质量发展产业推介会，持续掀起招商引资热潮。2023年新签约亿元以上重大产业项目734个，其中50亿元以上先进制造业项目6个，进一步增添了高质量发展后劲。

二是重大项目建设推进有力。坚持把重大项目建设作为"头版头条"，严格落实书记月度工作会议、市政府经济形势分析会暨服务基层现场办公会精神，持续强化重大项目全生命周期管理，及时协调解决项目用地、用能、融资等要素保障问题。阿特斯光储、纳力新材料等9个百亿级重特大项目开工建设，棒杰一期、新霖飞、三笑智能工厂等一批重大项目实现当年开工、当年投产。18个列省、485个市级重大项目年度投资完成率分别达到168.8%和115%。

三是投资消费需求加快释放。制定实施支持民间投资发展"14 条"措施,发布回报机制明确、适合向民间资本推介的项目 32 个,计划总投资 167.5 亿元;全年固定资产投资增长 10.5%、工业投资增长 22.2%,增幅分别居全省第 1 和第 2 位,民间投资占固定资产投资比重在 70% 以上。制定出台促消费"19 条"政策措施,聚焦大宗消费、商贸、文旅等重点领域,全面打响"好地方·好生活"消费品牌,全市实现社会消费品零售总额 1660.64 亿元、增长 9.3%,增幅连续 19 个月居全省第 1 位。

(三)改革开放持续深化,发展活力稳步增强

一是重点改革扎实推进。在全省率先出台《扬州市贯彻落实建设全国统一大市场部署实施方案》,推动江都区入选全省首批民营经济高质量发展示范县(市、区)培育地区。深入实施《扬州市"金扬帆"上市后备企业培育计划》,新增上市挂牌企业 5 家、过会企业 2 家。加快促进国资国企高质量发展,推动国金集团实体化运作,组建成立市大数据集团、能源集团,联环集团获评全国科改示范企业标杆,产投集团信用评级提升至 AAA,交通产业集团信用评级提升至 AA+。

二是营商环境持续优化。连续 10 年出台"2 号文件",连续 3 年以营商环境为主题召开"新春第一会",制定实施《营商环境任务清单》《改革试点清单》《创新事项清单》,项目化推进 70 条任务清单、88 个改革创新事项落实。建立重点行业企业负责同志面对面座谈交流制度,积极帮助企业现场解决问题。发挥 12345 热线"连心桥"作用,诉求答复满意率超 98%。在全省首创将取水权作为企业动产进行质押登记并以此向金融机构申请贷款,10 家企业累计获贷款支持 1.1 亿元。"信用+承诺"审批分级入选全国特色案例,"一企来办"等改革举措被全省复制推广。

三是区域一体化进程加快。北沿江高铁扬州段全线、宁盐高速扬州段开工建设;宁扬城际扬州段进入车站主体施工阶段;龙潭过江通道、仪禄高速一期、江都铁路专用线(物流基地)、扬泰国际机场二期扩建等工程进展有序;京沪高速扬州段扩建工程建成通车。扬泰国际机场年旅客吞吐量突破

300万人次，高铁东站年到发旅客突破千万人次。支持仪征市争创宁镇扬一体化发展先行区、龙山生态新城加快打造宁扬毗邻地区合作示范区，先行首发的8个项目全部实质性开工。

四是开放型经济稳中提质。制定出台推动外贸稳规模优结构"12条"措施，跨境电商综试区公共服务平台上线运行，对"一带一路"共建国家进出口增长11.3%。成功签约中亚（扬州）海外仓项目，与中信保江苏分公司签署深化战略合作协议。举办第四届中德工业4.0暨全球采购大会、第十六届国际汽车轻量化大会。出台《加快推动扬州市港口高质量发展的实施意见》《优化大件装备物流运输服务的意见》，入选国家现代流通战略支点城市，外贸集装箱吞吐量突破20万标箱。

（四）协调发展稳步推进，城乡功能品质持续提升

一是城市更新扎实推进。深入实施历史文化名城保护和有机更新"1+8"方案，配套出台7个专项支持政策，仁丰里、皮市街、广陵路、小秦淮河二期等重点项目有序推进，古运河城区示范段综合整治成效明显，成为市民和游客新打卡地。整治"飞线充电"小区151个。建成"乐享园林"项目12个，市区建成区绿地率42.08%，列全省第2位；城区人均公园绿地面积19.79平方米，列全省第1位。扬州体育公园获评中国体育旅游精品景区。

二是基础设施更加完善。扬子津路西延二期、金湾路南延和江平东路东延涉铁段、开发路东延快速化改造等项目有序推进，新增公共停车泊位3800个，假日期间拥堵指数较2019年下降20%。长江防洪能力提升堤防加固工程基本完工，妥善应对汛期多轮强降雨和洪水侵袭。入选第三批系统化全域推进海绵城市建设示范城市，三年可获得9亿元中央补助资金。

三是乡村振兴深入实施。率先制定出台《关于推进以县城为重要载体的城镇化建设的实施意见》，分类指导宝应、高邮、仪征转型发展，宝应射阳湖镇、高邮龙虬镇、仪征马集镇入选首批国家农业产业强镇。深入开展农村人居环境整治提升"十百千万"行动，累计整治各类农村人居环境问题

2000 多处，农村生活垃圾集中收运处理率达 100%，新建和整改达标农村无害化卫生户厕 2.9 万座，率先完成省定 56 个行政村整村推进"厕所革命"任务。完成 135 个行政村农村生活污水治理，农村生活污水治理率达到 55%。新创成省级特色田园乡村 7 个。

（五）生态文明建设纵深推进，绿色低碳加快转型

一是生态环境治理持续加强。深入打好污染防治攻坚战，累计完成 1300 个大气污染防治工程项目，淘汰国Ⅲ及以下柴油货车 1.2 万辆，生态环境稳步改善。强化高邮湖、邵伯湖溯源排查整治工作，建立周边市县联合河湖长制，与淮安、滁州签订跨界河湖联保共治工作协议，47 个省考以上断面优Ⅲ比例为 95.7%。

二是生态安全屏障逐步筑牢。扎实推进长江经济带高质量发展，整治长江流域入河排污口 281 个，清理整治长江岸线利用项目 19 个，长江生态岸线占比提升至 57.9%，长江扬州段生态景观防护林体系基本形成，扬州获评联合国环境规划署"全球城市生态修复模范市"。建成 7 个生态安全缓冲区，三江营"生态岛"试验区被列入第一批省试点。邵伯湖西湿地生态修复项目入选"中国山水工程"典型案例，"七河八岛"入选国家级森林康养试点建设基地。

三是绿色低碳转型步伐加快。扬州顺利通过国家废旧物资循环利用体系建设重点城市中期评估，获评全国首座"净塑城市"。制定出台《"无废城市"建设实施方案》，扬州化工园区启动省级"无废园区"建设。扎实推进产业绿色化转型，实施绿色化改造项目 110 项，8 家企业入选省级绿色发展领军企业。高邮电池工业园入选国家第二批清洁生产整体审核试点。大力发展绿色清洁能源，稳步推进整县屋顶分布式光伏试点，全市新能源发电装机容量达到 408 万千瓦。

（六）民生保障水平稳步提高，社会民生事业全面发展

一是就业收入稳步增加。坚持就业优先政策，提请市人大在全省率先通

过《关于促进高质量充分就业的决议》，建成市级充分就业示范社区75个、标准化"家门口"就业服务站16个，新增在扬就业创业大学生2.5万人左右。2023年，全体居民人均可支配收入达47717元，增长6.4%，增速高于经济增速0.4个百分点，增幅居全省第2位；其中，城镇、农村居民收入分别增长5.8%和7.4%，增幅分别居全省第2和第4位。

二是民生实事扎实推进。坚持项目化推动、清单化落实，民生"1号文件"明确的6大类50件民生实事项目全面完成既定目标。其中，为全市3.4万名适龄中小学生进行脊柱侧弯筛查项目，被央视"新闻1+1"栏目专题报道。成功入选第二批国家儿童友好城市建设名单。启动农贸市场"一场一策"整治提升行动，古城保护区内全面禁止活禽交易。

三是社会事业均衡发展。深化书香城市建设，新建成城市书房3个，组织开展文化惠民活动2500余场，城市书房建设获评全国全民阅读优秀项目，全链条旅游服务"扬州样板"入选全国旅游公共服务优秀案例。新改扩建中小学、幼儿园15所。入选中央财政支持公立医院改革与高质量发展示范项目。成功举办全国乒乓球锦标赛（决赛）、扬州市第十四届运动会，2023鉴真国际半程马拉松赛获评中国体育旅游精品赛事。创成全国首批市域社会治理现代化试点合格城市，群众安全感达99.13%，创新高。

二 2024年扬州市宏观经济形势展望

2024年是中华人民共和国成立75周年，也是实施"十四五"规划的关键一年，科学确定2024年主要目标、做好经济工作具有十分重要的意义。当前，世界处于新的动荡变革期，我国宏观经济运行一方面风险挑战较多，另一方面面临新的战略机遇。展望2024年，面对严峻复杂的国际环境和各类风险挑战，推动经济持续回升向好仍然面临较大的压力。

（1）从国际看，不确定不稳定因素仍然较多。随着整体通胀率下降、国际贸易逐步恢复，以及美联储货币政策紧缩周期趋于结束，全球经济将持续稳步恢复，呈现一些积极变化。但是，世界经济总体仍将延续低

增长、高通胀、高利率、高债务"一低三高"特征，产业科技、政治安全、金融市场等方面不确定性、不稳定性、难预料的因素依然较多。中美元首再次会晤，两国关系短期内趋向缓和，但美联合盟友对我国打压封锁的本质不会改变，面临的外部环境并没有发生根本转变。国际货币基金组织预测，2024年全球经济增长将放缓至2.9%，2024年预测值相比2023年预测值下调了0.1个百分点，总的来看，世界经济增长动能不足，预计整体仍在低速徘徊，全球贸易和投资可能减少，全球经济增长可能进一步放缓。

（2）从国内看，面临的有利条件强于不利因素。中央经济工作会议指出，当前进一步推动经济回升向好面临一些困难和挑战，主要是有效需求不足、部分行业产能过剩、社会预期偏弱、风险隐患仍然较多，以及国内大循环存在堵点，外部环境的复杂性、严峻性、不确定性上升。但是，我国发展面临的有利条件强于不利因素，疫情对经济增长的波动影响基本消失，各季度之间的增速波动趋缓，随着新型工业化全面部署，战略性新兴产业持续壮大，传统产业加快改造升级，服务业新体系积极构建，数字经济、未来产业、绿色转型等领域将涌现更多新的增量，我国经济回升向好、长期向好的基本趋势没有改变。国际货币基金组织最新预计2024年我国经济将增长4.6%，较此前预测上调0.4个百分点，国际社会普遍看好中国对世界经济增长的贡献。

（3）从扬州看，经济回升向好具有较好基础。扬州市经济与全国全省一样也面临不少困难和挑战，突出表现在市场预期仍须提振、外贸外资依然承压、房地产持续低位运行、新兴动能支撑不够，但全市上下大力实施"产业强市"战略，大抓经济、大抓招商、大抓项目的氛围更加浓厚，产业科创名城、文化旅游名城、生态宜居名城建设深入推进，以及扬州市面临国省战略叠加带来的重大机遇、新一轮科技革命和产业变革带来的产业升级机遇、服务构建新发展格局带来的开放创新机遇，经济稳定增长具有较好的基础和支撑。一是政策持续显效。2023年以来，国家和省、市出台的扩大内需、促进民营经济发展等一系列政策，随着稳增长政策效应的逐步释放，有利于进一步提振市场预期和企业信心。二是项目成效逐步显现。新签约亿元以上产业项目数量创新高，列省和市级重大项目均超额完成年度投资目标，一批重大产业实现了当年开工、当年投产，有利于进一步增强高质量发展后劲。三是产业体系更趋完善。市委八届七次全会聚焦"613"现代产业体系建设，对"一步一个脚印把产业科创名城建设推向深入"作了专题部署，坚定不移推动产业强市建设，有利于更好构筑扬州产业发展的比较优势和综合竞争优势。四是新的赛道正在打造。航空产业加快成长，无人机整机项目顺利下线，扬州入选省政府与中国商飞战略合作重点联络城市。数字技术与实体经济加快融合，"智改数转网联"助力企业增长，数字生活和数字政务蓬勃发展将形成新的经济增量。最为重要的是，我们正在一步一个脚印把总书记对江苏、对扬州的殷切期望化作奋进新征程的强大动力。市委、市政府带领全市上下牢记嘱托、感恩奋进，扎扎实实推进"强富美高"新扬州现代化建设，这将长远支撑和推动高质量发展行稳致远。

综合研判，2024年全市农业将保持平稳增长，工业有望延续较快增长态势，服务业将稳步恢复，建筑业预计总体保持稳定，以及随着统筹扩大内需和深化供给侧结构性改革的深入推进，固定资产投资、社会消费品零售总额有望保持较快增长，外贸进出口增长承压恢复，有望助力2024年全市经济增长6%以上。

三　2024年扬州市经济社会发展对策建议

坚持以习近平新时代中国特色社会主义思想为指导，全面贯彻党的二十大精神和习近平总书记对江苏、对扬州重要讲话重要指示精神，深入落实中央经济工作会议精神，按照省委、省政府和市委、市政府决策部署，完整准确全面贯彻新发展理念，坚持稳中求进、以进促稳、先立后破，聚焦经济建设中心工作和高质量发展首要任务，全面落实"四个走在前""四个新"重大任务，切实提高经济活力、防范化解风险、改善社会预期，从而巩固经济回升向好态势，不断谱写"强富美高"新扬州现代化建设新篇章。

（一）进一步强化预期引导，着力推动经济回升向好

充分发挥政策拉动效应。聚焦更加有效稳预期、稳增长、稳就业，密切关注国家和省政策动向，合理把握政策的时度效，超前做好政策预研储备，强化政策统筹集成，细化抓好承接落地，推动惠企政策"免申即享"，更好释放政策"红利效应"。持续强化经济运行调度。坚决摒弃"居中思维"，强化争创一流意识，全力以赴拼经济，全面加强指标监测预警和经济形势分析，超前做好关键指标、波动行业、异常企业的监测预警，提高经济运行调节的预见性、针对性和有效性，全力以赴推动经济持续回升向好。加强经济宣传和预期引导。注重从提振市场主体信心、激发市场主体活力入手，紧扣经济运行、项目建设、产业发展等重点领域，通过新闻发布、专题访谈、政策解读等多种形式，加大正向宣传引导力度，发出扬州高质量发展好声音。

（二）进一步扩大有效需求，着力促进投资消费良性循环

积极扩大有效投资。坚持把重大项目建设作为经济工作的"头号工程"，按照"招引一批、开工一批、建成一批、储备一批"的思路，分级储备、梯次推进重大项目建设，扎实推进列省和市级重大项目建设。持续优化"扬州项目"App功能，强化项目建设跟踪、列统企业申报指导、投用效益评价等全生命周期跟踪调度，推动签约项目早落地、建设项目多投入、投用项目早达效。促进消费持续恢复。持续打响"好地方·好生活"促消费品牌，聚焦商贸、文旅、体育、大宗消费等领域，深入开展系列促消费活动。持续放大"世界美食之都"城市品牌效应，支持餐饮企业连锁经营，着重招引餐饮知名品牌和首店落户扬州。积极支持刚性和改善性住房需求，稳步推进房票跨区使用，加大高品质住宅供给，着力促进房地产市场平稳健康发展。推动外贸外资平稳发展。用足用好稳外贸12条措施，支持优势企业加强与"一带一路"共建国家、RCEP成员国等重点国家（地区）的合作，鼓励和组织企业参加境内外重点展会，积极帮助企业拓市场、抢订单。大力

发展跨境电商，加快推进海外仓建设。聚焦稳存量、扩增量，推动一批代理转自营、总部订单转移、扩大产能等增量项目，引导企业以并购、增资扩股、利润再投资等多种形式扩大投资。

（三）进一步深耕产业转型，着力培育经济发展新动能

持续激发企业创新活力。紧扣"613"产业体系，加快推进航空科技扬州实验室、国汽轻量化研究院、北京机电所创新中心等标志性项目建设。扎实推进产业链、创新链、人才链深度融合，持续做大创新载体、做优创新平台、做强人才支撑，加快培育新质生产力，更多依靠创新驱动实现内涵型增长。加快建设"613"产业体系。深入宣传贯彻《扬州市产业科创促进条例》，聚焦六大主导产业和13条新兴产业链，分领域健全完善推进机制，统筹推进传统产业升级焕新、新兴产业发展壮大、未来产业加速布局，推动六大主导产业集群规模持续扩大、占比稳步提升。聚焦高端装备、新材料、新一代信息技术等优势领域，加快培育一批开票销售额过百亿元的"链主型"龙头企业。统筹推进产业融合发展。深入实施生产性服务业十年倍增计划，大力发展研发设计、现代物流、科技金融、工业软件等生产性服务业，着力推动生产性服务业占服务业比重稳步提升。扎实推进数字技术和实体经济深度融合，做优做强扬州智谷、广陵新城软件产业园、扬州数字经济产业园等一批专业平台，培育发展人工智能、大数据、云计算等数字核心产业。加快完善碳达峰碳中和"1+N"政策体系，积极争取省碳达峰碳中和试点，着力推动发展方式绿色转型。

（四）进一步深化重点改革，着力增添高质量发展动力

持续优化提升营商环境。聚焦世行新一轮营商环境评估体系，围绕市场主体实际需求和全生命周期服务，配合市人大出台《扬州市优化营商环境条例》，制定实施《2024年扬州优化提升营商环境任务清单》，持续打造一流营商环境。加强政务诚信建设，建立健全政府守信践诺机制，营造良好的诚信施策环境。全面深化重点领域改革。全力服务全国统一大市场建设，严

格落实"负面清单"制度，谋划储备一批管长远、先导性的改革路径举措，着力降低市场准入成本。健全完善政银投企融资对接常态化服务机制，加大对先进制造业、重大项目、绿色发展、民营小微等重点领域和薄弱环节的支持力度。大力支持民营经济发展。建立健全民营经济工作推进机制，制定实施促进民营经济发展壮大的专项政策举措，进一步加大用地、用能、融资等要素保障力度。支持江都区建设省级民营经济高质量发展示范区。稳妥推行包容审慎监管，坚持优先指导企业进行合规整改，引导执法检查部门合理运用行政裁量，依法采取轻罚免罚等审慎监管措施。

（五）进一步放大区位优势，着力推动区域一体化发展

联动推进长三角一体化和长江经济带发展，聚焦产业科创名城建设，推动创新要素资源加快聚集，着力在创新和产业协同上取得更大进展。聚焦交通互联互通，加快推动扬州东站联络线、宁盐高速、宁扬城际过江隧道等项目开工建设，超前做好西北绕城高速扩建、润扬第二过江通道等项目前期工作，稳步建设国家现代流通战略支点城市。全面推进新型城镇化建设和城乡融合发展。深入推进以县城为重要载体的城镇化建设，着力促进县城人口集聚和综合功能提升，加强对县域经济的研究指导和考核奖励，稳步提升县域对全市经济增长的贡献度。统筹推进大运河文化带建设。支持宝应、高邮、江都3个省级试点地区，积极探索生态产品价值实现路径，加快推动长江国家文化公园、"江河交汇"千年运口保护展示等一批标志性工程项目建设。积极参与"一带一路"建设。充分发挥中阿（联酋）产能合作示范园引领带动作用，推动境外园区产业集聚，加快培育一批公共海外仓，打造一批国际产能合作重点项目、重大平台。

（六）进一步抓牢民生实事，着力保障和改善民生

大力推动富民增收。更加突出就业优先导向，深入开展高校毕业生、退役军人、农民工等重点群体就业服务攻坚行动，确保重点群体就业。扎实推

进居民收入倍增计划、中等收入群体壮大行动和富民强村帮促行动，适时调整最低工资标准，多渠道增加居民收入，着力推动居民收入与经济增长保持同步，不断缩小城乡居民收入差距。扎实做好民生服务。聚焦"急难愁盼"问题，坚持尽力而为、量力而行，扎实推进 2024 年民生实事项目清单落地，着力提升公共服务水平。深化解决"一老一小"问题，支持社会力量多元化参与，扩大普惠养老、托育供给，积极创建社区嵌入式服务设施建设全国试点城市。全面强化安全保障。精准做好迎峰度夏、迎峰度冬等关键时点能源电力保供，加强科学调度、预测研判和能源筹措，着力保障居民和企业生产生活用电；统筹抓好耕地保护和粮食安全、粮食和物资储备、长输油气管道和电力安全整治、重要民生商品保供稳价等工作，切实兜牢民生底线。

经济发展篇

B.2
扬州高质量发展评价考核研究报告

中共扬州市委组织部课题组*

摘　要： 高质量发展评价考核是贯彻新发展理念、推动高质量发展走在前列的一项重大制度安排。建立健全考核体系、用好用活评价机制，既能为地方发展提供重要标尺，也能为导向引领、激励约束等作用发挥打通现实路径。2023年以来，扬州以党中央、省委对高质量发展提出的明确要求为根本遵循，运用系统化思维对综合考核的指标体系、评价手段、结果运用进行通盘考虑，把高质量发展目标任务具体化，将考评推进过程精细化，形成了一套在理念、制度、政策、实践等层面有利于推动高质量发展的评价考核体系，以考核效能为"好地方"扬州凝聚源源不断的发展动能。

关键词： 高质量发展　考评机制　扬州

---

* 课题组负责人：徐龙，扬州市委组织部二级巡视员。课题组成员：王兵，扬州市委组织部三级调研员；吴凯，扬州市委组织部县区干部处处长、一级主任科员；郭鹏，扬州市委组织部县区干部处副处长、综合考核处处长；张雷，扬州市委组织部综合干部处处长、干部队伍建设规划办主任；于松海，扬州市发改委国民经济综合处处长；殷璐，扬州市统计局监测评价处处长；何宇，扬州市邗江区方巷镇四级主任科员、裔家村党总支副书记（执笔人）。

一 扬州高质量发展评价考核工作简要情况

自 2019 年扬州市全面实施高质量发展综合考核以来，综合考核工作总体历经三个阶段：第一个阶段是全面启动和规范化建设阶段，时间是 2019~2020年，以考核工作规定等一系列制度性文件为标志；第二个阶段是整体推进和责任化落实阶段，时间约为 2021 年，以明确指标责任制并上升到考核委层面为标志；第三个阶段是持续深化和精准化实施阶段，时间约为 2022 年至今，以年度目标与实际结果纳入评价为主要标志（见图 1）。经过几年的探索实践，扬州高质量发展评价考核逐步形成较为完善的指标体系、运行体系和保障体系，积累了一些有益的做法和经验，综合考核的"指挥棒"效应日益凸显。

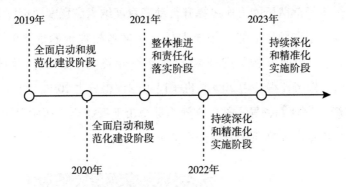

图 1 扬州高质量发展评价考核工作简要情况

资料来源：扬州市委组织部课题组。下同。

二 扬州高质量发展评价考核体系的主要特点

（一）指标体系"全面立体"，引领导向作用鲜明有力

一是紧紧围绕中心服务大局。坚持党中央、省委部署什么就重点考核什么。对标国考、省考指标体系，紧扣市委"发力奋进年"各项工作要求，

研究制定扬州市 2023 年"1+3"系列考核文件。"1"为高质量发展综合考核实施办法,"3"为县(市、区)、功能区,市级机关单位,市属国有企业三类指标体系及实施细则(见图 2)。明确 4 类考核对象,对全市 6 个县(市、区)、3 个功能区、87 家市级机关单位、9 家市国资委监管的市属国有企业以及所有市管领导班子和领导干部实施考核。二是全面贯彻落实新发展理念。加大制造业增加值、研发支出占比、亩均税收、PM2.5 平均浓度等指标考核权重,着力提升考核质效。在此基础上,深化差异考核、精准考核,压减指标数量并且保持相对稳定,实行县(市、区)、功能区分类考核,在 6 个县(市、区)设置近 33%的差异化、个性化指标,根据各地各单位发展定位和目标任务,既考特色强项又考短板弱项,引导各板块集中精力办好大事要事,使它们发挥各自优势,实现错位发展。三是锤炼干部队伍能力作风。将干部队伍能力作风提升行动满意度纳入满意度评价体系,并将之作为领导班子和领导干部(领导人员)年度考核评价的重要内容。明确县(市、区)、功能区领导班子和党政正职年度考核,综合考核得分占60%、重点工作考评得分占 20%、班子民主测评得分占 20%,用地方部门发展的"实绩"来评判领导干部,有效引导全市上下摒弃"居中思维",提振争先信心,推动扬州高质量发展走在前列。

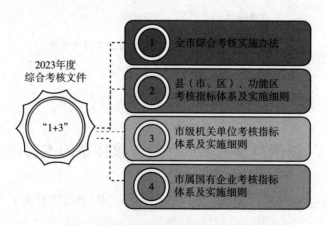

图 2　2023 年扬州市综合考核文件体系

（二）考评机制"科学高效"，统筹推进作用充分显现

一是动态监测、精准评价。坚持过程管理和结果控制相统一，改变年底"一考定终身"的考核方式，在往年实践的基础上，优化建立月度评价、季度评估、半年评点、年终评定"四评"跟踪监测机制，强化考核工作预警提示、跟踪推进作用，改进完善指标整改落实、推进督办机制，形成目标制定、过程管理、绩效评价、反馈提升的闭环链条。二是高位运行、加强调度。不断优化考核指标"三级调度机制"，部门月度、市政府双月、常委会季度常态化研判调度省考指标。市委书记工作会每月调度主要经济指标、通报各板块市考结果，市政府每两个月召开市长专题办公会，围绕省考高质量绩效评价指标，要求每一位分管副市长、每一家责任单位主要负责人分析现状、查找短板、预估排名、明确方向、提出措施。市委常委会季度研判省考指标，由市领导带头汇报省考指标完成情况，通过抓实关键项目、核心指标的动态跟踪、即时调度，推动"干在平时、比在平时"。三是明晰责任、压茬推进。提请市委考核委出台《年度省高质量发展综合考核指标推进方案》《年度省高质量发展综合考核指标任务分解》，形成"三级责任清单"和市领导、考核责任单位两张"案头清单"，把考核指标、考核事项细化到分管市领导、责任部门、职能处室和具体责任人，确保落实"无盲区"。注重指标平时跟踪、数据分析研判，及时评估推进进度、风险等级等，形成督察专报并及时报送分管市领导和各牵头部门。针对所有省考指标，尤其是排名靠后的弱势指标，督促各牵头责任单位形成"一指标一方案"，使它们明确推进落实措施及序时进度。市委考核办及时会同两办督察室等牵头部门组建督察专班下沉一线，对基础薄弱、进度滞后的工作预警提示、督促提醒。

（三）结果运用"动真碰硬"，监督激励作用有效发挥

一是考人考事深度融合。编印《乡情手册》，其中一镇一概况一表格，

集中展示上年度各方面工作成效、镇域经济发展质态、高质量发展综合考核结果排名，以及乡镇党政正职基本信息和近三年年度考核结果，制作《县（市、区）领导干部分管工作考核结果清单》《县处级干部工作实绩清单》，通过"一手册两清单"的实绩考核，以干成之事评价干事之人，不断完善"考事"与"考人"相结合的"双考机制"，既着力解决领导班子同吃"政绩大锅饭"等问题，杜绝"躺平""躺赢"，也直观展示干部任职前、任职期间指标质态、争先进位情况，为党委选人用人、年度考核提供重要依据。二是级差评分区分有度。在年度综合考核中坚持差异打分、不打"和牌"，明确要求最高分和最低分的分差不小于总分的10%，不允许出现"同分"现象，保持列入第三、第四等次的单位不少于总数的10%，拉开各单位差距。市委市政府每年召开高质量发展总结大会，对考核先进地区进行通报表彰，这有效营造了对标找差、竞相发展的浓厚氛围。三是奖优罚劣激励担当。把考核结果作为干部选拔任用、评先奖优的重要依据，让干得多的有甜头、干得好的有奔头。一方面，对于表现特别突出的"全能冠军"，如综合考核"一等"等次单位上调优秀比例，对连续三年综合考核"一等"等次单位主要负责人记二等功；另一方面，针对"单项冠军"，创新设立"特别贡献单位"奖，对于在攻坚突破、对上争取、争先进位、品牌创建等方面表现突出、贡献较大的市级机关单位，提高领导班子和全体干部年度考核评优比例及绩效奖金比例。同时，强化责任约束，在"对连续两年考核'三等'等次的单位，次年内一般不从中提拔领导干部"的基础上，明确提出综合考核"三等"及以下等次，或领导班子被确定为"一般"及以下等次的地区和单位，应当向市委写出书面报告，剖析原因，提出整改措施。

三　扬州高质量发展评价考核取得的成效

扬州高质量发展评价考核体系坚持以习近平新时代中国特色社会主义思想为指导，认真贯彻党中央决策部署和省委工作要求，认真落实"四个走在前""四个新"重大任务，导向鲜明、重点突出，完整准确全面贯彻新发展理念，全面反映推动高质量发展的内在要求，考核体系的作用发挥越来越明显，切实凝聚起推动高质量发展走在前列、建设"强富美高"新扬州的强大合力。

（一）绩效评价的良好态势持续巩固

综合质效稳中有进。市委考核办会同各牵头部门，逐月调度、逐旬推进主要经济指标运行，推动综合质效类指标全年稳中有进。"列省重大项目清单项目建成率"指标稳居前列，18个列省、485个市级重大项目列统投资完成率分别达170%、125%，全年完成值预计位列Ⅱ类地区第1；"民间投资占固定资产投资比重及增速"指标势头良好，2023年全市民间投资同比增长10.7%，占固定资产投资比重达72.9%；社会消费品零售总额同比增长9%左右、增幅连续19个月居全省第1。创新发展增添动能。通过持续提升创新发展类指标权重，引导各地各部门以科技创新带动高质量发展，为扬州市加快"613"产业体系建设持续增添动能。为"研发支出与地区生产总值之比及增速"指标设置5分权重，推动社会研发投入占地区生产总值比重提升0.2个百分点；明确对"每十亿元地区生产总值发明专利拥有量"进行绩效评价考核，有力拉动全市专利拥有量同比增长23.5%。绿色发展走深走实。通过加强对"单位地区生产总值能耗""单位地区生产总值用水量"等能耗类指标的考核，一体落实"双碳"战略、推进绿色低碳转型，单位用水量下降4.2%，单位能耗预计位列Ⅱ类地区第2。持续加大生态环保类指标的扣分力度，推动各地各部门不折不扣完成中央、省环保督察反馈事项问题整改，以及污染防治突出问题等专项整治，生态环境有效改善。PM2.5年均浓度降至33.4微克/米^3，空气质量优良天数比例达76%，省考以上断面优Ⅲ比例稳定在95.7%（见表1）。

表1 部分绩效评价指标完成情况

序号	类别	指标名称	计量单位	完成情况
1	综合质效	列省重大项目清单项目建成率	%	18个列省、485个市级重大项目列统投资完成率分别达170%、125%，全年完成值预计Ⅱ类地区第1
2		民间投资占固定资产投资比重及增速	%	72.9%，增速10.7%
3		国内贸易增量贡献率	%	社会消费品零售总额同比增长9%左右，增幅连续19个月居全省第一
4	创新发展	研发支出与地区生产总值之比及增速	%	社会研发投入占地区生产总值比重提升0.2个百分点
5		每十亿元地区生产总值发明专利拥有量	件	每十亿元地区生产总值发明专利拥有量21.4件，增长23.5%
6	绿色发展	单位地区生产总值能耗	吨标准煤/万元	预计Ⅱ类地区第2
7		PM2.5年均浓度	微克/立方米	截至12月28日，PM2.5年均浓度33.4微克/米^3
8		空气质量优良天数比例	%	截至12月28日，空气质量优良天数比例为76%

（二）党建引领的生动局面加快形成

坚持把党的政治建设摆在首位，将党建引领与高质量发展同部署、同推进、同考核，县（市、区）、功能区全面实施党建乘数计分法，推动各地各部门围绕中心抓党建、抓好党建促业务，以高质量党建引领高质量发展。政治建设不断夯实。将第二批主题教育摆在突出位置，赋予"组织开展学习贯彻习近平新时代中国特色社会主义思想主题教育"指标10分权重（占比10%），各板块把主题教育作为重大政治任务，高质高效完成各项"规定动作"，扎实推进"践行嘱托建功'好地方'"实践活动，扬州主题教育工作获中央指导组高度肯定。组织建设全面过硬。以"绿扬先锋"工程为统领，统筹设置"推动城乡基层党组织全面进步全面过硬""加强新兴领域党建工作"两个指标，推动树立"大抓基层"鲜明导向，村级党群服务中心建设水平不断提升，全市村均集体经营性收入大幅提高，产业链党建加快覆盖。紧扣"绿扬薪火"工程，对"着力发现培养选拔优秀年轻干部"指标明确考核标准，大批优秀年轻干部被发掘出来、提拔上去，基本完成省委下达的目标任务。纪律建设驰而不息。在党建考核中将纪律建设和反腐败斗争摆在突出位置，持之以恒推进正风肃纪反腐，坚持从严管理抓在日常、抓在经常。纪检监察部门重点围绕"推进政治监督具体化精准化常态化"指标，持续加强对融资平台、违规借贷等重点领域的政治监督，全市累计化债超218亿元，推动隐性债务平均融资成本下降至5.05%。"整治群众身边腐败和不正之风"成效显著，作为指标重要评价标准的2023年全市进京赴省访批次居全省低位。

（三）担当作为的实干氛围浓郁浓厚

综合评价考核"风向标"，提振了干部群众干事创业的精气神，激发了各级干部担当作为的正能量，奖优奖勤的好氛围更加浓厚，全市各级干部的竞争意识、服务意识和求实意识显著增强，推动高质量发展走在前列的自信与自觉空前高涨。能力作风全面提升。将干部队伍能力作风提升行动纳入满意度评价体系，并作为年底考核、干部选用的重要参考，组织重大任务跟踪式考察和"担当指数"评价，引导全市党员干部破除"居中思维"、争当标兵示范，形成了崇尚实干、带动担当的正向激励氛围。会同市委、市政府督察室制定2023年市级基层减负重点任务及督察检查考核计划，市级发文、开会数量分别同比减少7.86%、1.89%，有效为基层减负提能。服务意识显著增强。聚焦在发展中保障和改善民生，针对统筹城乡发展、公共服务领域短板弱项，设置"居民人均可支配收入""困难群众服务保障覆盖率""安全生产和消防安全水平"等指标，推动党员干部把人民对美好生活的向往作为根本追求，不断增强党员干部的为民服务意识。2023年未发生较大及以上和有影响的安全生产事故，严重精神障碍患者服务管理率达100%，居民人均可支配收入增幅为6.3%，保持全省前列。上争激励有所突破。在市级机关考核体系中围绕上争资金、督察激励明确设置加分项，有效引领各机

关部门明晰方向比学赶超、锚定目标勇争一流。全省唯一入选中央财政支持公立医院改革与高质量发展示范项目、全省首个北沿江高铁扬州段率先获得全线用地批复、"三年磨一剑"入选系统化全域推进海绵城市建设示范城市等一批上争突破的先进典型相继涌现。

四 优化高质量发展评价考核体系的对策建议

综合考核是一个与时俱进、不断发展的工作。扬州市在超前谋划2024年综合考核制度体系过程中，突出问题导向、求解思维，坚持大稳定、小调整，使综合考核更好体现时代性、把握规律性、富有创造性。

（一）在顶层设计上更加突出政绩导向

认真贯彻落实习近平总书记关于树立和践行正确政绩观的重要论述，将是否坚持高质量发展、是否坚持以人民为中心、是否坚持打基础利长远等作为重要评价内容，在指标设置、考核计分上进一步强化正确政绩观引导。一是持续聚焦高质量发展。对标国省指标体系，落实党中央及省委部署的重点任务，把真正体现高质量发展内涵、体现走在前做示范重大使命的指标选出来、考起来。在全面承接国省指标的基础上，聚焦市委市政府重点目标任务，围绕"三个名城"和"613"产业体系建设明确10个左右具有引领性、关键性、支撑性的市考指标，加大权重配比，不断提升大局贡献度。二是始终坚持人民至上。探索将满意度评价情况和民生指标数据、其他关联数据进行比对分析，引导各地各单位践行以人民为中心的发展思想，不断增强广大群众的幸福感、获得感、安全感。三是强化激励创先争优。改进市级机关考核体系，增设加减分项，对法治建设、生态环境保护等具有普遍性、约束性的共性工作设置减分项指标，采取"负面清单"式管理；对受到国省督察激励、取得重大创新突破等情形予以加分，按照"目标规划、过程管理、年终考评、持续改进"实施全周期管理，改变以往指标与实际结合不紧密等问题，进一步激发机关部门在高质量发展中争先创优的动能。

（二）在推进机制上更加突出协调联动

一是坚持统分结合。继续优化"考核委领导、考核办统筹、牵头单位推进、责任单位落实"的一体化运行机制，积极发挥考核办"统"的职责，重点抓宏观指导、政策制定和等次评定、结果应用；提高责任部门"分"的活力，分分数、分职责、分权限，让专业的人干专业的事，提高部门和基层的积极性、创造性。二是加强考核力量。适时扩大考核办成员单位，探索将人社局、商务局、国资委等部门作为副主任单位，推动表彰奖励向考核好的板块部门倾斜，进一步抓实开发园区、国有企业考核。统筹协调各部门资源力量，督促考核牵头部门（如编办等）专人专岗专责负责考核工作，形成部门支持考核、人人参与考核的良好氛围。三是充分赋权压责。鼓励支持职能部门加大平时考核力度，对市委确定的重点考核指标开展定期督察检查，将结果纳入年终综合考核，同时在市级机关考核中加大对省考结果"拖后腿"单位的扣分力度，针对省考被亮黄灯、排名靠后的指标，对各板块的该项指标作统一降等处理，推动各板块多做贡献。同时，考核指标既分解到县区板块，也作为牵头部门的关联考核内容，形成"部门联动推进，责任捆绑奖惩"的共同体，引导各级干部明确发展定位、奋斗目标。

（三）在评价体系上更加突出精准高效

目前，扬州市已建立健全月度评价、季度评估、半年评点、年终评定"四评"的工作机制，市领导亲自调度考核指标，这在全省有特色有影响，但仍有改进提升之处。一是开展季度评比。将全年指标任务分解到各季度，由牵头单位评选季度"流动红旗""红黑榜"，形成月月冲刺、季季争先、以季保年的发力奋进势头。二是推进"点穴"监测。聚焦重大项目、民生实事、近年来省考薄弱指标等涉及面广、群众关注度高的工作，开展"点穴"监测，对存在问题的指标开展函件预警提醒，通过一个指标串联一批单位、推动一片工作，推动各地各单位"比在平时、干在平时"。三是实地跟踪问效。注重拓展考核场景，坚持在现场看、摸"活情况"，组织各牵头

单位形成考察调研组，定期围绕重点地区、重要部门、薄弱单位上门开展蹲点调研，对违反客观规律大干快上、举债搞"半拉子工程""形象工程""面子工程"和统计造假等及时予以扣分，也通过具体事例、实干实绩、群众口碑来评价干部，推动考人和考事结合更紧密，从而更好服务干部队伍建设。

（四）在综合运用上更加突出考用结合

一是持续细化结果反馈。扬州市参照省里做法，主要对各板块指标评定结果进行反馈，各责任单位在"评价结果"中提出了存在的问题和改进建议，但立足各板块实际，对现有问题的分析还不够深、点得还不够透。在2024年度考核结果反馈时，精细化制定考核结果反馈单，对指标得失分及背后反映出的问题、班子和干部的现实表现等进行梳理分析，将之原汁原味地反馈至各板块各单位。对考核等次靠后、结果波动较大或问题较为突出的单位，组织考核责任单位"面对面"反馈指出问题，"点对点"上门专题辅导，推动各地各部门优化职能履行方式，指导被考核单位明确努力方向。二是优化评价"担当指数"。参照省"担当指数"试点经验和先进地区相关做法，部署开展全市领导干部"担当指数"评价，紧密结合"两张清单"，细化评价要素、操作办法，对干部年度履职担当情况进行量化计分，同步将综合考核推进情况和考核结果作为领导干部"担当指数"评价的重要依据，切实画准干部履职担当"立体像"。三是以考促用实时提升。注重在高质量考核评价中识别干部、监督干部、培养干部，依托"一手册两清单"，对考核评价中存在问题的干部，采取批评教育、诫勉谈话等方式，及时提醒、打招呼，防止苗头性问题发展为大问题。依据各张"考卷"的考核结果，有针对性地加强干部教育培养，按照"缺什么补什么"的原则，对领导干部进行调学调训、安排实践锻炼，从而补齐其能力素质短板。让各级干部拓宽思路、开阔眼界，使他们努力在推动高质量发展上有新作为、真作为、好作为、大作为。

B.3
2023年度扬州市经济体制改革研究报告

扬州市发展和改革委员会课题组*

摘　要： 经济体制改革是全面深化改革的重点。2023年，扬州市经济体制改革工作坚持以习近平新时代中国特色社会主义思想为指导，全面贯彻中央、省委和市委深化改革的决策部署，聚焦"放管服"综合服务改革、供给侧结构性改革、新发展格局构建等重点领域，谋划和推出了一批重要改革事项和创新改革举措。这些改革取得了丰硕的成果，推动了经济总体回升向好。

关键词： 经济体制改革　供给侧结构性改革　扬州

2023年是全面贯彻落实党的二十大精神的开局之年，也是全市锚定高质量发展目标的"发力奋进年"。面对经济下行压力和各类风险挑战，全市上下坚持以习近平新时代中国特色社会主义思想为指导，以全面深化改革为主线，聚焦改革重点领域、关键环节，统筹推进经济体制改革，主要经济指标总体改善、回升明显，发展质量稳步提升，经济运行整体恢复向好。

一　经济体制改革总体情况

经济高质量发展扎实推进。三次产业协调发展，粮食生产实现"二十

---

* 课题组负责人：卞春宏，扬州市重大项目办公室副主任。课题组成员：陶晶，扬州市发展和改革委员会经济体制改革处处长；姜金元，扬州市发展和改革委员会经济体制改革处副处长；贾倩颖，扬州市发展和改革委员会经济体制改革处干部（执笔人）；经济体制改革专项小组成员单位提供素材。

连丰";工业开票销售额超 8200 亿元,数控成形机床产业集群入围全国中小企业特色产业集群"百强";服务业增加值增长 6%。固定资产投资增长 12% 以上,社会消费品零售总额同比增长 9% 左右,增幅位居全省前列。18 个列省、485 个市级重大项目分别完成投资 202.9 亿元和 1539 亿元,完成年度计划的 170% 和 125%。

区域协调发展持续增强。持续打造长三角中部地区综合交通枢纽,北沿江高铁扬州段率先全线开工,京沪高速扬州段改扩建工程建成通车,扬泰国际机场年旅客吞吐量超 320 万人次,宁盐高速扬州段、扬州东站北东联络线开工建设,仪禄高速一期、龙潭过江通道、宁扬城际等加速推进,扬州市入选国家现代流通战略支点城市。市、县两级国土空间总体规划获批启用。

融合开放发展加快形成。扬州经开区全国排名大幅进位,维扬经开区、广陵经开区进入省级开发园区前十强。实施"一带一路"项目 33 个,对共建"一带一路"国家进出口增长 11.3%。落地首只 QFLP 基金,设立境外商务联络处 6 个,新招引世界 500 强及跨国公司项目 6 个,新设外资企业 153 家。新增国际友好交往城市 2 个。[①]

绿色低碳发展转型加速。完成大气污染防治工程项目 1300 项,实施水污染防治重点工程项目 134 个,重点建设用地安全利用率 100%。市、县企业绿色化改造项目 77 项,创成省级以上绿色工厂 26 家,单位地区生产总值能耗同比下降 2.4%。全市新能源发电装机容量达到 408 万千瓦,编制完成氢能产业规划和制定专项支持政策,新建加氢站 2 座。[②]

二 重点领域进展

1. "放管服"综合改革有序推进

高效畅通涉企审批渠道。在全省率先建成政企一体化电子印章公共服务

---

① 数据来源于扬州市商务局。
② 数据来源于扬州市生态环境局。

平台，企业电子印章建设入选全国"数字城市管理创新成果与实践案例"。推进"无证明大厅"建设，取消2个事项7类证明材料，简化69个告知承诺事项105类证明材料，163类电子证照可实时调用。全省率先打造全市一体化"屏对屏、掌端勘、网端查"远程不见面踏勘模式，勘验平均时长缩减至19.47分钟。创新搭建为企办事平台。全省首创"一企来办"机制，搭建"一企来办"企业综合服务新平台和线下联通联办专区。发布首批"免申即享"26条政策清单，助力政策直通企业，实现政府部门一个平台推政策、企业一个平台找政策，为企业提供"一站式服务"。持续升级便民政务服务。全省首家建成支付宝小程序旗舰店，首批推动市664个高频事项线上填写、掌上申报。打造市级智慧政务大厅3.0版，为办事群众提供一站式智慧自助服务，全面提升24小时自助办、智慧办服务水平。全市1391个便民服务中心（站）实现"全科综窗"全覆盖，上线"帮办代办线上服务平台"，"15分钟政务服务圈"基本建成。①

2. 供给侧结构性改革持续深化

产业结构更加优化。锚定产业科创名城建设"主航道"，优化调整"613"产业体系，规上工业增加值增长7%左右，新增国家专精特新小巨人26家、省级创新型中小企业811家。建筑业总产值达5450亿元，21家企业入围省建筑业"百强企业"。新增省级现代服务业高质量发展集聚示范区3个，18家企业（集聚区）入选省"331"工程综合评价认定名单，生产性服务业占服务业比重达58%。要素保障不断强化。加强土地要素指标的市域统筹、分级保供，对省市重大项目用地"应保尽保"。推动152个项目、7657亩用地"交地即发证"，71个项目"拿地即开工"，保证扬泰机场二期、阿特斯等重大项目第一时间落地建设。投资消费需求加快释放。出台支持民间投资发展"14条"措施，发布回报机制明确、适合向民间资本推介的项目32个、计划总投资167.5亿元；民间投资占固定资产投资比重在70%以上。打造"好地方·好生活"消费品牌，市县联动举办促消费活动

———————————

① 数据来源于扬州市政务办。

500余场、发放超4500万元的惠民券，入选一刻钟便民生活圈建设国家试点城市。邗江入选全国首批县域商业领跑县（区）。①

3.服务构建新发展格局蹄疾步稳

积极扩大高水平对外开放。制定实施稳外贸"12条"，跨境电商综试区公共服务平台上线运行，综保区保税电商业务开通，启动中欧（扬州）智能制造产业园。扬杰电子科技股份有限公司越南项目中方协议投资2.13亿美元，为全市近年最大的境外投资项目。举办第四届中德工业4.0暨全球采购大会、第十六届国际汽车轻量化大会。主动融入区域一体化发展。紧扣长三角中部地区综合交通基础设施建设，345国道扬州西外环路、328国道以南段建成通车；新集南段全线路基填筑完成30%。加快推动市域一体化，老淮江公路改扩建工程建成通车，新增市县公交线路11条，全市城乡交通运输一体化发展水平达5A。江淮区域集装箱枢纽港能级提升，开通精品航线，加密3班至上海港"五定"班轮，集装箱吞吐量累计突破70万标箱，创历史新高。持续赋能数字扬州建设。做优做强扬州软件园、广陵新城软件产业园、扬州智谷、扬州数字经济产业园等专业平台，实施智改数转网联项目2136个，创成新增省级智能工厂6个、工业互联网标杆工厂8个。②

4.服务建设全国统一大市场成效显著

建章立制高位推进。成立联席会议，建立不当干预全国统一大市场建设行为问题整改和典型案例约谈通报制度。在全省率先出台《扬州服务建设全国统一大市场任务清单》《扬州市贯彻落实建设全国统一大市场部署实施方案》，压实压紧部门责任。公平竞争亮点突出。全国率先探索建立产业政策公平竞争后评估制度，完成产业政策文件评估329份，其中修改20份，废止24份；延伸公平竞争审查触角，实现市、县、乡三级政府和组成部门、产业园区全覆盖。2件反不正当竞争案例入选《中国反不正当竞争执法年度报告》。要素资源顺畅流通。依托江苏省土地二级市场网，规范相关交易行

---

① 数据来源于扬州市自然资源和规划局、扬州市商务局。

② 数据来源于扬州市交通运输局和扬州市商务局。

为，强化市场监管，今年全市共有 81 宗国有建设用地使用权发生转让，交易面积 2220 亩；在挂牌的 108 个地块中，无住宅地块与产业、商业、外资等捆绑上市。常态化开展科创、绿色、乡村振兴等多领域政银企融资对接活动 86 场次、签约授信金额超 1221.46 亿元。信用修复高效便捷。建立"一网通办、跨平台联动"机制，实现一次申请、跨平台修复。惠及市场主体3799 户，实现数据多跑路、企业少跑腿，有效降低企业塑信成本。

5. 国资国企改革稳步深入

国有经济稳中有进，2023 年底，9 家市属国有企业资产总额为 2685.46亿元，同比增长 12.99%；所有者权益总额为 921 亿元，同比增长 6.62%；累计实现营业收入 398.48 亿元，同比增长 10.36%。信用评级突破提升，扬州经开区产投集团信用评级提升至 AAA，交通产业集团、扬州新材料公司主体信用评级由 AA 提升至 AA+。国有资本布局优化，起草《关于持续深化市属国有企业布局优化和结构调整的建议方案》，赋能扬州"6 群 13 链"产业发展，推动国金集团实体化运作，成立大数据集团、能源集团。企业董事会建设逐步完善，推动建工控股集团、联环集团董事会专门委员会建设，完善外部董事、职工董事配备，优化市属国有企业董事会成员结构。市场化转型步伐加快，协调推动建工控股集团增持扬建公司股权，实控资产增加 118亿元。牵头发起并指定联环集团设立 10 亿元产业专项基金，助力全市医药产业集聚发展。指导扬子江集团依法依规完成时代公司破产重整；破解扬汽集团发展困境，调整经营模式、管理模式、生产组织方式，大力发展定制客运、汽车销售、驾培维修等业务，其中汽车销售板块业务取得突破性增长。①

6. 民营经济高质量发展务实推进

惠企政策落地有效。陆续出台"2 号文件"、推动经济率先整体好转的"42+8"实施细则、促进经济持续回升向好的"30 条"等政策，惠及市场主体超 20 万家，减税降费 0.68 亿元，办理再贷款再贴现 128.45 亿元、延

---

① 数据来源于扬州市国资委。

期还本付息 419.99 亿元，投放普惠小微激励资金 1.35 亿元，信用担保在保规模超百亿元，试点"标准地+定制地+双信地"项目 63 个、4876 亩，完成专利、商标质押融资 26.1 亿元。聚焦民营企业发展堵点、痛点问题，加快出台《关于促进民营经济发展壮大的若干政策措施》。营商环境全面优化。建立营商环境突出问题处置机制，开展"中小企业服务月"活动，政务服务专员有 4200 人，惠及企业 3480 家；开通"办不成事"局长热线，开展"部门一把手走流程"活动，累计推动超 2 万件企业诉求得到快速响应、高效解决；全市 12345 热线受理企业群众诉求 196.01 万件，满意率为 99.53%。在全省率先实现市内企业迁移登记"一次申请、当场办结"，连锁企业分支机构"批量网办"全省复制推广，企业开办常态化实现 0.5 个工作日、零费用办结。制定"双随机、一公开"监管计划 833 项、跨部门联合监管计划 329 项，出台免罚、轻罚、减罚"三类事项清单" 648 项。"邀约检查+派单执法+包容审慎"柔性执法新模式入选全省首批交通运输优化营商环境典型案例。

7. 科技创新人才体系加快建设

人才集聚提档升级。赴北上广深等地举办 10 场"绿扬金凤"高层次人才创新创业大赛，落地项目 21 个；首次立项 10 个"绿扬金凤计划"企业专家工作站，入选国家级引才计划 47 人、省"双创"人才（团队）25 人（个），分别同比增长 62%、70%。首次市县联动赴高校开展 9 场"扬州人才校园日"活动，设立"扬州工匠日"，实施人才安居工程，为 15816 人次发放人才租购房补贴，建成高品质人才公寓 1.25 万套、青年人才驿站 14 家，引进各类人才 2.5 万人。创新动能蓬勃迸发。建立科技创新工作双月例会制度，出台深化科技体制改革三年攻坚实施方案。长三角国家创新中心（扬州）服务中心正式投入运营，"新型储能电池""高能量密度薄膜电容器" 2 个"拨投结合"重大技术创新项目正式落户，开工建设航空工业国家卓越工程师学院暨中国航空研究院研究生院、航空谷设计研发中心、航空科技扬州实验室，布局设立域外创新中心 11 个，新招引科技型企业 695 家，高邮获批国家创新型县（市）。组织实施产业前瞻与关键核心技术攻关项目

102 项、重大科技成果转化项目 104 项。①

8. 财税金融管理机制更加完善

财税管理效能提升。推进事权和支出责任划分改革，进一步完善财政"大监督"长效机制，收缴入库资金 5050.1 万元。加强财政绩效管理，制定出台市级部门整体绩效评价管理暂行办法，开展多层次绩效评价。一体推进智慧税务、税费服务、税收监管"三个中心"建设，孵化形成智慧产品 47 个，完成集约处理任务 75 万条。金融赋能实体发展。出台金融支持制造业高质量发展政策，建立"1+9+N"政银投企融资对接机制，新设产业基金 15 只、总规模 299 亿元。探索政府性融资担保机构市县一体化改革，融资担保在保余额 195.8 亿元，同比增长 34%；年化综合费率 0.59%，处在历史低位。推动担保产品创新，7 个"见贷即保"产品为 4382 户小微企业提供担保 104.83 亿元。创新推出"商户保"，填补个体户领域产品空白。制造业中长期贷款、普惠小微企业贷款余额分别同比增长 67.9% 和 17.3%。实施"金扬帆"上市后备企业培育计划，设立深交所扬州基地，全市现有上市公司 25 家、"新三板"挂牌公司 26 家、上市后备企业 180 家。②

9. 农业农村现代化建设迈上新台阶

强抓党建引领集体经济发展。出台三年行动计划，深入开展"六抓六促"行动，实施富民强村帮促项目 34 个，新建村级集体农场 15 个，村集体经营性收入增长 7%。新增国家级农业龙头企业 2 家。不断完善帮扶增收长效机制。拨付市级财政衔接推进乡村振兴补助资金 2000 万元，分类扶持被帮促村建设产业发展项目。扩大乡村公益医疗互助项目试点，防范化解因病致贫返贫风险，全市共计 31 个乡镇实施试点项目，覆盖 411 个行政村 50.58 万人。持续推进乡村振兴示范带建设。印发《2023 年扬州市乡村振兴示范带建设任务清单》，深入开展农村人居环境整治提升"十百千万"行动，建成省级特色田园乡村 15 个、农村生态河道 620 公里，新改建农村公路 280

---

① 数据来源于市委组织部。

② 数据来源于市财政局和市地方金融监督管理局。

公里、农桥 88 座，在全省率先完成整村推进"厕所革命"任务。举办首届乡村休闲旅游节，农业电商销售额、休闲农业经营收入分别同比增长 6.5%、9%，村级物流服务点覆盖率达 90%。[①]

三　目前重点改革领域存在的短板和不足

在当前依然严峻复杂的宏观经济形势下，制约经济持续高质量发展的深层次体制机制矛盾还没有得到彻底解决，经济持续回升向好的基础还不牢固。一是投资消费增长速度趋缓，国内需求不足且出口订单萎缩；居民消费总体偏弱，居民预防性储蓄增多，消费增速呈现逐月减缓趋势。二是产业结构升级存在压力，重点打造的航空、新能源汽车、生物医药等产业尚未形成规模优势，现有的重点产业依然集中在化工、冶金、线缆及传统装备、传统燃油车、通用船舶制造等行业。三是人力资源供给仍有矛盾，大量毕业生与市场需求匹配度不高，人才激励政策对掌握核心技术的高端实用型人才吸引力不强，高层次人才流失明显。四是持续创新动力不足，全社会研发投入占 GDP 比重低于省均、国均，高新技术企业的源头储备不足，省独角兽企业和全国重点实验室还未实现零的突破。

四　深化经济体制改革的对策和建议

2024 年，经济体制改革将坚持以习近平新时代中国特色社会主义思想为指导，切实发挥经济体制改革的牵引作用，全面深化改革，强化创新驱动，持续激发经济发展的动力活力。

1. 坚决落实"两个毫不动摇"，让国企敢干、民企敢闯

坚持对市场主体一视同仁，从制度和法律上使国企民企被平等对待。深化国资国企改革。持续推进市属国企结构优化和布局调整，着手谋划扬州市

---

① 数据来源于市农业农村局。

新一轮《国有企业改革深化提升行动方案》；重点谋划产业投资集团的组建、能源集团的发展、大数据集团的数字产业化，推动国有企业转型升级。加快推动企业上市。压实市属国有企业主体责任，积极梳排解决上市进程中的问题，加快上市步伐。提升国有企业数字化水平。鼓励支持市属国有企业加速数字化、网络化、智能化转型升级，推动新一代信息技术与实体产业深度融合。促进民营经济发展壮大。制定出台《关于促进民营经济发展壮大的若干政策措施》，严格落实全国"一张清单"管理，保障民营企业依法平等进入负面清单以外行业领域。建立市场准入壁垒投诉和处理回应机制，完善典型案例归集和通报制度。拓展民间投资领域，常态化梳理向民间资本推介的国家重大工程和补短板项目、重点产业链供应链项目、完全使用者付费的特许经营项目清单，鼓励民营企业参与重大工程建设。加大财税金融惠企力度，强化用地、用工、用能、环境等要素保障。

2. 着力打造高标准市场体系，积极服务构建新发展格局

服务建设全国统一大市场，着力破除各种形式的地方保护和市场分割，全面打造高质量市场环境。加快推进设施、商品和服务市场高水平统一。加快市场设施高标准联通，深度融入长三角一体化，科学编制国家现代流通战略支点城市实施方案，加快推进江淮集装箱枢纽港建设，推动内河—长江—海洋水水中转、多式联运发展。打造让消费者满意的消费环境。打响"好地方·好生活"促消费品牌，聚焦汽车、家电等大宗商品，更加精准发放惠民券；加强产品质量监督抽查力度，新增一批线下实体店无理由退货承诺商户，进一步释放消费潜力。持续优化提升营商环境。聚焦世界银行新一轮营商环境评价体系，借鉴国内先进地区经验做法，制定实施《2024年优化提升营商环境任务清单》。完善"一贯到底"的惠企政策直达服务平台，推动更多惠企政策"免申即享"。健全市县乡三级中小企业服务体系，优化"一企来办"企业综合服务平台，打通服务企业"最后一公里"。常态化组织举办企业家座谈会，开展"政商桥""亲清直通车"等系列活动，健全营商环境问题反馈、督办、解决闭环机制，打造亲商安商富商的发展环境。

3.聚焦"一带一路",建设更高水平开放型经济新体制

主动参与共建"一带一路",充分发挥扬州市交汇点的区位优势,深化产能项目合作和双边贸易往来。加快招商引资步伐。聚焦海外优势资源,借助驻外使领馆、国际组织、国际商协会的合作平台,开展境外点对点招商、专业化招商、精准化招商。加强与跨国公司总部对接,深入实施"走进跨国公司总部计划",鼓励出访团组与外资企业总部机构直接沟通,精确掌握投资方向。推动外贸外资平稳发展。用足用好稳外贸12条措施,鼓励和组织企业参加境内外重点展会,积极帮助企业拓市场、抢订单。大力发展跨境电商,加快推进海外仓建设。聚焦稳存量、扩增量,推动一批代理转自营、总部订单转移、产能扩大等增量项目,引导企业以并购、增资扩股、利润再投等多种形式扩大投资,推动外贸外资扩量提质。

4.加快新旧动能转换,大力推动现代化产业体系建设

大力推进新型工业化,发展数字经济,培育壮大未来产业。深化科技体制机制改革。完善产业科创名城建设工作组织机制,健全科技创新专题例会制度。深化实施三年行动方案、科技创新五大工程,统筹推进创新联合体组建、关键核心技术攻关、重大科技成果转化;全面壮大科技型中小企业、高新技术企业、创新型领军企业;全力打造高水平实验室、高能级研发机构、高转化率创新载体。加快建设"613"产业体系。聚焦6大主导产业和13条新兴产业链,分领域健全完善推进机制,推动六大主导产业集群总产值规模突破7000亿元。聚焦高端装备、新材料、新一代信息技术等优势领域,加快培育一批"链主型"龙头企业。重点瞄准第三代半导体、氢能核心装备、新型储能、深海空天、前沿新材料等领域培育产业链条,加快形成新质生产力。

5.强化组织保障,确保规定动作做到位、自选动作做出彩

高度重视经济体制改革工作,充分发挥领导小组的统筹协调作用。围绕改革工作要点,定期开展督察问效工作,对各项改革事项"回头看",及时发现和解决问题。科学构建政策制度体系。在2023年总结"大收官"的基础上,科学谋划2024年扬州市经济体制改革工作要点,规划改革任务推进

的时间节点，明确各项改革任务的责任单位、具体责任人，建立工作联络机制并及时推动落实新要求新部署，形成上下贯通、协调有力、运转有序的工作格局。狠抓改革任务推进落实。加大督察力度，对尚未取得实质性进展的改革任务的各责任地区和部门，通过发提醒函、督办单等方式督促整改落实，确保改一项成一项。建立全市统一的改革工作台账，推行动态管理，对形成的改革亮点、创新进行表彰，通过比亮点、比落地、比成效，形成你追我赶、自我超越的浓厚氛围。

B.4
2023年扬州市服务业发展研究报告

扬州市发展和改革委员会课题组*

摘　要： 本报告第一部分从全市服务业整体运行情况和各县（市、区）服务业发展情况等方面，概述了2023年扬州市服务业发展的阶段性特征；第二部分概述了2023年以来统筹开展服务业目标管理工作、全力推进服务业项目招引建设、培育壮大服务业市场主体载体和加快推进服务业新体系建设四个方面重点工作开展情况；第三部分概述了按照目标任务，服务业下一阶段需要重点做好的工作。

关键词： 扬州　服务业　目标管理

2023年，扬州市服务业发展领导小组办公室深入贯彻落实党的二十大精神，根据市委市政府"发力奋进年"工作部署，以构建优质高效的服务业新体系为引领，强化统筹联动，凝聚工作合力，全力推进招商引资、项目建设、企业培育、产业升级等重点工作，以服务业的提质增效为全市经济高质量发展蓄势赋能。

一　2023年扬州市服务业发展现状

（一）总体情况

2023年，扬州市服务业实现增加值3576.6亿元，同比增长5.6%，占

---

* 课题组负责人：胡春风，扬州市发改委主任。课题组成员：孙景亮，扬州市发改委副主任；王斌，扬州市发改委服务业处处长；汤鑫，扬州市发改委服务业处副处长（执笔人）。

地区生产总值比重48.2%。新增规上服务业企业351家，较2022年同期增加48家。

全市规模以上服务业企业营业收入同比增长11.9%。从门类看，物流业增长2.2%，信息服务业增长11.1%，租赁和商务服务业增长20.9%，科技服务业增长20%，居民服务业增长22.6%，文化、体育和娱乐业增长2.3%。[①]

（二）扬州市服务业分县（市、区）运行情况

1. 宝应县

2023年服务业增加值390.41亿元，增长6%，占地区生产总值比重41.5%，较2022年同期上升1.4个百分点。投资15亿元的极兔智慧供应链产业园项目开工建设，获批列省重大产业项目、列省现代服务业重点项目，计划2024年上半年建成投运。荷仙食品大型冷链物流中心项目获批中央预算资金补助825万元，是全市唯一获批项目，新建本地单体面积最大的冷库。韵达物流、极兔物流两大头部物流企业入驻宝应商贸物流园，电商快递业务辐射苏中苏北地区，打造苏中区域物流枢纽。开发区综合物流园、运河港口物流园均取得良好的经济和社会效益，保障全县地方工业产品、粮食农产品等贸易运输。出台《加快推动服务业高质量发展的实施意见》文件，明确了全县服务业重点目标、构建"3+4"现代服务业产业体系、实施提质增效"六大工程"，引领服务业高质量发展。

2. 高邮市

全年服务业增加值433.16亿元，增长5.4%，占地区生产总值比重41%，较2022年同期上升0.7个百分点。实现新签约亿元以上服务业重大项目19个；扬州市级"三新"服务业重大项目新开工4个、新竣工4个、新达效3个。总投资10亿元的好地方康养酒店综合体项目成功列省，年度计划投资5亿元，实际完成年度投资5.7亿元，完成率114%。中环艾能

---

① 数据来源于扬州市统计局。

（高邮）能源科技有限公司创成省级第三批两业融合试点。中农康正和通邮电商园两家企业被评为扬州市级领军企业；颐乐养老被评为长三角健康服务业示范培育企业；邮畅物流被评为江苏省创新示范物流企业；邮畅物流的综合物流服务项目创成扬州市级标准化试点项目。积极贯彻落实国家、省、市关于促消费的相关政策，制定年度促消费工作计划，以消费券、消费抽奖、消费满减、促销会展等多种形式，开展促消费系列活动 5 场次，累计使用财政资金 515 万元，直接撬动消费超过 4000 万元。

3. 仪征市

全年服务业增加值 486.2 亿元，增长 5.2%，占地区生产总值比重 46.6%，较 2022 年同期上升 1.5 个百分点。建立健全培育库，强化部门协作和园镇联动，建立健全"准规上"服务业企业库，全年新增规上服务业企业 40 家，超目标任务 10 家，全市规上服务业企业达 186 家。务实开展招商工作，全年新签约亿元以上服务业项目 25 个、5 亿元以上项目 3 个。加快项目进度，中国电信江北数据中心三期项目被列入省现代服务业重点项目库，全年共 15 个项目通过扬州市新开工、新竣工和新达效认定。以服务业集聚区为载体，提高资源优化配置和共享水平，扬州长江石化物流中心入选省级现代服务业高质量发展集聚示范区，扬州（仪征）大数据产业园、曹山综合贸易区成功入选扬州市级现代服务业集聚区，全市省市级服务业集聚区达 6 家。

4. 江都区

全年服务业增加值 573.12 亿元，增长 5.5%，占地区生产总值比重 43.7%，较 2022 年同期上升 0.7 个百分点。形成以江都港区、扬泰机场为核心，商贸物流园、宏信龙物流园、恒亿物流市场、阿波罗物流中心、新世纪物流园等为重要组成部分的货运枢纽体系，年初，阿波罗物流中心获评省级服务业高质量发展集聚示范区、沿江港口物流园获评省级物流示范园区。围绕企业培育、特色打造、模式创新，加快服务业转型升级、提质增效，创成省级现代服务业领军企业 1 家（阿尼信息技术股份有限公司），全年新增规上服务业企业 80 家，新增总量居全市第一。引导金陵鼎衡、中船澄西、泰富特材、华彩光电等企业进行主辅分离并积极申报市级服务业专项资金，全年共获市级现代服务业发展专项资金补助 330 万元。

5. 邗江区

全年服务业增加值 689.3 亿元，增长 5.7%，占地区生产总值比重 57.2%，较 2022 年同期上升 1 个百分点。新增规上服务业企业 53 家，全区在库规上服务业重点企业超 350 家，占全市在库规上服务业重点企业总数的 1/4。省工勘院获评省级现代服务业高质量发展领军企业。实现两业融合特色发展。扬州高新区、丰尚获评省首批两业深度融合标杆引领典型区域，庆峰集团获评省两业融合试点单位。扬州明月湖现代商务服务业集聚区、扬州绿色节能建筑服务业集聚区获批省级现代服务业高质量发展集聚示范区。全区建成商务楼宇 46 幢，入驻企业超 2000 家，带动就业 2 万余人次，全年税收超 6 亿元。重新修订《关于加快现代服务业发展的奖励扶持意见》，全力支持重点行业、融合试点、骨干企业、集聚区和公共服务平台建设。全年上争市级服务业发展引导资金 595 万元、兑现本级引导资金 575 万元。

6. 广陵区

全年服务业增加值 529.69 亿元，增长 5.2%，占地区生产总值比重 63.2%，较 2022 年同期上升 1.8 个百分点。围绕年度目标任务，突出优质项目招引、龙头企业示范引领等工作重点，注重结构调整，加快资源整合，推动全区服务业经济稳步提升。全年新签约亿元以上服务业项目 30 个，新开工服务业重大项目 8 个，18 个服务业重大项目竣工达效，新增服务业规上企业 38 家，广陵经开区、扬农化工、海沃机械创成省级两业融合试点单位，创成市级服务业领军企业 2 家，东关街创成国家级旅游休闲街区，仁丰里创成市级服务业集聚示范区。皮市街、仁丰里特色街区获中央电视台、《新华日报》及《人民日报》等主流媒体多次报道，帮助企业上争市级现代服务业发展引导资金 315 万元。

7. 扬州经济技术开发区

全年服务业增加值 305.96 亿元，增长 6.1%，占地区生产总值比重 41%，较 2022 年同期上升 2.2 个百分点。全区以全省现代服务业"331"工

程为引领，以全市服务业"三计划两工程"为指导，贯彻落实《扬州市"十四五"服务业发展规划》，印发2023年度服务业工作要点，升级原有服务业发展政策，发放2022年度服务业提质增效奖补资金，努力为扬州服务业新体系建设做出贡献，奋力打造全国服务经济转型发展示范区。总体突出目标化、特色化的发展要求，规上服务业总量提升至129.9亿元、增幅7.3%；新实施服务业项目120个，计划总投资85.1亿元。升级了原有服务业发展政策，并发放2022年度服务业提质增效奖补资金1425.03万元；大力推动主辅分离，已推动分离注册企业14个，其中，年度已新增列统企业5个。

8. 生态科技新城

全年服务业增加值76.58亿元，增长7.3%，占地区生产总值比重44.1%，较2022年同期上升3.1个百分点。对新城数字经济、未来产业进行分析，梳理形成"数字经济、未来产业、生产性服务业"产业图谱，明确打造三类载体、集聚示范路径。服务业固定资产投资同比增长10.8%，其中高技术服务业投资占比27.6%，有效发挥了促进经济持续回升向好的重要引擎作用。壹米滴答智慧物流园、航空科技实验室成功入选2024年省级重大项目清单；扬州软件园、扬州航空谷、上海产研院、扬州协同创新研究院等科创平台拔地而起，中航研究生院、601所等高校院所密集落户。新入库服务业企业36家，新认定省级两业融合深度发展试点企业1家，新认定市级工程技术研究中心2家。

9. 蜀冈—瘦西湖风景名胜区

全年服务业增加值92.28亿元，增长6.1%，占地区生产总值比重85.4%，较2022年同期上升1.1个百分点。打造资源集约、区域集聚、服务集成的服务业集聚区，长春路美食文化创意集聚示范区成功获评省级现代服务业集聚示范区。集聚区目前已入驻企业和商户200余家，全年服务市民和游客超200万人次，年营业收入达12亿元。挂牌成立扬州园林产业园，打造富有景区特色的楼宇经济新载体。建立园林产业园联席工作制度，营造"联席会议+运营公司+入园企业"共生、共享、共治的新型园区生态，加快招引孵化有活力、有竞争力的本土园林园艺企业，培育和发展全产业链的大园林产业，推动城市空间文化特色彰显与优势产业高质量发展。2023年实现营收7亿元，税收3000万元。首届中国（扬州）服务机器人产业发展峰会暨产需对接会在景区成功举行，扬州服务机器人应用体验中心正式上线。作为全国首家服务机器人应用体验中心，扬州服务机器人应用体验中心汇集了30余家高端机器人企业的50多款机器人产品，集中展示了全产业链上下游服务机器人技术创新成果及应用场景。[①]

二 2023年服务业重点工作开展情况

1.统筹开展服务业目标管理工作

一是突出目标导向。充分发挥市服务业发展领导小组体系优势，以领导小组办公室名义印发了《关于下达2023年扬州市服务业工作目标的通知》《扬州市服务业发展领导小组成员单位2023年工作要点》，形成了市县联动、部门协作推进服务业发展的工作体系。二是强化运行分析。实时了解企业运行情况和诉求建议，定期督察推进主要指标完成进度，按月将服务业主要指标完成情况提交书记工作会和市长经济形势分析会，剖析各地短板弱项并向他们发送工作提示单。三是开展规划评估。根据市委、市政府总体部署，组织开展《扬州市"十四五"服务业发展规划》中期评估并向市人大做专题汇报，精准分析规划实施前半程取得的进展和成效，研究提出后半程推进思路和举措，确保规划中的各项目标任务顺利完成。

2.全力推进服务业项目招引建设

一是强化招商引资。承办扬州（上海）高质量发展产业推介会，组织开展系列招商活动，全年新签约服务业亿元以上项目207个，市发改委直接招商签约落户3个亿元以上服务业项目。二是强化项目建设。印发实施《现代服务业重大项目全流程认定和管理细则》，规范服务业项目"四新"

---

① 数据来源为扬州市各县（市、区）、功能区发改委（经发局）。

认定流程，新开工、新竣工、新达效服务业重大项目分别有 50 个、53 个、47 个，均超额完成年度任务。15 个列省服务业重点项目完成投资 86 亿元，占年度投资计划的 136.5%；326 个市级服务业重点项目完成投资 520 亿元，占年度投资计划的 113%。三是强化资金支持。精准发挥市级服务业专项资金"助推器"作用，联合市财政局组织开展年度服务业专项资金申报，安排专项资金 1944 万元用于支持企业开展服务创新和"两业"融合项目建设，有效助推了项目建设提力加速。

3. 培育壮大服务业市场主体载体

一是强化市场主体培育。强化对月度新增"准规上企业"的梳排跟踪，精准服务和指导企业升规入库，全年新增规上服务业企业 351 家，完成全年目标的 117%，数量创历年新高。1～11 月，全市规模以上服务业企业实现营收 715.8 亿元，同比增长 12.7%。二是强化示范载体培育。深入实施现代服务业"三计划两工程"，打造层次清晰、有序衔接的服务业载体发展梯队，全年新认定市级服务业集聚区、领军企业和融合试点共 24 家，31 家企业通过市级领军企业综合评价，获评省级现代服务业示范载体 24 家。三是强化人才队伍建设。举办扬州市"新产业、新人才、新城市"（现代服务业）专题培训班，组织 55 名服务业企业负责人和高层次人才赴南京、常州、苏州、南通等地边走边看边学，使他们进一步开拓思路、更新观念，引导企业通过融合创新发展路径做大做强。

4. 加快推进服务业新体系建设

一是大力推动物流提质发展。以成功纳入国家现代流通战略支点城市布局为契机，全面推动物流业提质发展，印发实施《扬州市现代物流业高质量发展三年行动计划（2023～2025 年）》《优化大件装备物流运输服务的意见》。牵头推进全市港口高质量发展，印发《关于加快推动扬州市港口高质量发展的实施意见》，1～12 月，全市港口集装箱吞吐量累计完成 75.8 万标箱，同比上升 25.9%。二是持续深化两业融合发展。以两业融合为路径加快服务业新体系建设，不断激发产业发展内生动力。持续开展"走进开发园区 深化融合发展"系列活动，三次走进省级以上开发园区宣讲融合创新政策，引导园区和入驻企业以两业融合为路径，推进园区二次创业高质量发展。扬州高新区获评省级两业深度融合标杆引领典型区域。

此外，提请市政府召开中介服务业发展座谈会，起草编制《关于支持中介服务业集聚区提质发展的若干措施》；衔接省发改委年度重点工作，牵头开展平台经济调研并编制《扬州市平台经济发展情况报告》，梳理形成了扬州市平台经济重点企业名录；促进楼宇经济发展，盘活利用现有楼宇资源，编制全市楼宇资源信息汇编，为服务业新兴业态发展提供空间载体。

三　2024年工作思路

2024年，市服务业发展领导小组办公室将围绕深入学习贯彻党的二十大精神，认真落实市委市政府"实干争先年"工作部署，加强与各成员单位协同配合，加快构建优质高效服务业新体系。2024年服务业发展总体目标为服务业增加值增速6.5%左右，新签约服务业正式合同项目200个，新增规上服务业企业220家，新增省级以上服务业和经贸领域示范载体10个以上。

1. 目标管理

围绕市委市政府下达的服务业领域重点指标，做好服务业增加值增速、亿元以上"四新"项目、新增规上服务业企业等重点指标分解，并将分解方案报请市政府办公室印发实施。强化月度督察推进，通过发放工作提示单、召开现场会等多种方式督察推进，适时提请市分管领导召开服务业领导小组会议或重点指标推进会，从而帮助破解服务业指标推进中可能存在的问题，进一步压实县（市、区）、功能区的主体责任，确保各项指标有序推进，全面完成年度目标任务。

2. 招商引资

牵头办好2024扬州（上海）城市推介活动，招引签约一批（30个左右）现代服务业项目；借承办中国物流行业高质量融合发展会议并在扬州发布大宗物流行业趋势研究报告契机，招引签约一批（10个以上）现代物

流和港口经济项目;与各县(市、区)、功能区联合,各地分别选择一个重点方向举办一次服务业招商推介活动,如经开区以航运服务业为主题举办航运服务业发展及产业合作恳谈会,招引签约一批航运服务业项目等。全年举办由市发改委直接牵头或参与的招商活动10场次以上。

3. 项目建设

推动更多扬州优质项目列入省服务业重点项目清单,确保投资额和投资进度完成年度目标。印发实施市级服务业重点项目清单,编制全市高技术服务业重点项目清单,逐月跟踪推进,分析存在问题,帮助破解难题,推进投资进度。系统梳排近年新签约项目,引导签约项目加快开工建设步伐,逐步扩大年度新开工项目规模,稳步提升新竣工、新达效项目数量。动态调整经贸领域冷链物流项目库,实时掌握项目进度,为上争国家政策扶持做好基础工作。

4. 企业培育

市县乡三级发改服务业部门联动,建立市级规上服务业企业服务网络,继续高质量完成年度新增规上服务业企业的任务,强化在库企业跟踪服务,确保规上服务业营收平稳较快增长。开展市级领军企业培育工作,积极上争省级服务业高质量发展企业。根据省发改委部署,积极参与"国家品牌日"相关组织工作,提高扬州企业在其中的参与度和影响力。深入开展服务业标准化试点工作。采用多种形式组织开展服务业人才培训工作。

5. 集聚区建设

印发实施《关于加快扬州中介服务业集聚区建设的若干政策措施》,加快中介服务业集聚区建设,上半年实现挂牌。深入调研扬州服务业集聚区建设情况,分析存在问题,适时召开服务业集聚区建设工作推进会,总结集聚区建设成效和工作模式,推介高质量发展集聚示范区,引导服务业集聚区特色化发展,打造扬州现代服务业集聚发展、特色发展的高地。

6. 产业发展

深入实施《生产性服务业十年倍增计划》,开展"613"产业体系生产性服务业需求调研,从需求和供给两端深入了解扬州生产性服务业发展水平和存在短板，有针对性地研究出台相关政策意见，特色化推进产业发展。深入开展"走进开发园区 深化融合发展"活动，开展两业融合和服务创新政策宣讲，调研了解企业需求和发展短板，引导省级以上开发园区和企业通过两业融合路径实现高质量发展。编制扬州市生产性服务业年度发展报告。

7.支点城市建设

围绕"一廊一链一板块"，高质量编制支点城市建设方案，即服务保障好国家能源廊道，强化廊道上下游衔接；服务好扬州及江淮区域装备制造业发展，以扬州港为龙头、长江运河为通道打造钢材及制品供应链；以粮食及生活物资提质供给为目标，规划建设粮食产业园区和城乡配送体系。积极争取承办中国物流行业高质量融合发展会议。编制支点城市建设项目库，实时掌握项目进展情况，适时积极上争政策支持，从而有效支撑支点城市快速发展。

8.经贸工作和港口高质量发展

扎实做好物流统计工作，编制年度物流业发展报告。推进经贸领域配额管理、外贸形势分析等工作。履行市港口高质量发展领导小组办公室职责，逐月推进列入港口发展项目清单和任务清单的重点目标任务。引导扬州港加快港口基础设施和涉港产业项目规划建设，提升扬州"港产城"融合发展水平。以扬州港为龙头，加快扬州公铁水空多式联运体系建设，不断提高物流效率，稳步降低扬州物流总费用占GDP比重。

B.5
2023年度扬州数字经济发展研究报告

扬州市发展和改革委员会课题组*

摘　要： 　数字经济是以数据资源为关键要素，以现代信息网络为主要载体，以信息通信技术融合应用、全要素数字化转型为重要推动力的新经济形态。党的十八大以来，以习近平同志为核心的党中央高度重视发展数字经济，习近平总书记深刻指出"数字经济发展速度之快、辐射范围之广、影响程度之深前所未有，正在成为重组全球要素资源、重塑全球经济结构、改变全球竞争格局的关键力量"。① 近年来，扬州市委、市政府把数字经济作为转型发展的关键增量。本文认真总结了全市数字经济发展现状，在此基础上提出了数字经济发展的趋势和扬州的短板，并明确了下一阶段推进数字经济发展的主要举措。

关键词： 　数字经济　核心产业　扬州

　　发展数字经济是扬州深入推进产业科创名城建设、打造先进制造业集群、实现高质量发展的重要引擎。2023 年，扬州市高度重视数字经济发展，认真贯彻落实省委、省政府决策部署，以数字经济高质量发展为目标，不断推进数字经济做大做强。

---

* 　课题组负责人：王峰，扬州市发展和改革委员会副主任。课题组成员：吴文昊，扬州市发展和改革委员会创新和高技术发展处处长；刘健，扬州市发展和改革委员会创新和高技术发展处干部（执笔人）；王超尘，扬州市发展和改革委员会创新和高技术发展处四级主任科员；高荃，扬州市发展和改革委员会创新和高技术发展处干部。
① 中共中央宣传部、国家发展和改革委员会编《习近平经济思想学习纲要》，人民出版社、学习出版社，2022。

一　全市数字经济发展现状

1. 数字经济推进机制持续完善

根据《江苏省 2023 年推进数字经济发展工作要点》，编制印发《扬州市 2023 年数字经济发展工作要点》等文件，准确把握扬州数字经济发展脉络。系统推进数字经济发展保障体系建设。市委、市政府牵头成立全面推进数字扬州建设工作领导小组，并在此基础上成立数字经济工作专班，形成扬州市数字经济工作组织架构。推行首席数据官制度，并成立了大数据公司和大数据研究院，推动各项工作打开新局面。持续加强数字经济党建服务工作。印发《扬州市机关党建服务数字经济发展联盟工作方案》《扬州市数字经济工作专班组织架构方案》等文件，加强党对数字经济工作的指导。

2. 抓好高质量发展考核指标

数字经济核心产业增加值占 GDP 比重自 2022 年首次被纳入高质量考核指标体系后，2023 年继续纳入。针对这一指标，扬州市组建高质量考核专班，从市、县层面开展指标解读、企业梳排、转码入库、项目招引、考核督导等工作。扬州市现有数字经济核心产业企业 1235 家，开票销售额达 1288.73 亿元，新增数字经济列统企业 159 家。在细分行业中，规上工业、资质内建筑业、限上批发零售业、规上服务业数字经济产业增速分别为 8.6%、6%、17.7%、15.7%，数字经济产业占比不断增加，数字经济产业规模不断扩大。

3. 产业数字化转型持续增强

提请市政府出台《扬州市 2023 年制造业智能化改造数字化转型工作方案》。产业转型注重专业化，出台机械装备、汽车及零部件、微电子、"光储充"等重点细分行业进行智能化改造数字化转型的推进路线图和通用改造方案，成功举办日化、机械装备行业智能化改造数字化转型解决方案发布仪式暨路演活动。项目实施强调时效性，推行清单式管理，建立"竣工完成、在投在建、后续储备" 3 个项目清单并按月滚动更新，确保项目数量和质量并举。服务要素实现广覆盖。建立完善数字产品资源池、金融产品资源

池及培训课件库、产业数字化专家库"两池两库";开展了两轮智改数转服务产品征集遴选活动,可提供各类数字化服务产品 709 项,涵盖智能装备及自动化产线服务、工业软件及平台服务、网络建设及系统安全服务、两化融合管理体系贯标服务四类方向。

4.数字经济核心产业稳步发展

目前全市数字经济相关重大项目 136 个,计划总投资 1200 亿元,涵盖多个细分领域,其中基础设施类 10 个、产业发展类 95 个、数字治理类 5 个、场景应用类 3 个、载体平台类 23 个。在全市成立了电子信息产业集群综合党委,并组织部分重点企业赴成渝地区调研学习国家级电子信息制造产业集群先进经验。川奇光电引领全球电子纸技术,扬杰电子、杰利半导体成功入围省级关键核心技术(装备)攻关产业化项目,扬州经开区与扬州大学共建碳中和技术创新研究中心,为扬州乃至全国碳达峰碳中和提供技术和决策支撑。仪征大数据产业园通过省级数据中心产业示范基地评估(全省共 3 家),广陵新城软件园获批省级软件名园(全省共 8 家),均为苏中苏北地区在评选项目中的唯一入选园区。仪征腾讯、电信两大数据中心已部分开服,在用机柜近7000 个,上架服务器近 4.5 万个,腾讯人工智能大模型"混元助手"即将部署仪征,8 月 22 日,江苏算力数据有限公司在扬揭牌成立。

5.新型基础设施建设加快推进

建成亚威、扬力、丰尚 3 家国家工业互联网标识解析二级节点,引导企业通过接入工业互联网标识解析节点,打通产品、机器、车间、工厂等全要素,目前 3 家节点累计注册量、累计解析量分别达到 32.8 亿个、25.7 亿次;累计建成 5G 基站 9474 个,每万人拥有 5G 基站 20.3 个(列苏中、苏北地区第一),基本实现城区和各类产业园区 5G 网络连续覆盖;累计建成10G-PON(万兆无源光网络)端口 7.5 万个,占比达 59.5%,位列全省第1;支持重点工业企业与通信运营商合作,运用 5G 技术改造企业内外网,提升生产各环节网络化水平,先后培育了中航宝胜海缆 5G 数智工厂、中铁宝桥 5G 智慧车间、江都日清纺精机"5G+VR"等一批"5G+工业互联网"融合应用,初步形成了一批应用场景。

6. 数字化治理能力不断提升

改版升级 App 端扬州旗舰店，建成全省首家"扬州政务服务"支付宝小程序旗舰店，实现 476 个高频应用"掌上办"。搭建掌办预受理系统，推动市县 896 个高频政务服务事项掌上统一申报、统一预受理、统一分发、统一反馈。2023 年度"苏服办"移动端标准应用清单共 73 个，扬州市已接入应用 49 个，居全省第 2 位。全省首批实现"苏服码"扫码取号、扫码登录、扫码亮证。已实现市县 6162 个事项 74 类高频证照扫码调用，累计为企业、群众"减材料"500 万余份。

7. 数字发展生态不断优化

数字人才不断聚集。组织申报涉及数字经济的省"双创计划"双创人才项目 2 个、"绿扬金凤计划"领军人才项目 5 个、优秀博士项目 2 个。编制发布《2023 年扬州市企业引才图谱》。确定市级层面人才培训重点项目 21 项。举办新时代人才工作者（智改数转）专题培训班、新产业新人才新城市（智改数转、专精特新）专题培训班，培训相关人才 580 余人次。营商环境得到不断改善。全市已通过"苏创融"政银产品支持超 898 户科技型中小企业获得融资 43.5 亿元，支持数字经济中小企业获得首贷、信用贷 521.9 亿元。办理"苏碳融"和绿色再贴现 19.3 亿元，支持企业 243 户。开展"小微贷""苏科贷"业务，发放 37.21 亿元，服务企业 1092 户，实现贷款全流程线上办理。安排专项经费 50 万元支持建设扬州市综合金融服务平台。

二 数字经济发展的趋势和扬州的短板

习近平总书记强调，"发展数字经济是把握新一轮科技革命和产业变革新机遇的战略选择"。① 从国际看，新技术、新业态、新市场带来产业发展新契机。以新一代信息技术、新材料、生命科学为代表的新一轮科技革命正

---

① 中共中央宣传部、国家发展和改革委员会编《习近平经济思想学习纲要》，人民出版社、学习出版社，2022。

在推动全球产业变革,扬州迫切需要在电子信息、软件和信息服务等产业上抢抓机遇"换道超车"。从国内看,先进制造业发展迎来重要"窗口期"。自主可控成为产业发展的核心目标,"新基建"和"四新"经济的发展将重构产业链、价值链、供应链,扬州迫切需要进一步放大新材料、大数据等产业的支撑作用。从省内看,数字经济发展空间日益广阔。当前,长三角一体化、长江经济带等重大国家战略交汇叠加,南京"国家软件名城"、苏州"智改数转"、无锡"物联网"等优势品牌为全省协同发展数字经济提供了良好基础。

结合扬州实际来看,对比周边先进地区数字经济发展的水平与成效,扬州市数字经济发展尚处于起步阶段,存在一些短板,主要表现在以下方面。一是整体发展水平不够高。扬州市工业总体处在由 2.0 迈向 3.0 的进程中,智能制造基础较为薄弱,"头部"企业偏少,区域发展不平衡,智能控制、嵌入式软件等核心技术亟待加强,系统集成、互联共享能力不足。二是产业特色优势不明显。对比物联网优势明显的无锡、电商直播兴起的连云港、有京东物流的宿迁,扬州市无论是在发展阶段还是层次上均有明显差距。三是专业人才缺口较大。目前在扬高校院所缺乏电子信息制造硬件领域相关专业,每年培养计算机及软件专业毕业生不足 2000 名,2010~2012 年,扬州大学信息工程学院、南京邮电大学通达学院软件类毕业生平均留扬工作比例分别仅为 6%、10%,扬州受南京、苏州等城市"虹吸效应"影响较大,优质专业人才招引留用较难,本土人才外流现象严重。

三 下一阶段推进数字经济发展的主要举措

下一阶段,市数字经济工作专班将按照习近平总书记"推动数字经济与先进制造业、现代服务业深度融合"① 的重要指示精神,贯彻落实领导小

---

① 《推动数字经济与现代服务业深度融合》,人民网,2023 年 9 月 14 日,http://yn. people. com. cn/n2/2023/0914/c372441-40569853. html。

组工作部署，全面提升扬州市数字经济发展水平。重点开展以下六个方面工作。

1. 聚焦核心指标，发力奋进争先进位

紧抓数字经济核心产业增加值占 GDP 比重这个高质量考核指标，以二类地区"保二争一"为目标，按照第五次全国经济普查时间节点，通过核心企业转码入库、重大项目推进、向省积极上争等工作，确保完成高质量考核任务。会同专班单位全面梳排数字经济核心产业企业，指导各地抓住窗口期对在库企业进行代码转换，实现拟转代码企业应转尽转、入库企业统计数据应报尽报，做大核心企业库。

2. 聚焦数字转型，实施产业专项行动

加快实施产业数字化转型等专项行动，加大制造业智能化改造和数字化转型力度，重点推动两业融合优势产业链培育工程，促进数字经济与实体经济深度融合发展。深入推动"智改数转"，全年实施智能化改造和数字化转型项目 1000 个以上，新增智能制造示范企业 20 家以上，新培育省级重点工业互联网平台 1 个；新建市级工业互联网标识展示中心 1 个，培育智能制造优秀服务商 10 个、优秀场景（案例）20 个。推动服务业数字化转型，实施《生产性服务业十年倍增计划》，以数字化推动生产性服务业向价值链高端延伸，不断推进科技服务、数字金融、智慧物流、商务服务等生产性服务业数字化发展。推动农业数字化转型，以数字赋能乡村振兴战略实施，支持沿江现代农业科技产业园等农业特色园区积极发展"互联网+农业"，进一步推动农业物联网应用，打造"数字农业"扬州样本。

3. 聚焦提质增效，壮大数字核心产业

着力提升大数据产业发展质效。依托仪征大数据产业园、经开区智谷等平台，加快推进腾讯仪征东升云计算数据中心、中国电信江北数据中心、中国移动长三角（扬州）数据中心等重大项目建设，提升产业效益。加快发展电子信息制造产业。推进扬州微电子产业园、经开区新光源产业园、高邮"中国路灯制造基地"、仪征 LED 及节能照明产业园等特色园区建设，鼓励

生产硅材料、碳化硅、高效低功耗 LED 等产品，推动 5G 通信电缆等高端通信线缆制造。创新发展软件与信息服务业。支持扬州软件园等特色园区开展应用软件补链强链行动，加快研发面向工业设计、生产制造、经营管理、运维服务的工业软件。

4. 聚焦重点项目，积蓄产业发展动能

重大项目是数字经济发展的"压舱石"。系统推进重大项目，动态更新《扬州市数字经济重点建设项目库（2022~2025）》，按照"按月调度、半年调整、年度更新"模式滚动更新。积极开展招商引资，围绕核心产业领域，建立产业链招商目录，绘制产业链招商图谱，招引一批龙头企业。加快推动项目达效，以数字产业化项目为抓手，重点推进电信云数据中心、纳力新材料二期、亿嘉和智能机器人、南都智慧储能等重大项目建设进度，确保在手项目早竣工、早投产、早见效。

5. 聚焦要素保障，持续优化数字生态

优化数据资源供给，深化数据资源开发利用，加强数字经济领域用地、用能、环境容量等要素资源配置，优先向数字经济重点园区、项目和企业倾斜。依托市大数据集团成立契机，推动设立扬州数字经济产业园。进行企业分类培育，按照龙头企业、骨干企业及专精特新企业三类对象，滚动建立数字经济核心产业重点企业培育库。实施"中小企业专精特新发展"和"小升高"行动计划，重点在人工智能、软件信息、大数据等领域培育一批专精特新"小巨人"和单项冠军企业。优化数字发展环境。全面深化"放管服"改革，加快构建以信用为基础的新型监管机制，积极探索数字经济领域"监管沙盒"。强化小微企业、初创企业的政策支持和服务保障，引导企业参与数字技术和产业创新活动。

6. 聚焦引培结合，加强数字人才建设

加强人才专项扶持，在市"绿扬金凤计划"中设立数字经济领军人才（团队）专项，柔性吸引集聚数字经济领军人才，加大市区各类人才科技计划对数字人才和团队的支持力度，组织推荐本土人才申报省"双创计划""333 工程"等专项。系统谋划学科建设，按照数字经济产业人才图谱，鼓励在扬高校加强计算机科学、软件工程、电子信息、人工智能等数字经济基础学科建设。强化职业技能培训，围绕人工智能、大数据、电子信息等 8 个专业规范开展人才中级职称评审，培育既精通本行业专业技能又掌握数字技能的新型数字人才。

B.6
2023年度扬州制造业
高质量发展研究报告

扬州市工业和信息化局课题组*

摘 要： 制造业是立国之本、强国之基。2023 年，扬州市深入贯彻习近平总书记关于新型工业化发展的重要论述和指示精神，聚焦产业科创名城主航道，加快建设以先进制造业为核心的现代产业体系，进一步发挥了制造业"压舱石"和"主力军"作用。下一步，扬州将以新型工业化为方向，聚焦聚力建设"613"产业体系，推动产业链、创新链、资金链、人才链深度融合，着力培育新质生产力，加快建设长三角有影响力和竞争力的先进制造业基地、产业科创高地。

关键词： 制造业 新型工业化 产业发展 创新转型

一 2023年扬州制造业发展基本情况

2023 年，扬州认真贯彻落实制造强国战略，在工业稳增长、促转型方面出台了一系列举措，制造业提质增效和转型升级取得明显成效，重点产业特色鲜明、技术创新成果突出、工业结构不断优化、企业梯队日渐壮大，制造业高质量发展迈上了新台阶。在"2023 先进制造业百强市"榜单上，扬州列全国第 38 位；在《2023"长三角 41 城"城市创新生态指数报告》中，

---

* 课题组负责人：赵宽安，扬州市工业和信息化局党组成员、副局长。课题组成员：李晖，扬州市工业和信息化局综合规划处处长（执笔人）；谢淼妙，扬州市工业和信息化局综合规划处副处长；陈晔，扬州市工业和信息化局综合规划处三级主任科员。

扬州列第13位。

1.扬州制造业运行总体情况

2023年，扬州市工业经济发展总体稳中向好。一是规模总量取得突破。全部工业开票销售额首次突破8000亿元大关、达8212亿元，同比增长5.3%，高于省均1.5个百分点；规上工业增加值同比增长7.2%，高于GDP增幅1.2个百分点；工业用电量达214.7亿千瓦时，同比增长9.0%，高于省均1.8个百分点。二是工业投资居全省前列。全市工业投资同比增长22.2%，增速列全省第2位；工业技改投资同比增长29.1%，增速列全省第1位。产业发展质态良好。新材料产业规上企业开票销售额近2000亿元；高端装备、新一代信息技术、汽车及零部件产业规上企业开票销售额增速分别达11.1%、8.3%、7.7%；在13条重点产业链中，8条产业链规上企业开票销售额过百亿元，其中，高技术船舶和海工装备产业链规上企业开票销售额增速达33.9%，造船完工量693万载重吨、创10年新高。

2.扬州制造业创新转型情况

（1）重大项目推进进一步加快。开展北京、深圳等地招商拜访活动，调整完善先进制造业项目季度"擂台赛"、年度加分项考核实施细则，进一步突出"招大引强"和项目"闭环考核"。印发《关于建立全市重大制造业项目全生命周期管理工作机制的实施意见》，建立"签约—开工—竣工—达产"全流程管理推进体系，提高重大项目的开工认定门槛和竣工达产标准，实行项目储备月报、拟认定项目月报、在建项目运行监控月报"三报"制度，完善重大项目挂钩联系制度。全年新签约亿元以上项目488项，新开工设备投资5000万元以上项目177项，新竣工214项，列省重大工业项目49个。

（2）企业创新能力进一步提升。加强企业技术创新体系建设，遴选支持关键核心技术攻关赶超项目16个，新增省级企业技术中心39家、市级企业技术中心112家，入选省重点推广应用新产品新技术目录124个、重点技术创新项目导向计划216个。持续深化对重点企业、重点地区的"点对点"服务，加强"制造+服务"融合创新标杆企业培育，获批国家服务型制造

示范企业 1 家、省重点领域工业设计研究院培育名单 1 家、省级工业设计中心 9 家、省级服务型制造示范企业（平台）6 家。

（3）智改数转网联进一步深化。全面开展规上企业"数字画像"免费诊断，以诊促改，建立"竣工完成、在投在建、后续储备"3 个项目清单，累计实施智改数转网联项目 2136 项。在全省率先编制并发布机械装备、微电子、电线电缆、汽车及零部件、日化、光储充等 8 个行业智改数转网联解决方案。面向全国征集智能化改造和数字化转型服务产品，发布 2 册《扬州市智改数转服务产品手册》，为企业提供各类数字化服务产品 709 项。市县联动组织召开智改数转标杆观摩、学习培训、供需对接等活动超过百场。全年新增国家智能制造示范工厂 1 家、智能制造优秀场景 7 个、5G 工厂 2 个、省级工业互联网平台 1 个、智能工厂 6 个、工业互联网标杆工厂 8 个。

（4）绿色低碳转型进一步推进。组织 30 家重点用能企业进行能源审计，聚焦钢铁、石化化工、有色金属等重点行业开展节能诊断，推进节能降碳改造工作；制定《"十四五"重点用能单位节能低碳行动方案》，明确重点用能企业"十四五"目标任务，落实重点用能单位节能责任。面向全市重点用能企业推广节能低碳技术 10 项，分行业分领域组织开展电机系统、中央空调系统节能技术供需对接，全年实施绿色化改造项目 110 项。按照厂房集约化、原料无害化、生产洁净化、废物资源化、能源低碳化的原则开展绿色工厂建设，全年获批国家绿色工厂 9 家、省绿色工厂 17 家。

（5）专精特新梯队进一步壮大。制定《扬州市 2023 年专精特新企业培育方案》，实施科技成果赋智、产业生态赋强、数字化赋能、金融赋力、人才赋技、质量品牌标准赋值 6 个专项行动，开展专精特新企业政企互动视频会、企业家沙龙、科技成果直通车、专利（成果）拍卖季等专题活动，成立金融顾问服务团，建立企业人才档案，畅通职称评价绿色通道。全年新增国家级专精特新小巨人 26 家、省专精特新中小企业 219 家、创新型中小企业 811 家。邗江数控成形机床产业集群入围 2023 年度全国中小企业特色产业集群。截至 2023 年末，已形成 10 家制造业单项冠军、68 家专精特新小巨人、481 家省级专精特新中小企业、1934 家创新型中小企业的发展梯队。

3. 扬州制造业存在的问题

一是传统产业占比偏高，新兴产业、高新技术产业支撑作用偏弱，产业链位置整体偏低，企业成长性、产品附加值和税收占比偏低，航空、生物医药等产业尚未形成规模，同时部分板块过于依赖一两个产业或少数几个企业，发展韧性不够。二是产业科创成效有待提升，高技术企业数量不多，缺少在行业有一定影响力、拥有核心技术和自主知识产权的骨干企业，关键核心技术攻关能力、高端创新人才、重大创新平台和载体等不足的短板较为明显。三是产业集群发展存在产业链条碎片化、链主企业少、配套企业不足、产业附加值偏低等问题，产业竞争力不强，集群发展水平不高，以龙头企业为牵引、多点支撑的产业格局以及大中小微企业梯次发展的企业格局，链—群式发展格局尚未真正形成，缺乏地标性产业。四是龙头企业数量不够多、单体规模不够大，营收超百亿元工业企业有 8 家，一些规模企业在扩大有效投入、打造知名品牌、推进上市融资等方面意识不强。上市企业 25 家，整体市值偏小。五是要素制约亟待破解，企业用工面临结构性矛盾，高端人才、高技能人才流动性较大，产业发展用地空间有限，现代金融和生产性服务业发展不充分。

二 扬州制造业高质量发展的主线及方向

新时期扬州推进制造业高质量发展就是要以新型工业化为方向，坚持产业科创名城建设主航道，聚焦聚力建设"613"产业体系，久久为功，推动产业链、创新链、资金链、人才链深度融合，着力培育新质生产力。力争到2025 年实现"211"规模目标，即全市工业开票销售额过 1 万亿元、2000亿产业集群规模在 2~3 个、百亿级新兴产业链在 10 个以上，加快建设长三角有影响力和竞争力的先进制造业基地、产业科创高地。

1. 高端装备产业集群

包括航空航天、工业母机及机器人、高技术船舶与海工装备、粮油食品农机装备、节能环保装备、电力装备及其他特色专用装备等细分领域，重点

打造航空航天、工业母机及机器人、高技术船舶与海工装备、智能电网4条新兴产业链,打造全国领先的数控成形机床产业基地,培育长三角有影响力的航空研发制造基地,建设世界级高技术船舶与海工装备产业集群扬州板块。

2. 能源产业集群

包括晶硅光伏、储能、氢能及风能、生物质发电等细分领域,重点打造晶硅光伏、储能、氢能3条新兴产业链,建设新能源产业集聚发展、智慧发展和特色发展的新高地,晶硅光伏产业规模居全省前列,氢能产业具有特色示范效应。

3. 新材料产业集群

包括化工新材料、先进金属材料、高端纺织材料、新型建筑材料等细分领域,重点打造高性能合成材料产业链,打造长三角具有核心竞争力和特色优势的新材料产业创新集群。

4. 新一代信息技术产业集群

包括集成电路等半导体领域、特色智能终端、线缆光缆,以及软件与信息服务、新兴数字产业等细分领域,重点打造集成电路、人工智能2条新兴产业链,提高电子纸、特色工艺功率器件规模优势,提升产业集群地理标识度。

5. 汽车及零部件产业集群

紧跟"电动化、智能化、网联化"发展趋势,推动整车升级、零部件专精特新"双线"发力,重点打造新能源及智能网联汽车产业链,建设华东地区重要的汽车及零部件产业基地。

6. 生命健康产业集群

包括生物医药、医疗器械、食品、医美日化以及智能家居、健康护理、文化创意等其他健康消费品,重点打造生物医药、新型食品2条新兴产业链,扩大创新药和高值耗材规模,生物药、高端医疗装备研发创新取得突破,提升中国美业港等影响力。

三 推进扬州市制造业高质量发展的对策建议

1. 以产业链条为主线，推动项目引进，推进机制创新

（1）高点定位，招引产业项目。对照"613"产业强链补链延链关键节点，调整完善招商引资"擂台赛"和重大项目考核考评，建立完善以商引商、以企引企的招商机制，既要瞄准大型央企国企、各类500强开展精准招商，争取在扬企业扩大投资，又要完善项目准入和绩效评价办法，避免"摘到篮子就是菜"。

（2）加强统筹，优化项目布局。加强项目落地统筹，综合研判产业类别、技术、能耗、土地等因素，符合当地发展定位的就地落户，不符合的由市县统筹调配至其他地区或园区，并对调配的项目按照"飞地"管理模式，将涉及的开票、税收等指标按照一定比例对招引方和落地方进行调配，在项目考核、指标完成、税收分成等方面实现共享，鼓励各地携手招引项目，共享发展成果。

（3）创新方式，吸引科技人才。鼓励省级以上园区组建科技招商中心，对照"613"产业科技招商指南，强化科创平台和高层次人才团队招引，构建以专业机构、合作院校、在外乡贤、"科技镇长团"成员等为对象的科技招商网络，招引集聚一批行业龙头的区域中心、细分领域的单打冠军、前沿领域的硬科技团队，导入优质科创项目。

2. 以产业升级为方向，推动高端化智能化绿色化发展

（1）聚焦技术、品牌、服务三大重点，推动高端化转型。梳理技术堵点痛点断点，制订"卡脖子"技术清单，强化"揭榜攻关"，每年发布100项企业技术创新导向计划项目、支持30项重点关键核心技术攻关赶超项目。实施"三品"（增品种、提品质、创品牌）战略、质量攻关和标准化战略，每年培育一批省级以上质量品牌。引导企业探索服务型制造新模式，提高产品附加值，每年滚动培育100家服务型制造示范企业和工业设计中心。

（2）区分行业、企业、平台三个层次，推进智能化转型。按照"一链一库一图一方案"加快推进智改数转网联，一条产业链建立一个行业智库，绘制一张推进路线图，部署一套行业特色数字化解决方案，建设一批"智改数转网联"标杆示范，推进一批中小企业开展"数字画像"诊断，并通过整改联动推进中小企业上云用数赋能。

（3）强化能源、能耗、能效三类管理，推进绿色化转型。重点建设"光伏+"、氢储能及加氢站试点、便捷充换电池基础设施、二氧化碳捕集和高值化利用试点等绿色低碳示范项目，动态建立高耗能行业重点领域企业装置能效清单和企业节能改造项目清单，每年组织实施绿色化改造项目100个以上、实施工业节能降碳示范项目30项、建设绿色工厂10家。

3. 以产业协同为目标，推动各类资源要素加速集聚

（1）强化企业主体梯度培育。鼓励大企业参与全球要素配置，通过技改提升、兼并重组、资本运营等方式提升国内竞争力。以专精特新为主攻方向，滚动服务100家国家级种子培育企业、200家省级培育企业，每年新增省级以上专精特新企业100家以上。组好上规升级"预备队"，建立健全"小升规"重点企业培育库，"一类一策"引导服务企业升规发展。滚动建立100家准独角兽企业、瞪羚企业、上市企业后备培育库，推动科技型中小企业"育苗"、科技企业"小升高"、规上企业"规转高"。

（2）强化科创载体平台建设。支持企业创建省级以上制造业创新中心、产业创新中心、技术创新中心等高能级创新联合体，构建"基础研究+技术攻关+成果转化+科技金融+人才支撑"创新生态。建立"众创空间—孵化器—加速器—产业园区"的全链条孵化育成体系，通过"招引一批、共建一批、提升一批"三个路径，构建"市—省—国家"重点实验室梯次培育体系。突出打造航空科技扬州实验室，培育扬大碳中和技术创新中心，培育饲料加工装备、高性能纤维及金属板材智能装备等省级以上重点实验室，探索"平台+联盟"融合创新路径。

（3）强化挂钩联系推进机制。市领导"挂帅出征"，抓好任务督察、问题会办、项目服务、品牌活动及重点客商拜访等各项工作；链长单位要加强产业研究，与职能部门和重点板块保持密切联系，项目化、清单化、可量化地制订挂链工作计划并组织实施；各板块要找准产业方向，按照市县一致、上下衔接要求，围绕产业发展重点企业、关键链条、关键环节打好政策"组合拳"。

4. 以产业需求为导向，推动形成更强的激励保障合力

（1）建好用好科技商学院。依托"613"产业体系，开设"产业班""专题班"，链接资本、技术、产业等高端资源，提升优秀企业家全球视野、战略思维、宏观视野、企业战略决策能力，促进产业集群内企业相互合作。

（2）创新应用金融政策工具。有效发挥结构性货币政策工具精准滴灌的作用，未来60%以上央行资金用于支持制造业企业发展。鼓励开发性银行和政策性银行用好制造业专项贷款，加大对重大制造业项目、重大技术推广和重大装备应用项目的融资支持。发挥引导基金的"种子"作用，通过市县联动、外引内联，鼓励创业投资基金、天使投资人等创业投资主体加大对种子期、初创期创新型制造业企业的支持力度。

（3）持续优化营商环境。政策再优惠都是有限的，而服务是无限的，服务没有最好只有更好。弘扬企业家精神，设立"扬州企业家日"，为突出贡献企业家开辟绿色通道，建立企业建议听取机制和企业评议制度；加强《扬州市产业科创促进条例》的宣传和贯彻工作，用改革的思路和创新的办法来破解难题、回应企业关切，加强涉企信息和公共服务资源共享，不断擦亮"好地方、事好办"营商环境"金字招牌"，全面提升企业获得各项服务的便利度。

B.7
2023年度扬州市开发园区
高质量发展路径研究报告

扬州市自然资源和规划局课题组*

摘　要：　开发园区是产业发展的主阵地、科技创新的主战场，在全市经济发展中具有举足轻重的地位。在当前国土空间由"增量时代"转为"存量时代"的背景下，走高质量发展之路成为建设现代化产业园的必然。产业集聚、用地集约成为开发园区发展面临的新议题，配套服务成为吸引企业与人才的核心要素。因此，本报告从"产业、空间、服务"三个维度出发，剖析现状问题，提出对策建议，从而推进开发园区高质量发展，助推扬州"产业科创名城"建设。

关键词：　开发园区　扬州　产业空间　产业科创名城

近年来，扬州市委、市政府提出推进开发园区"二次创业"高质量发展，印发了《关于更大力度赋能全市开发园区"二次创业"高质量发展的若干措施》的通知，并从规划引领、优化布局、创新转型、要素保障等多个方面提出高质量发展要求。全市11家开发园区（其中国家级开发园区2家，省级开发园区9家）积极响应，坚定不移地推进开发园区高质量发展。11家省级及以上开发园区名录见表1。

---

* 课题组负责人：林宝荣，扬州市自然资源和规划局党组书记、局长兼扬州市林业局局长。课题组成员：朱雷亭，扬州市自然资源和规划局党组成员、总规划师；林艺云，江苏城乡空间规划设计研究院有限责任公司副总规划师、高级规划师；祁百颖，江苏城乡空间规划设计研究院有限责任公司规划一所所长、高级规划师（执笔人）。

表1　11家省级及以上开发园区名录一览

等级	序号	开发园区名称	备注
国家级	1	扬州经济技术开发区	含扬州综合保税区
	2	扬州高新技术产业开发区	
省级	1	江苏扬州维扬经济开发区	
	2	江苏省江都经济开发区	
	3	江苏省高邮经济开发区	
	4	江苏省仪征经济开发区(一区三园)	含江苏扬州化学工业园区
	5	江苏省宝应经济开发区	
	6	江苏扬州广陵经济开发区	
	7	江苏省高邮高新技术产业开发区(筹)	
	8	江苏省杭集高新技术产业开发区	
	9	江苏省江都高新技术产业开发区(筹)	

资料来源：扬州市自然资源和规划局课题组。下同。

一　扬州开发园区高质量发展成效

1. 总体规划实现全覆盖

为加强规划引领，统筹园区发展，明确园区产业方向、空间布局、配套设施、准入门槛要求以及建设标准，各园区、部门积极推动园区总体规划、详细规划的编制工作。目前，全市11家省级及以上开发园区已全面形成园区总体规划成果，并结合实际建设需求适时启动了详细规划的编制工作，为园区高质量发展提供了规划指引。

2. 园区建设逐步专业化

按照集聚集约发展、园区优化整合的高质量发展要求，11家省级及以上开发园区已逐步按照"一区多园，一园一特色"的建设思路，打造特色鲜明的专业化产业平台。如扬州经济技术开发区成立了绿色光电产业园、高端轻工产业园等专业化园区；广陵经济开发区成立了中欧（扬州）智能制造产业园、食品产业园等专业化园区，进一步促进了产业集聚，为扬州

"613"产业体系的建设打下良好的基础。

3.空间产出效益增幅大

坚持以"亩产论英雄",自 2021 年起,全市开发园区组织开展存量土地资源盘活专项行动,对亩均税收低于 1.5 万元的产业用地全面调查起底,确定了三年处置 1.5 万亩的盘活任务,按年度、按园区细化分解处置。目前,全市省级及以上开发园区共盘活存量用地约 1.68 万亩,超额完成任务,有效提升了土地利用效率,减少了新增建设用地的耗用。全市 11 家省级及以上开发园区工业用地地均税收较 2021 年同比增长12.7%,高新技术产业用地产出强度同比增长 8.9%,空间产出效益得到显著提升。

4.营商配套设施渐完善

为全面提升园区承载能力及综合竞争力、保障要素支撑,开发园区积极推进基础设施、公共服务设施建设以及相关政策的配套工作。首先,园区内部主干路网已基本疏通,供电、供水、排水、供热等满足产业发展需求。其次,创新平台、人才公寓等配套设施逐步完善,如扬州经济技术开发区已建成智谷科技综合体、西安交大扬州科技园、扬子津国际人才社区等配套设施;扬州高新技术产业开发区已建成生物医药创新实验中心、智能制造创新实验中心、青年人才公寓等配套设施。最后,加强人才引入、企业创新等方面的政策支撑,如广陵经济开发区积极落实"双招双引",吸引省、市高层次人才;扬州高新技术产业开发区实施《扬州高新区企业创新积分方案》,建立激励机制,提高园区科技成果转化和产业化水平。

二 扬州开发园区高质量发展存在的主要问题

1.产业发展同质化,创新驱动待加强

扬州各开发园区产业门类较多,园区之间同质化竞争较为激烈。虽然各园区开始探索"一区多园"建设路径,但整合难度较大,专业园区特色优势产业及核心竞争力仍较为薄弱。从产业链条建设来看,产业整体仍处

于产业链、价值链和技术链的中低端，要素粗放的中低端产业被动承接模式依然存在，产业集聚不集群，其创新驱动不足，产业结构有待进一步优化调整。

2.产出效益有差距，空间利用待提效

对比省内先进开发园区，扬州经济技术开发园区的空间产出效益仍有待提升。扬州经济技术开发园区工业用地地均税收为 26.15 万元/亩，高新技术产业用地产出强度为 643.91 万元/亩，对比全省开发园区 33.83 万元/亩的工业用地地均税收和 733.39 万元/亩的高新技术产业用地产出强度，仍然具有一定的差距（见图 1）。少数开发园区的亩均税收不足 20 万元，与省均值差距较大。9 家省级开发园区的开发强度普遍偏低，工业用地平均容积率仅为 0.5 左右，存量空间提效、土地集约利用仍须进一步加强。

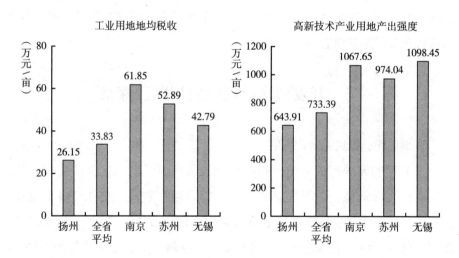

图 1　与先进开发园区主要指标对比

资料来源：《江苏省自然资源厅关于全省产业园用地状况及土地节约集约利用评价情况的通报》。

3.底线管控不明确，产业空间待优化

开发园区本质上是以产业发展为主，但由于未明确产业空间保障底

线管控要求，"工改居、工改商"的现象较为突出，造成工业用地被挤占。此外，在城镇空间增量受限的国土空间发展背景下，前期"项目选地"的招商模式造成产业用地零散布局，致使新增产业空间破碎化，缺乏具有一定规模的连片产业空间，不利于重大产业项目的落户。

4. 产城融合不到位，空间品质待提升

扬州开发园区多数成立于20世纪90年代初期，受当时交通运输、土地供应条件等影响，开发园区大多处于主城区边缘，如扬州经济技术开发区和扬州高新技术产业开发区建设重心在沪陕高速公路以南，分别依托八里、施桥、运西三个乡镇进行配套；而部分园区则依托外围乡镇建设，如江都经济开发区、高邮高新技术产业开发区分别依托于大桥镇、送桥镇，采用"区镇合一"的发展模式。由于开发园区建设初期"重产轻城"，一方面对于乡镇配套功能的培育相对滞后，造成园区生活、生产配套服务水平不高，产城融合度有待进一步提高；另一方面对园区公共空间建设重视不足，空间品质与现代化园区形象尚有一定差距。

三 开发园区高质量发展路径探索

1. 调结构：推进差异化发展

（1）明确园区产业导向。新经济增长既离不开现有优势产业的支撑，也需要引入新动能。各园区应紧抓"一带一路"建设，长江经济带发展、长三角区域一体化发展等国家战略机遇，聚焦全市"613"产业体系建设，按照"特色定位、错位竞争、联动发展"的原则，优化构建"主导产业+新兴产业"的园区产业结构体系。各开发园区重点明确1~2个主导产业，培育2~3个战略性新兴产业，打造1~2条完整、在全国具有一定知名度、在全省具有一定影响力的产业链，推进产业集群式发展，将各园区建设成主导产业鲜明、特色突出的高质量园区。扬州省级及以上开发园区主导产业发展引导见表2。

表 2　扬州省级及以上开发园区主导产业发展引导

级别	序号	开发园区名称	主导产业	特色产业或新兴产业	重点产业链指引（1~2 条）
国家级	1	扬州经济技术开发区	绿色光电 高档轻工 高端汽车及零部件	新能源 新材料 高端智能制造	• 晶硅光伏产业链 • 集成电路产业链 • 氢能产业链
	2	扬州高新技术产业开发区	生物医药 高端装备制造（医疗器械、通用装备等）	新一代电子信息	• 生物医药产业链 • 新型医疗器械产业链
省级	1	江苏扬州维扬经济开发区	汽车及零部件 高端装备制造（工业母机及机器人）	第三代半导体 前沿新材料	• 第三代半导体产业链 • 新能源及智能网联汽车产业链 • 前沿新材料产业链
	2	江苏省江都经济开发区	特种钢材 特种船舶 特种医化	新型建材 生物医药 新一代信息技术（集成电路）	• 高技术船舶与海工装备产业链 • 特种金属材料产业链
	3	江苏省高邮经济开发区	新能源新光源（光储充）	电子信息 生物健康	• 晶硅光伏产业链 • 储能电池产业链
	4	江苏省仪征经济开发区（一区三园）	汽车产业 高端装备（高端数控机床、激光检测等） 重工装备	高性能合成材料 高端专用化学品 高效新能源材料 新一代信息技术（数字经济）	• 新能源及智能网联汽车产业链 • 高性能合成材料产业链
	5	江苏省宝应经济开发区	新型电力装备	新一代信息技术（电子信息）	• 智能电网产业链
	6	江苏扬州广陵经济开发区	高端装备 新能源 新一代信息技术	服务型智造	• 航空产业链
	7	江苏省高邮高新技术产业开发区（筹）	智慧照明 智慧电缆 太阳能光伏	汽车及零部件 高端装备	• 人工智能产业链
	8	江苏省杭集高新技术产业开发区	高端日化	绿色及生物新材料	• 医美日化产业链
	9	江苏省江都高新技术产业开发区（筹）	新能源与智能汽车 高端装备制造（数控机床、机器人、智能电网等）	人工智能 新材料 新能源	• 新能源与智能网联汽车产业链 • 工业母机及机器人产业链

（2）推进产业协同创新。坚持创新战略，首先，各园区要对标"613"产业体系，结合自身优势，培育"专精特新"企业，推动产业向价值链高端环节攀升。依托产业科创发展带建设，打造产业科技创新中心、创新平台等科创载体空间，积极引进高新技术产业及各类创新创业人才，建设具有国际竞争力和影响力的创新型产业集群，提升开发园区创新驱动能力。其次，强化各开发园区产业链、产业集群的协同建立，重点推进扬州经济技术开发区与扬州高新技术产业开发区的联动融合发展，依托科教资源优势，推进产学研联动，强化校企、校地合作，打造"产、学、研"一体化协同发展示范区。最后，深入推进扬州开发园区与苏南先进园区创新协作，打造创新协作区、产业合作区，积极对接区域核心功能节点，引导扬州融入区域科创网络体系。

2. 保空间：保障规模化空间

（1）划定实体管控空间。在扬州新一轮国土空间总体规划中，将"长三角产业科创高地和先进制造业基地"作为扬州城市定位之一，工业经济仍然是扬州经济发展的重要支撑。在当前城镇发展由增量转向存量的背景下，明确空间管控抓手，设定刚性管控规则，是保障工业用地载体空间的有效手段。按照不突破城镇开发边界、优先保障规划工业用地及现状连片工业用地的原则，统筹考虑现状工业片区周边新增用地。全市省级及以上开发园区共划定工业用地控制线面积约 199 平方公里，约占全市工业用地控制线总量的 70%，这有利于推进产业向省级及以上开发园区集聚，突出了开发园区引领扬州实体经济发展的核心地位。11 家省级及以上开发园区工业用地控制线划定情况见表 3。

（2）明确空间管控要求。强化精准管控与刚性执行，确定工业用地控制线内工业及物流仓储用地规模不低于工业用地控制线围合面积的 60%，原则上不得将工业用地控制线内规划的工业及物流仓储用地调整为其他用地。如因发展需要确实需要对已划定的工业用地控制线进行优化调整，各县（市、区）应遵循"总量不减少、布局更优化"的原则进行适当优化调整。刚弹结合，切实保障产业发展空间。

表3　11家省级及以上开发园区工业用地控制线划定情况一览

等级	序号	开发园区名称	工业用地控制线面积(平方公里)
国家级	1	扬州经济技术开发区	32
	2	扬州高新技术产业开发区	14
省级	1	江苏扬州维扬经济开发区	9
	2	江苏省江都经济开发区	17
	3	江苏省高邮经济开发区	25
	4	江苏省仪征经济开发区(一区三园)	35
	5	江苏省宝应经济开发区	13
	6	江苏扬州广陵经济开发区	19
	7	江苏省高邮高新技术产业开发区(筹)	14
	8	江苏省杭集高新技术产业开发区	5
	9	江苏省江都高新技术产业开发区(筹)	16
合　计			199

（3）优化拓展产业空间。多措并举，优化用地布局，拓展产业空间。一是统筹增量和存量资源，鼓励集中整治零散且相邻的闲置低效用地，整合破碎化新增空间，形成300～500亩集中连片工业储备用地，以"地等项目"引导重大项目落户；二是强化项目及配套用地管控引导，严格控制零星式项目供地，在满足其用地需求的情况下，优先引导产业项目集聚布局、配套设施集中布局；三是引导产业空间由横向增长向纵向增长转变，探索"地上+地下+空中"立体节地开发模式，鼓励企业"上天""入地"，拓展产业发展空间。

3. 促提质：实现集约化利用

在增量受限的发展背景下，经济增长新动能的培育将更多依赖低效产业用地的腾退整合和既有园区产业空间的高效利用。因此，开发园区既要推进低效用地再开发，又要加强对新增工业用地的管控与引导，双管齐下，全面实现用地集约、发展提质。

（1）新增用地严格准入。严格执行产业项目准入机制和标准，重点对开发园区的企业投入、产出以及容积率进行分类控制。首先，分区施策，明

确沿江开发园区新上工业项目原则上亩均投资强度不低于 400 万元、亩均税收不低于 25 万元、容积率不低于 1.4；沿河开发园区新上工业项目原则上亩均投资强度不低于 350 万元、亩均税收不低于 20 万元、容积率不低于 1.2。其次，强化管控，通过详细规划编制，深入研究不同产业门类的相关空间需求，落实地块规划管控指标。最后，加强后期协议监管和跟踪问效，确保从源头上提升产业发展质态和用地产出效益。

（2）存量用地分类处置。内涵挖潜，持续盘活存量用地，鼓励各开发园区结合自身的区位条件、产业基础、用地布局等因素，细化存量用地标准和处置政策，探索"一地一策"的盘活思路。因地制宜采取协商回收、兼并重组、引导腾退或提升质态等措施推进存量土地再开发，重点深挖用而不足的土地，探索追加投资、土地分宗、企业"嫁接"等土地盘活方式。

（3）鼓励政策机制创新。创新工业用地供应模式，鼓励采用先租后让、弹性年期、"标准地+双信地+定制地"等多元化出让方式。出台工业地产、高标准厂房建设的相关政策文件，对于用地小于 1.5 公顷（22.5 亩）且适宜建设标准厂房的工业项目停止供地，通过减免土地出让价款、地下空间建筑面积不计容等措施，鼓励企业自主提质。

4. 优服务：建设品质化园区

（1）高标准配套服务设施。以企业需求为导向，依托"产业园+新城"的开发园区建设模式，构建"生产+生活""综合服务中心+产业服务中心+工业便利中心"两类三级配套服务体系，全面提升园区综合服务配套水平，打造具有"黏性"的开发园区。一是以乡镇为依托，推进新城建设，提档升级乡镇配套服务，植入商务接待、会议酒店、科创研发、总部经济、酒店公寓等配套服务，打造集生产与生活于一体的片区级综合配套服务中心；二是鼓励各开发园区结合"园中园"的设立，以均衡服务为原则，推进产业服务中心建设，主要植入休闲娱乐、人才公寓、人才培训与交流、活动健身、金融服务、工业展示等服务内容；三是以服务半径不超过 1km、服务人口 1 万人为原则，建设工业便利中心，主要提供食堂、超市、职工活动中心等基本生活性配套服务；四是注重公共服务设施混合开发建设，全面推广

"城市公园+科技综合体+人才公寓"配套中心建设模式,推进产城融合发展。

(2)高品质塑造空间形象。强化城市设计引导,塑造特色突出、环境优美的现代化园区新形象。一方面园区建设应结合沿江、沿河以及产业特征,塑造具有人文、生态和产业特色的空间形象,彰显扬州生态文化特色;另一方面构建开发园区特色形象空间体系,加强对园区风貌、门户节点以及重要形象界面空间的塑造,打造整洁秩序、整齐统一的绿美园区,从而以良好的空间品质吸引更多的企业和人才落户。

(3)高水平优化营商服务。重点加强在土地供应、人才引入、资金扶持等方面的政策支持。一是用地要素跟着项目走,优先保障开发园区产业项目用地要素需求,加快项目落地,推动用地审批由"串联"转向"并联",建立"一个窗口受理、一张表单共享、一支队伍帮扶、一套机制审批"的土地供应机制;二是制定好人才引进配套政策,鼓励开发园区出台个性化人才引进和激励政策,设立市场化运作的人才专项基金,高标准建设人才公寓、人才社区,打造高级人才服务和人力资源配置综合体;三是加强资金扶持,构建普惠性政策、财政后补助、政府采购相结合的支持模式,加大对开发园区企业的孵化和投资力度,支持工业技改、科技创新等财政引导资金向园区倾斜。

B.8
2023年扬州开放型经济
发展调研报告

扬州市商务局课题组*

摘　要： 2023年，扬州市开放型经济发展稳中有进，开放载体有力提升，开放环境持续优化，但在规模总量、结构质态、进出口平衡等方面仍显薄弱。本文在深入调研的基础上，认真总结扬州开放型经济发展现状，辩证分析优势与短板，结合对当前面临机遇与挑战的分析，从推动招商引资扩量提质、推动外贸稳规模优结构、提升开放平台载体能级、优化提升营商环境等方面提出下一步发展的思路举措，从而以更高水平对外开放推动全市开放型经济高质量发展。

关键词： 开放型经济　扬州　开放载体

当前，我国已经进入市场双向开放、要素双向流动的高水平开放时期，推动开放型经济高质量发展，是新时代中国对外开放的鲜明特征和基本主线。研究扬州开放型经济高质量发展的现状和存在的问题，探索新形势下高水平对外开放的路径举措，具有重要的现实意义。根据年度工作安排，结合调研课题，本课题组实地走访了扬州市部分板块和每一个开发园区，调研走访重点外资外贸企业，并赴先进地区学习，强化对标找差，深入剖析短板弱

---

* 课题组负责人：王志海，博士，扬州市商务局局长。课题组成员：张宏康，扬州市商务局副局长；居婷，扬州市商务局综合处处长（执笔人）；徐建华，扬州市商务局综合处二级主任科员；鲍齐康，扬州市商务局综合处四级主任科员；蒯梦原，扬州市商务局综合处四级主任科员；万秉冉，扬州市商务局综合处四级主任科员。

项，在此基础上认真研究下一阶段推动高水平对外开放的思路举措，着力推动扬州市开放型经济高质量发展。

一　扬州开放型经济发展的基础与优势

2023年以来，全市商务系统深入贯彻落实市委、市政府各项决策部署，立足扬州实际，积极搭建开放平台，不断拓展开放领域，持续优化开放环境，全力促进开放型经济发展水平不断提升，努力构建全方位、宽领域、多层次、高水平的对外开放格局。

1. 招商引资有力推进，外资质态有效提升

（1）强化招商组织推进。组织开展"烟花三月"重大项目集中签约等活动，高质量举办深圳、上海、北京产业发展推介会、食品产业项目集中签约仪式等活动。聘请普华永道成为扬州市"招商合作伙伴"、聘任10名海外"招商大使"。推动召开全市招商引资工作推进会、外资外贸调度会，持续开展招商引资季度擂台赛，设立驻德国、意大利等6个境外商务联络处。2023年，全市新认定亿元以上正式合同重大产业项目734个[1]，完成数量较2022年度翻一番。新引进世界500强及跨国公司项目6个。

（2）着力提升外资质态。近年来，我们进一步加强对重点外资企业的走访调研、跟踪服务，鼓励符合条件的企业申报省、市级商务发展专项资金（外资提质增效）项目。点对点上门拜访近两年到资且有到账空间的外资项目负责人，积极引导重点外资企业通过增资扩股、利润再投等形式集约高效利用外资。全年新设外资企业153家、同比增长43%，协议外资38.7亿美元、同比增长34.6%。[2]利润再投资占比逐年提高，较2021年、2022年分别提升8个、5个百分点。西门子集团新投资建设伺服电机项目，注册成立西门子机电科技（江苏）有限公司，到资1.13亿美元。积

---

[1]　招商引资相关数据为扬州市商务部门统计数据。

[2]　外资、外贸、外经相关数据为商务部业务系统平台数据和省商务厅反馈数据。

极培育外资总部和功能性机构，2023 年 12 月，阿斯塔导线有限公司被认定为江苏省跨国公司功能性机构。

2.国际市场有力开拓，外贸外经稳中有进

（1）加强政策扶持保障。面对外需减弱、外贸承压的严峻形势，及时制定出台外贸稳规模优结构 12 条措施，加大对企业境外参展等的扶持力度，先后有 100 多家企业赴境外参加各类展会；组织企业参加广交会、进博会、东盟博览会和"江苏优品、畅行全球"系列展会；举办第四届中德工业 4.0 暨全球采购大会，24 家扬州企业现场意向签约额为 49.95 亿元。

（2）积极培育外贸新业态。获批国家级跨境电商综试区，建成跨境电商"三大中心"等平台载体，综保区跨境电商 1210 监管场站建成并投入运营。拥有 2 家省级跨境电商产业园（市综保区、邮政跨境电商产业园），2 家市级跨境电商产业园（通邮电商园、江苏信息服务产业基地）。嘉和热系统股份有限公司海外仓获评省级公共海外仓。市内企业积极与跨境电商头部企业合作，借船出海，跨境电商成交规模突破 80 亿元。

（3）大力发展服务贸易。推动 5 家企业创成 2023 年省级服务贸易重点企业。推动企业申创省级数字贸易平台和平台型数字贸易龙头企业；推动工业设计等服务贸易从生产制造业剥离，提升服务贸易质态。全年服务贸易额同比增长超 40%；其中，知识密集型服务贸易额同比增长超 60%。

（4）优化"走出去"促进服务。组织企业参加江苏企业投资泰国交流会、中非博览会、中蒙博览会等对外投资合作促进活动。重点推动电子电气、装备制造等优势产业加快"走出去"步伐。编印《重点国家（地区）投资指南》，做好对新设对外投资项目的业务指导。新批对外直接投资项目近 40 个，中方协议投资额超 4 亿美元。其中，扬杰电子科技股份有限公司越南项目成功获批，中方协议投资额 2.13 亿美元，该项目成为扬州市近年最大的境外投资项目。

3.开放载体有力提升，园区口岸提质增效

（1）优化工作推进机制。建立健全开发园区党工委书记工作例会机制，搭建交流探讨、共谋发展的工作平台，强化对重大项目、重点指标和重要事项的常态化调度。全市省级以上开发园区全年实现工业开票 4957.5 亿元、同比增长 6.6%，工业入库税收 144.3 亿元、同比增长 6.1%[1]，利用外资占全市比重提升近 8 个百分点，扬州经开区在全国考评中较 2022 年度排名上升 71 位，[2] 开发园区的主战场、主阵地作用进一步增强。

（2）推动招商体制改革。梳排全市开发园区招商市场化改革情况，召开专项工作推进会，有针对性地推动全市省级以上开发园区加快实施市场化用人制度、市场化薪酬制度，提高招商专业性，目前已有 5 家开发园区组建市场化招商公司。

（3）开展国际合作园区申创。为切实发挥国际合作园区对地方经济社会发展的示范引领作用，促进项目集聚集群，2023 年以来，积极指导广陵经开区中欧（扬州）智能制造产业园申创省级国际合作园区。

（4）口岸开放步伐加快。2023 年，水运口岸 3 个码头泊位通过省级开放验收，4 个码头泊位获批临时启用；航空口岸恢复 1 条国际航线。牵头制定《市政府关于进一步推动扬州港集装箱运输高质量发展的政策意见》，积极开展宣传推介、走访调研。在政策引导下，扬州市外贸集装箱回流扬州港成效显著。全年完成外贸集装箱吞吐量 25 万标箱，同比增长超 50%，创历史新高[3]。

二　扬州开放型经济发展面临的主要问题

开放型经济是经济板块中最具活力、最有潜力的部分，但客观来看，扬州市开放型经济在总量规模、结构质态、龙头企业等方面还存在一些不足，与先进地区相比仍有较大差距。

1. 总量规模较小

扬州地处东部经济强省、开放型经济大省的区位中心，水、陆、空交通

---

① 园区开票和税收等数据为扬州市税务部门反馈数据。
② 此数据为商务部发布考核结果。
③ 集装箱数据来自扬州港务集团。

齐全,具备较好的开放发展基础。但当前开放型经济发展主要指标的量占全省总量的比重偏低,与城市综合实力不相匹配。其中,利用外资、对外投资总额占全省比重不足5%,进出口总量占比仅2%,服务外包合同额、执行额依然较小,与苏南及省外先进地区相比尚有不小差距。

2. 发展质态偏低

制造业利用外资集聚度不高,"头雁型""基地型"重大项目不多,先进制造业龙头项目尤为缺乏,总部企业偏少,全市获批跨国公司总部和功能性机构仅7家。在贸易保护主义等大背景下,外贸"滞涨"效应显现,增量不多、存量不足,进出口新增长点尚未凸显,稳增长压力较大;高技术产品出口占比、服务贸易占对外贸易比重还未达预期目标。外经指标对境外承包工程依赖度较高,"走出去"综合服务保障能力有待提升,企业开拓国际市场能力不强。

3. 进出口不平衡

单边主义、保护主义和地缘政治等风险上升,外贸发展不确定、不稳定和难预料因素增多。现有企业引进国外先进设备等技术改造意愿降低,导致机电产品和高新技术产品进口下降,叠加大宗商品价格回落等因素,进口规模持续下滑,1~12月,进口同比下降10.9%。进口仅占外贸进出口总量的20%。

4. 开发园区开放水平有待提升

全市各开发园区实际利用外资和外贸进出口占全市比重低于省均及周边地区。部分开发园区主导产业、新兴产业布局宽泛,集约发展优势不明显,开发园区地域空间有限与产业"摊大饼"形成鲜明对比。

5. 黄金水岸效应尚未充分彰显

扬州港口外贸吞吐量及外贸集装箱量占全省沿江口岸总量的比重仅为2%左右。港口长期以传统大宗散货等低端业态为主,新型业态培育不充分。大宗商品快进快出效率不高,目前仅有外贸支线,尚未开辟远洋、近洋航线,集装箱航线航班数量相对较少、密度相对较低,影响和制约集装箱运输效率及辐射效应。

三　准确把握当前开放型经济发展面临的积极因素

"十四五"时期是我国由全面建成小康社会向基本实现社会主义现代化迈进的关键时期，是"两个一百年"奋斗目标的历史交汇期，也是全面开启社会主义现代化强国建设新征程的重要机遇期。当前，全球格局正在重构，治理模式发生深刻变化。在复杂严峻的国际形势下，我国坚持合作共赢的全球化发展理念，坚持维护区域内自由贸易、稳定产业链供应链，促进高水平开放。构建以国内大循环为主体、国内国际双循环相互促进的新发展格局，是党中央充分结合当前国内国际形势发展的新变化、新趋势和新挑战作出的重大战略抉择。

当前扬州市开放型经济发展面临的困难是暂时的，我们要看到以下机遇。

1. 从战略机遇看

长江经济带、大运河文化带、长三角一体化和"1+3"重点功能区、宁镇扬一体化等众多国省战略在扬州叠加交汇，为我们推进开放型经济发展，特别是吸引人才、吸引企业、吸引创新项目和资源带来了很大的便利。

2. 从政策机遇看

2023年以来，国家、省、市相继出台了外贸稳规模优结构、加大吸引外商投资力度、以制造业为重点促进外资稳中提质等一系列稳外贸稳外资政策措施，将切实增强进出口和吸引外资的竞争力。

3. 从时代机遇看

新一轮科技革命和产业变革正在积蓄力量，催生了一大批新的产业、新的业态和新的项目。从国内城市的发展看，只要抓住1~2个新兴产业，抓紧布局，持之以恒去做，几年时间就能脱颖而出。比如，周边的盐城和常州，抓住了新能源的风口。从市内板块看，市经开区近两年一个个重大项目的招引落地使园区的总量、增幅、开放发展动能实现了全面提升。

4. 从城市机遇看

目前，扬州拥有"公铁水空"互联互通的现代综合交通体系，具备满足现代化、多样化需求的高品质公共服务和商务环境，是众多人心目中的"好地方"。与"十二五""十三五"期间相比，扬州市营商投资环境得到了大幅度改善和提升。这些机遇为下一步推动全市开放型经济发展提供了保障。

四 扬州开放型经济发展的思路举措

扬州开放型经济发展将坚持以习近平新时代中国特色社会主义思想为指导，全面贯彻党的二十大精神，以加快构建"双循环"新发展格局为导向，坚定不移实施全面开放战略，全力招项目、拓市场、强载体、优服务，不断提升扬州开放型经济发展水平。

1. 全力抓招商抓外资

聚焦"613"现代产业体系开展招商活动，力争使项目招引在"量的扩张"与"质的提升"上实现新突破。

（1）加大招商推介力度。精心办好2024"烟花三月"国际经贸旅游节以及北京、上海、深圳等大型城市推介活动，进一步提升扬州知名度和吸引力；组织境内外专题招商推介活动160场以上；深入开展"走进跨国公司总部计划"，走访100家以上知名外企总部。依托相关园区在日本、德国等国家设立境外招商代表处，强化与"四大所五大行"、境内外商协会等专业机构的合作招商。

（2）强化项目管理考核。将全市在谈、签约亿元以上项目纳入"全市重大项目全生命周期管理平台"管理。优化完善招商工作和季度擂台赛考核规则，将科技招商、服务业和农业招商纳入年度招商工作考核。

（3）推动外资提质增效。主动靠前服务，积极协调解决企业反映的困难问题，引导企业以增资扩股、利润再投资方式扩大投资，力争全年以增资扩股、利润再投资方式实现到账外资占全市实际利用外资比重进一步提升。

加强对跨国公司地区总部及功能性机构的培育和指导，摸排可能会设立地区总部、功能性机构的存量外资项目。

2. 全力稳外贸稳外经

（1）多措并举稳增长。靠前服务，积极培育外贸重点增量；拓展与中信保江苏分公司的合作，为小微企业出口提供风险保障，不断壮大外贸主体；继续加大对跨境电商"三大中心"的政策扶持，加快特色产业与跨境电商融合，实现中小外贸企业集聚式转型，推动跨境电商跃上新台阶。

（2）优进优出提质量。开展境外商标、海外营销机构、产品标准认证的培训，着力帮助重点企业转型升级，提高国际营销与议价能力。积极引导企业加大重要装备、重要原材料进口力度，力争进口占进出口的比重有所提升。

（3）全力以赴拓市场。加快开拓东盟、非洲、中东、南美等新兴市场。重点加强与"一带一路"共建国家商会、协会和会展机构等的交流合作，促进市场多元化。组织企业参加中国对外承包工程行业发展大会、东盟博览会等境内外投资促进活动，推动优势产业加速海外布局，积极参与全球产业链、供应链重构，着力建设双向开放节点城市。

3. 全力强载体强平台

（1）推动园区争先进位。推动开发园区立足自身基础和产业特点优化产业布局，聚焦1~2个主导产业和1~2个新兴产业，聚焦创新链、价值链高端环节，提升园区产业承载力、影响力和开放度。推动各省级以上开发园区全面成立招商集团（公司），实行市场化招商、绩效化薪酬分配，进一步激发发展动能，力争在引进超20亿元、超50亿元重特大项目上实现突破。支持中欧（扬州）智能制造产业园提升发展能级，从而形成示范引领效应。

（2）提升口岸发展能级。严格落实全省港口码头开放管理服务办法，依法依规对已开放码头实施日常监督和管理；同时，积极推动有开放需求的港口码头泊位对外开放或临时启用，切实助企纾困解难。加快扬泰机场国际（地区）航线复航，推动机场国际货运业务发展，积极推进进境水果指定监管场地、扬州引航站等建设，争取尽早获批立项，进一步实现口岸功能的完

善提升。

4. 全力优服务优环境

（1）加快释放政策红利。进一步统筹好各项政策措施并一体化推进落实，形成政策叠加效应。鼓励有条件的板块加大政策配套力度，为企业提供更加务实管用的政策支持，让企业更加安心、更有信心在扬州平稳健康创新发展。同时，加强政策宣传解读，打通政策落实"最后一公里"，确保各项政策措施尽快落地见效、尽早惠及企业。深入挖掘东盟、中东、南亚等"一带一路"新兴市场，用好信保、出口信贷、进口贴息等政策工具，在企业融资、能源供给、展会补贴等方面倾斜扶持，积极助力企业拓市场争订单。

（2）聚焦解决实际难题。指导各板块建立工作专班，帮助企业解决用工、用电、物流、资金等共性问题，并"一对一"解决个性问题。如针对外资企业利润再投资所涉及的土地指标、环境评价、产业配套等需求，积极统筹协调市级各部门，使它们相互配合、形成合力，切实推动项目落地。

（3）加强专业人才培养。实施本土人才国际化能力提升计划，多渠道、分批次开展贸易政策及实务培训，培育一批掌握全球产业变化趋势、精通国际贸易规则、熟悉涉外法律和政策、探索国际贸易新模式和新业态、擅长国际资本运作的人才。

2023年扬州旅游新业态发展研究报告

扬州市人民政府办公室课题组*

摘　要：　2023年，扬州市坚持以新业态发展助推旅游业提档升级，旅游新业态保持旺盛的发展势头。但对标先进地区，扬州旅游新业态发展还面临一些"短板"和"瓶颈"制约，扬州市应顺应文旅融合方向和旅游供给的品质化、健康化、主题化、深度化、定制化、智慧化、潮流化发展趋势，立足扬州特色资源禀赋，着力构筑"特色文化体验游+生态休闲度假游+其他新业态"（1+1+X）旅游新业态发展格局，助力扬州文化旅游名城建设提档升级。

关键词：　旅游　新业态　扬州

一　2023年扬州旅游新业态发展趋势

　　旅游新业态是指旅游围绕市场的发展和消费需求，与其他行业不断融合创造而产生的新的旅游产品及消费运营形式。扬州是首批国家历史文化名城，也是"世界运河之都""东亚文化之都""世界美食之都"，其旅游资源丰富。2023年，扬州市依托历史文化资源、生态资源等优势，借力高铁"东风"，在打造历史文化主题景区、加强游客文化体验、发展旅游夜经济、促进"旅游+购物"等方面持续发力，引领全市旅游业发展"蝶变"。

---

　　* 课题组负责人：袁骏，市政府办公室副主任。课题组成员：周健，市政府办公室四级调研员；王凯，市政府办公室政刊处处长（执笔人）；刘浩，市政府办公室秘书六处处长。

1. 旅游市场的回暖复苏与提质增效为旅游新业态发展提供了契机

2023 年, 在一系列扩大内需、释放消费潜力政策的促进下, 旅游业走上了快速复苏进程。2023 年, 扬州市预计全年接待旅游人数较 2019 年同期增长 30%。其中, 57 家 A 级景区累计接待游客 6149.31 万人次, 同比增长 93.22%, 比 2019 年同期增长 33.4%, 全市累计接待过夜游客 1109.36 万人次, 同比增长 96.91%, 比 2019 年同期增长 18.4%, 均创历史新高。人们的旅游消费观念也在悄然发生变化, 越来越多的人选择个性化的旅游方式, 注重高品质的旅游服务, 这也促进了旅游新业态的加速涌现。携程大数据榜单显示, 2023 年扬州位列全国旅游订单增长最快十大地级市之一, 其中, 目的地为扬州的自由行订单量同比增长近 17 倍。

2. 各种旅游新业态正日渐成为扬州旅游业发展的闪光点

中国大运河博物馆自运营以来"一票难求", 2023 年累计接待游客 421 万人次。游客不仅可以看到运河的"前世今生", 还可以通过馆内的历史场景设计以及真实业态的再现, 串联不同空间、不同时间的"运河故事", 以真实的视觉、触觉、听觉体验开启一场穿越时空之旅。瘦西湖"二分明月忆扬州"大型沉浸式夜游在进行系统升级后, 采用巡游、快闪等形式, 融合非遗、民俗、美食等元素, 打造多个夜间体验消费新场景, 吸引游客数量持续"飙升"。何园依托六个 IP 主题夜游空间推出"寄啸于心"主题夜游产品。个园打造个园·花局里沉浸式主题夜游古风市集, 为游客提供全新的夏日夜游新体验。皮市街原来的名气没有东关街大, 被改造提升后集聚了一批"网红"书店、咖啡店、美食店、文创店, 深受年轻人喜爱。2023 年 7 月 29 日, "东方甄选看世界"直播平台走进扬州, 俞敏洪、董宇辉通过走播宣传和直播带货方式将亲子研学"夏"扬州、园林美景"赏"扬州、二分明月"夜"扬州、淮扬美食"品"扬州等系列近百种文旅产品推荐给平台粉丝。

3. 高铁成为扬州旅游新业态发展的有力"加持"

以连淮扬镇高铁通车为契机, 扬州日益成为长三角高铁三小时交通圈热门旅游打卡地。2023 年暑假期间, 推出以人文游、研学游、休闲游为主的

"扬州的夏日"主题旅游活动，扬州迎来一波旅游热潮，扬州东站日均到发人数达到3.8万人次，日均客流密度甚至超过春运。同时，高铁带来的不仅仅是游客数量的简单增多，其背后的文旅衍生效益不言而喻。相对大巴游、跟团游、一日游的逛逛景点、走马观花，高铁游的游客往往都是家庭"过夜客"和自由行的年轻游客，他们在扬州住酒店、吃美食、逛夜市，深度体验感受扬州深厚的历史文化，这在无形之中也快速提升着扬州旅游的发展质态。如2023年的全国乒乓球锦标赛决赛，7天吸引带动10万人次前来扬州观赛、旅游，其中60%来自外省市，带动消费超2亿元。赛场周边香格里拉、希尔顿欢朋、明月湖等宾馆"一房难求"。此外，面向参赛、观赛群体所推出的Citywalk城市漫步游、亲子研学游等14条秋季精品旅游线路可以让大家看比赛、赏美景、品美食，尽享扬州"赛事旅游"魅力。未来，北沿江与连淮扬镇两条高铁在扬州交汇将对扬州旅游业态的重塑和旅游业高质量发展的赋能愈发显著。

二 扬州旅游新业态发展面临的"短板"和"瓶颈"

1. 扬州文旅融合战略的实施力度还不够强

许多旅游产品需要继续赋予更多的文化符号和文化灵魂，旅游产业文化元素的表达形式还须进一步满足游客的需求，旅游和文化深度融合的发展机制尚未巩固。如扬州作为"世界运河之都"和大运河的原点城市，虽有中国大运河博物馆这样的文旅地标，但放眼沿线10个遗产点、30公里古运河城区段和众多古镇，多数景区景点仍满足于运河文化的简单包装展示，没有持续挖掘运河意涵和优化旅游资源配置。又如以漆器、玉雕、琴筝为代表的工艺美术业、乐器制造业等作为扬州特色非遗文化融入文旅发展招数不多、效益不明显。

2. 扬州旅游新业态的竞争优势并不凸显

如何让新业态提升吸引力和形成独特竞争力、避免旅游业发展"千篇一律"，是业界、游客均关注的话题。特别是扬州所处的长三角地区文旅资

源丰富密集，古典园林、古镇、古街等，往往是你有我也有，扬州自身的资源品质并不具有唯一性、稀缺性。如果不通过创新进行差异化发展、特色化发展，难免会削弱竞争优势甚至逐步被边缘化。如扬州园林，由于产品深度开发、宣传推介等原因，游客更愿意选择名气更大、园林特色更鲜明、体验效果更佳、地处传统旅游线路上的苏州、杭州作为旅游目的地。又如人文旅游资源相对稀缺的盐城，近年来以推动旅游新业态发展为主线，着力打造沉浸式旅游新场景，做足"夜游+"文章，提升旅游业发展品质化、国际化水平。无论是观花海、赏日出，还是国潮热、音乐节，均有着别样文化味与烟火气。

3.土地、人才、资金等方面的要素瓶颈依然明显

如发展康养体育游，仪征以枣林湾成为国家级首批运动休闲特色小镇试点为契机，以玥珑湖、捺山地质公园、天乐湖旅游度假区、红山体育公园等项目为依托，发展运动、体验、参与、体育、赛事、拓展等参与体验类旅游产品，但农用地转用和征地难题成为大型旅游项目落地建设绕不过去的坎儿。

三 扬州旅游新业态发展的路径选择

顺应文旅融合方向和旅游供给的品质化、健康化、主题化、深度化、定制化、智慧化、潮流化发展趋势，立足扬州特色资源禀赋，着力构筑"特色文化体验游+生态休闲度假游+其他新业态"旅游新业态发展格局。

1.深耕发展特色文化体验游

放大"世界运河之都""东亚文化之都""世界美食之都"的品牌影响力，依托大运河，扬州、高邮两座国家历史文化名城，漆器、玉雕等特色非遗以及扬州美食等历史文化资源，顺应游客特别是年轻群体对于旅行中文化内涵、个性体验、出游品质等不断提升的需求，充分应用5G、AR/VR、AI等前沿技术，深耕运河文化游、古城古巷游、美食文化游、非遗体验游等领域，创新打造一批网红"微景观"，变游客的"走马观花""拍照赏景"为"深度感受体验"。如在古巷游开发中，按照"合理串联"的思路，把赏景

学知、访古寻踪、休闲购物等活动结合起来，让古巷游变得更加生动。可开展穿古装游古巷，古巷拍照达人大赛，古巷地名、名人和诗词竞猜等活动，让游客参与到对古巷的体验解读中来；还可以学习敦煌等地经验，在旅游接待场所向游客发放"寻觅古巷"旅游体验卡。这样，就能通过提升古巷旅游的趣味性，大大增加"过夜客""回头客"的数量。

2. 提升发展生态休闲度假游

把握消费升级趋势，发挥扬州江河湖丘陵地貌兼具、文化彰显这些特色优势，深度挖掘瘦西湖、仪征后山区、七河八岛、宝应湖、清水潭、瓜洲等资源，深度谋划和开发适合家庭度假、青年人创意、商务人士会务、老年人康养等的旅游产品，打造乡村民宿、房车旅居、国医养生、户外运动等引领消费的新产品、新业态、新模式，让扬州成为人人向往的心灵休憩之地。如宝应湖、清水潭、沿湖村等景区发挥湖泊湿地、水杉森林、传统村落、民俗文化、地热等资源禀赋优势，引入房车露营、低空飞行、户外拓展等休闲度假产品，打造特色民宿集聚区。又如仪征后山区可着力建设一批设施完善、功能多样、品质高端的康养主题园区和养生体验中心，形成休闲养生、康养旅游、旅居养老等新的消费热点。

3. 统筹发展其他新业态

依托江都水利枢纽、三湾公园、何园、"扬州唐诗地理"、"文人笔下的扬州"等载体，打造一批主题串联式研学旅行精品路线；深入挖掘全市红色旅游资源，做好抗日战争最后一役纪念馆、郭村保卫战纪念馆等革命遗址遗迹旅游功能配套，打造红色旅游样板；提高"烟花三月"国际经贸旅游节、鉴真国际半程马拉松、深潜大运河中心等品牌影响力，加大国际性会议、展览和赛事的申办、招引力度，带动"赛事+旅游""会展+旅游"融合发展；因地制宜发展乡村旅游，培育现代农业观光旅游项目，推动北湖湿地公园、高邮湖上花海、界首芦苇荡等一批重点乡村旅游示范点提档升级；鼓励漆器、食品、日化等体现扬州特色的行业企业利用厂房、工业遗址打造一批工业休闲旅游场所，提升黑莓产业园、乳胶博物馆等现有工业旅游点的观赏、科普、体验等功能。

四 扬州旅游新业态发展的支撑举措

1. 在提升旅游项目竞争力上下功夫

坚持内容为王、多元融合、文化阐释、旅游活化，丰富优质旅游产品供给，提升游客体验感、获得感。

（1）狠抓龙头项目培育。聚焦旅游新业态发展趋势和扬州旅游产业主攻方向，立足于瞄准"差异化"、消除"空白点"，深化与旅游行业龙头企业、上市公司合作，把扬州最宝贵、最优质的旅游资源嫁接到最强企业上，强化项目落地运营、市场创新和品牌引进培育，共同打造旗舰型、地标型项目和高品质景区，以点引爆，吸引集聚大量客流，促进扬州旅游业做大做强、提档升级。

（2）注重原汁原味。从各地经验来看，文化的原汁原味和原生态是文化体验游、休闲度假游产品最大的卖点和亮点，深受广大游客青睐。在旅游新业态发展过程中，要特别重视文化遗存、自然生态的保护，尽量少一点仿古新建、多一点保护更新；少一点人工干预、多一点清水树木；少一点钢筋水泥、多一点绿色植物；少一点建设用地、多一点生态湿地。

（3）嵌入创新理念。聚焦休闲度假、文化体验、康体疗养等旅游市场需求，进一步加强产品创新、模式创新、业态创新和科技赋能，持续打造创新链、延伸产业链、做强价值链。如通过开发大运河景观展示项目、设计大运河沉浸式展览、创作大运河全息演艺作品，突破大运河盛景的时空限制，提升游客感官体验。又如邵伯、菱塘等旅游风情小镇可以探索开展酒吧夜市、歌舞演出等活动。

（4）强化精品意识。围绕细分客群，打造内容为王、体验性强的小众化、高端化、精品化旅游新业态。如在乡村民宿发展方面，扬州不少乡村民宿还停留在传统的"农家乐"层面，建筑多为农民自家经过简单改造装修的住宅，配套设施不够健全，相关从业人员多为没有经过专业培训的本地村民，只能简单满足游客饮食住宿等基本需求，呈现产品同质化倾向，这对游客特别是高端游客吸引力不强。关键要结合游客需求，强化精品意识，在民宿设计、装修上嵌入现代、简约、时尚等元素，同时要融入当地乡土元素、文化元素，在服务、体验上强调人情味、多元化，推进民宿的规范化、标准化运营。

（5）实施资源整合。推进有利于发展旅游新业态的资源整合管理，鼓励各投资经营主体改变和提升经营模式，从而避免资源闲置、单打独斗和无序竞争。如通过盘活古城区私家园林、盐商老宅、民居等资源，引进飞鸢集、大乐之野、西坡、隐居乡里、既下山等全国头部品牌民宿运营商，打造精品旅游民宿，推动古城民宿从量变到质变、从零散发展向集群发展、从粗放建设向品牌建设转变。

2. 在促进全域全季全时旅游发展上下功夫

布局和整合现有旅游产业链，以内容塑造产品力，以产品提升竞争力。

（1）发展全域旅游。按照优势互补、资源共享、市场共建、信息互通、共同发展的原则，统筹各县（市）旅游资源，完善全市县域旅游整体规划，加快构筑扬州全域大旅游经济圈。突破景点景区的"围墙思维"，引导业态相近的景点开展资源联结、产业联合、空间联动，推动景区抱团发展、联动发展，形成景观带、产业带。同时，统筹区域公共服务资源，提升景点之间信息咨询、旅游交通等多个方面的公共服务质量，让游客从到达至离开，都有较好的旅游体验。

（2）拓展全季旅游。扬州旅游要一年四季都像"烟花三月"期间一样，还有很长一段路要走。策划增加亲子旅游、老年旅游、养生健康等"无季节性"的旅游产品和业态，引导和创造旅游的均衡消费。继续提高重大节庆活动影响力，周期性举办各项节庆、赛事活动，将蕴含扬州特色的文化内核与旅游产品融合，开展个性鲜明的四季节事活动，借势造势，形成丰富的"全年旅游"产品。下一步，要适应带薪休假、"2.5 天"度假模式的消费需求，着力开拓"非黄金周""非周末"的旅游市场。

（3）丰富全时旅游。特别是大力发展夜间旅游消费。结合年轻人的旅游消费习惯，既关注日间的常规旅游产品，也策划设计完整的夜间旅游产

品，深度挖掘夜晚这个旅游消费的"黄金时段"，丰富景区夜间游览内容，推出高质量的音乐喷泉、篝火晚会、实景演艺、特色民宿、房车、帐篷露营、文创集市等夜游产品，打造集"夜游、夜赏、夜读、夜娱、夜购、夜食"于一体的旅游休闲业态，延长游客停留时间，拉长旅游产业链。

3. 在提高旅游营销效果上下功夫

现代旅游业又被称为"注意力"产业、"点子"产业、"创新"产业，营销、策划、管理等无形能力越来越重要，决定着一个区域旅游目的地或景区的成败。

（1）充分挖掘扬州特色。鼓励专业团队、旅游企业等从故事策划、产品设计、氛围营造、活动体验等方面，对扬州现有的旅游资源进行梳理开发，深度挖掘这些元素的文化内涵和精神实质，把体现扬州城市魅力的元素"+"起来，并在旅游项目开发、建筑设计等方面充分融入嵌入，打造出具有丰富文化内涵和故事性的景区景点。如环明月湖城市旅游区集聚文博、体育、商业业态和绿色水生态，可以打造"扬州月"品牌，统筹谋划环湖文体旅商发展并以此吸引游客。

（2）唱响旅游宣传口号。一个好的旅游口号，比如"走遍大地神州最美多彩贵州""拜水都江堰　问道青城山"等，能够直接向大众传递一个地区、景区的形象，提高旅游目的地的知名度和影响力。在深化"扬州是个好地方"IP基础上，扬州景区需要选择走心的旅游口号，增强口号的个性和识别度，确保口号能够客观、准确概括出景区历史文化、生态环境等主要性质特征，并且口号要简练好记、朗朗上口，让游客入脑入心。

（3）加强客源地营销。构建政企联手、部门联合、上下联动的宣传促销机制，借助媒体融合、互联网推广、社会营销、驻点经营等多种形式，针对北京、上海等重点市场以及山东、安徽等潜在客源地开展旅游形象推介和旅游产品营销。依托"三都"品牌和鉴真、崔致远、马可·波罗等名人效应，通过与海外旅游机构或旅游达人合作，加大日韩、欧美等海外市场推广营销力度，从而吸引更多国际游客。

（4）开发多元化旅游营销。组织开展节庆会展、高端论坛、摄影采风、设计大赛、形象代言人选拔等活动，利用微信、抖音、快手、小红书、哔哩哔哩等自媒体平台开展旅游达人、美食达人直播，在知名影视、综艺节目中开展"润物细无声"的植入式营销。

（5）加强区域旅游合作。与其他长三角城市特别是南京、镇江、泰州等周边地区联手促销，共同策划优势互补、互利互惠的区域旅游精品线路。鼓励旅行社以"目的地拼团""落地自由行"等灵活形式，推动私家团、小包团、定制游等创新产品开发。

4. 在提升旅游服务配套上下功夫

把旅游环境当作营商环境一样来打造，满足游客吃、住、行、游、购、娱方面多元化需求，打响"好地方 好旅游"的服务品牌。

（1）提升旅游服务品质。当前自助游、自驾游已成为游客来扬休闲度假的重要方式，但一些酒店在黄金周价格大涨让许多人望而却步，一些游览点仍存在电子地图无标识、简介二维码扫描后无显示等情况。引进一批国际品牌酒店、高端度假酒店、文化主题酒店和特色精品旅游民宿，健全多元旅游住宿体系，让游客"住得好""留得下"。拓展游客服务中心功能，扩大志愿者服务队伍，为游客提供旅游咨询、文化体验、餐饮购物、集散换乘等便捷服务。完善景区标识系统并及时更新。全面推进旅游厕所标准化建设。强化旅游市场综合监管，完善涉旅舆情和投诉处理综合协调机制，倡导文明风尚，为旅游业发展营造和谐友善、文明礼貌的人文环境。

（2）完善交通基础设施。统筹提升"动静态交通"条件，努力让游客好行、好停。加强黄金周、旅游旺季、夜间经济交通保障，实现景区"小交通"与城际"大交通"有效衔接，构建便利顺畅的全天候旅游交通网络体系。进一步加强中心城区特别是古城停车场和停车泊位建设，推动古城街巷环境提升整治，增加道路沿线休息、补给设施供给，提升古城徒步、骑行舒适度。继续共享机关事业单位停车资源，坚持对游客分时段有序开放。

（3）发展智慧旅游。运用光影创新技术，设计策划沉浸式体验场景，提升商业主题化与消费场景化运营能力。推动智慧景区建设，为游客提供网上售票、智能安检、人流监控、预约讲解、智慧停车等服务。推动文化馆、

博物馆、美术馆等文化场馆安装 VR、AI、高清视频等智能化体验设备，依托数字云开发"云展览""云演艺"等线上精品活动。加强旅游大数据治理和智慧监管，推进旅游管理的精准研判、科学决策。

（4）开发有特色的旅游衍生商品。学习故宫文创、灵山拈花湾等成功案例，结合扬州玉器、漆器、剪纸等传统工艺特色，成立或招引专业的文创团队，以新奇、创意为支撑点，对扬州文化元素进行"再演绎"，设计开发一批能够刺激游客消费的文创"爆品"，满足游客的好奇心，提高游客情感黏性，让二次消费成为旅游体验的延伸和补充。结合预制菜发展最新技术和"世界美食之都"品牌效应，研发扬州美食伴手礼。

5. 在优化旅游发展机制上下功夫

坚持改革创新，真抓实干，汇聚促进扬州旅游新业态发展的强大合力。

（1）加强顶层设计。聚焦旅游新业态发展目标和路径，完善市、县一体化推进、一盘棋统筹机制和相关职能部门组织协调、督察考核、信息通报等制度，大力支持重大旅游项目建设，促进旅游企业发展，助力旅游品牌打造和营销。

（2）突破要素制约。在资本支持上，通过采用加大信贷支持力度、完善旅游资产抵质押担保、拓宽旅游企业融资渠道以及引导撬动社会资本投入等措施，为旅游新业态发展注入源源不断活水，共同支持、培养、扶助扬州旅游景区、旅游企业发展壮大。在用地保障上，充分考虑旅游产业用地需求，合理安排旅游产业用地规模，优化、落实各类旅游设施项目规划布局，特别是要为重大旅游项目建设预留好发展空间。同时，创新用地保障模式，探索旅游项目点状供地方式，支持使用荒地、废弃地等建设旅游项目，鼓励城镇低效用地再开发从而拓展旅游用地空间。

（3）加强旅游人才引进培养。重点引进培养与旅游新业态发展相适应的旅游规划、策划、管理、服务、商务等各类高端专业人才，让专业的人做专业的事。依托各类高等院校、研究机构和培训基地，多渠道开展旅游服务标准化培训工作，完善持证上岗制度，培养一批"名导""名厨"，为扬州旅游新业态发展添砖加瓦。

B.10
2023年扬州体育产业发展
情况及对策研究[*]

扬州市体育局课题组[**]

摘　要： 体育产业是社会主义市场经济的重要组成部分，是推动高质量发展、建设现代化经济体系的重要内容。加快培育体育产业市场主体对于提升经济内生动力、推动高质量发展具有重要意义。2023年，扬州市体育局深入贯彻习近平总书记关于体育发展的重要论述和指示精神，把优化提升营商环境、激发消费活力、培育市场主体作为重要抓手，着力开创体育产业高质量发展的新局面。

关键词： 体育产业　产业结构　扬州

一　2023年扬州体育产业发展情况

2023年，扬州市体育局深入贯彻习近平总书记关于体育发展的重要论述和指示精神，认真落实省、市关于促进体育产业发展的政策措施，积极为体育产业高质量发展创造良好的营商环境，全力推动各项惠企促销政策落地见效，进一步激发体育市场主体发展活力，促进体育产业健康发展。目前扬州市体育产业发展总体呈现良好发展态势。

---

[*] 若本文中图表数据分项与总值不等，属数值修约误差所致。
[**] 课题组负责人：马晓冬，扬州市体育局副局长。课题组成员：宋倩，扬州市体育局产业处处长（执笔人）；李昌融，扬州市体育局产业处工作人员。

1. 体育产业市场主体蓬勃发展

截至 2023 年 10 月，扬州市共有各类体育组织 29283 家，其中企业类组织 26943 家，非企业类社会组织 2340 家（见图 1）。从企业规模来看，规上企业 1521 家，规下企业 25872 家。从体育类型来看，体育全行业企业（本体企业）1357 家，非体育全行业企业（扩展企业）27926 家。

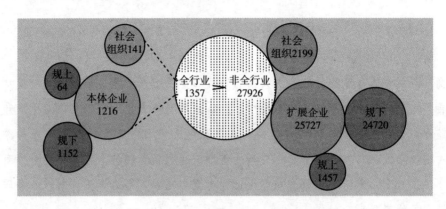

图 1　扬州市体育市场主体分类

资料来源：扬州市统计局。

从产业分类来看，扬州体育市场主体覆盖体育用品及相关产品销售制造、体育健身休闲活动、体育场地和设施管理等 11 个大类、36 个中类和 66 个小类，行业类型多样、种类丰富（见表 1）。

表 1　2023 年扬州市体育产业大类分布

单位：家，%

大类代码	大类名称	数量（百分比）
10	体育用品及相关产品销售、出租与贸易代理	7498(25.61)
8	其他体育服务	5574(19.04)
9	体育用品及相关产品制造	4997(17.07)
5	体育经纪与代理、广告与会展、表演与设计服务	3608(12.32)
11	体育场地设施建设	2452(8.37)
7	体育传媒与信息服务	1557(5.32)
1	体育管理活动	1536(5.25)
6	体育教育与培训	1174(4.01)

大类代码	大类名称	数量（百分比）
3	体育健身休闲活动	692（2.36）
4	体育场地和设施管理	123（0.42）
2	体育竞赛表演活动	71（0.24）

资料来源：扬州市统计局。

2. 体育产业总体规模稳步提升

随着户外活动、生活消费、旅游、休闲、竞赛等相关产业的快速恢复，扬州体育产业整体实现恢复性增长。2023年1~10月，体育产业总产出272.10亿元，比2022年同期增长9.54%（见表2）。体育产业的增加值为99.30亿元，同比增长10.07%。在总产出方面，体育制造业（体育用品及相关产品制造行业）总产出最高，达到139.86亿元，占比51.40%。之后是体育服务业，总产出为132.24亿元，占体育产业总产出的48.60%。体育建筑业（体育场地设施建设行业）规模最小，总产出为3.16亿元，占比1.16%。

增加值方面，体育服务业的增加值为64.06亿元，占体育产业增加值的64.51%，比2022年同期增长10.48%。体育制造业增加值为35.24亿元，占体育产业增加值的35.49%，比2022年同期提高了11.47%。体育建筑业增加值为0.65亿元，占体育产业增加值的0.66%，比2022年增加了6.21%。

表2 扬州市2023年1~10月体育产业总产出和增加值

单位：亿元，%

分类名称	总产出		增加值		
	总量	占比	总量	占比	增速
体育产业	272.10	100.00	99.30	100.00	10.07
体育服务业	132.24	48.60	64.06	64.51	10.48
体育管理活动	7.96	2.93	3.59	3.62	14.67
体育竞赛表演活动	2.96	1.09	1.16	1.17	14.24
体育健身休闲活动	6.66	2.45	3.89	3.92	8.33

分类名称	总产出		增加值		
	总量	占比	总量	占比	增速
体育场地和设施管理	4.47	1.64	2.87	2.89	6.08
体育经纪与代理、广告与会展、表演与设计服务	6.74	2.48	2.66	2.67	6.80
体育教育与培训	21.15	7.77	11.55	11.63	5.36
体育传媒与信息服务	6.26	2.30	2.90	2.92	18.22
其他体育服务	15.39	5.66	5.74	5.78	31.35
体育用品及相关产品销售、出租与贸易代理	57.47	21.12	29.04	29.24	6.53
体育用品及相关产品制造行业	139.86	51.40	35.24	35.49	11.47
体育场地设施建设行业	3.16	1.16	0.65	0.66	6.21

资料来源：扬州市 2023 年 1~10 月体育产业数据。

3.体育产业项目培育成效突出

2023 年，扬州体育企业实力和产业项目品牌影响力进一步提升。国内知名运动户外装备制造商扬州金泉旅游用品股份有限公司在上海证券交易所主板成功上市，成为扬州第 24 家境内外上市公司。全省唯一文体类列省重大项目江苏省水上运动赛训基地深潜大运河中心扩容改造工程顺利完工。全市 15 个产业项目获得市级以上产业品牌荣誉。2 个项目入选中国体育旅游精品项目（扬州体育公园入选中国体育旅游精品景区，扬州鉴真国际半程马拉松赛入选中国体育旅游精品赛事），入选数量居全省第 4，苏中苏北地区第一。小纪镇文体健康特色类体育产业基地创成 2023 年江苏省唯一特色类体育产业示范基地，扬州赛乐服饰有限公司获评"江苏省体育产业示范单位"称号，扬州体育公园获评长三角地区体育旅游精品项目、江苏省体育旅游融合发展示范基地和江苏省智慧体育场馆示范项目，广陵中体城创成江苏省体育服务综合体。

4.赛事经济塑造体育消费新场景

体育融合发展优势进一步凸显，各市场主体充分挖掘城市特色资源，借助城市"三都"品牌效应，进一步激活赛事经济，打造了众多体旅消费新场景。成功开展了全国乒乓球锦标赛决赛、大运河击剑赛、大运河城市足球邀请赛等高水平专业化赛事，吸引外地游客近 30 万人次，掀起了"跟着赛事去旅行"的新风潮。扬州鉴真国际半程马拉松赛、大运河城市定向赛等休闲体育赛事，将扬州打造成休闲运动度假目的地，7 个项目入选江苏省体育消费场景典型案例，数量居全省前列、苏中第一。各类体育组织开展群众身边的体育赛事活动千余场，国家级体育赛事活动 10 余场，特别是生态科技新城通过举办帆船、浆板等时尚新兴水上休闲赛事，成了受年轻人欢迎的休闲健身游目的地。邗江方巷镇沿湖村、红山体育度假乐园等 10 家体育旅游机构获评"2023 扬州体育旅游网红打卡地"称号。

5. 体育产业服务保障逐渐完善

加强行业监管和服务，市体育局创新建立体育产业统计监测平台。联合扬州市统计局、国家统计局扬州调查队及高校专家团队，建立体育产业经济数据库、城乡居民体育消费数据库和专项数据名录库，为产业政策制定和规划设计提供数据保障。组织开展全市体育促消费活动，助企纾困。在 2023 体育嘉年华和全民健身周期间，组织百余家体育企业累计发放各类消费卡券超 600 万元，有力地激发了市民消费热情。积极对接沟通，帮助企业上争国省政策资金 1000 余万元。加强政企交流和市体育产业商会建设，举办全市体育企业家座谈会并建立重点体育企业月度走访机制，积极开展实地调研。

二 2023年扬州体育产业发展存在的主要问题

从 2023 年扬州体育产业发展情况来看，虽然体育产业发展较好，但总体规模不大、综合实力不强等问题依然存在。特别是对照体育产业高质量发展要求，扬州体育产业发展还有一些短板和不足。

1. 体育产业规模须进一步扩大

扬州体育产业在 2023 年保持了平稳增长态势，但体育产业总量偏小，对经济增长贡献度不高，与苏州、南京、无锡等发达城市相比仍具有较大差距。同时，体育企业以中小型为主，体育产业领军企业不多，潜在"链主"企业对于建链、强链、补链的主观意识和客观能力还不强，本地"行业龙

头企业+上下游企业"的联动尚未形成。宝应曹甸镇、江都小纪镇、江都武坚镇等体育产业制造业片区的大部分企业处于产业链的中下端，企业转型升级缓慢，自主品牌打造力度不足。

2.体育产业结构须进一步完善

体育服务业在体育产业中的贡献度有待提升。竞赛表演业发展潜力尚须挖掘，突出表现在：高水平赛事运营机构不够多，体育展示、竞赛组织、技术保障、品牌营销等赛事配套服务资源不丰富，门票、赛事转播权、冠名权等赛事无形资产、标志性产业、球迷市场等资源和高附加值产品开发尚不充分，回报率不高。体育场馆综合运营能力还不够强，主要表现在：体育场所市场化运营能力不强，公共服务水平不高，未能充分创新挖掘其中的市场价值。此外，体育健康与运动康复、体育旅游、体育教育等子业态须进一步发展。

3.体育产业保障须进一步优化

支持体育企业发展的专项扶持政策还不多。国省关于体育场馆的税费减免及水电气优惠政策未完全落地执行。市级层面对体育产业发展的专项扶持渠道还不丰富，对于体育市场的管理抓手还不具体，体育类校外培训机构、高危险性体育经营项目、健身俱乐部等重点领域的安全监管工作还须创新思路。

三　推进扬州体育产业高质量发展的对策建议

体育产业在满足人民日益增长的美好生活需要方面发挥着不可替代的作用。在新形势下，要以习近平新时代中国特色社会主义思想为指导，强化体育产业要素保障，激发市场活力和消费热情，推动体育产业高质量发展。

1.营造发展氛围，壮大市场主体

一要加大宣传力度。体育产业既是民生产业、绿色产业，也是蓬勃发展的新兴产业。要通过对体育产业发展前景和扬州营商环境的广泛宣传，提高现有体育市场主体的信心和干事创业的决心，营造良好的产业发展氛围，引导更多的社会资源成为体育市场主体。二要打造项目典型。支持企业积极争创国省市体育产业品牌荣誉，进一步提高扬州体育产业的知名度和影响力。通过专项培训、定点指导等形式，支持生态科技新城七河八岛区域创建国家体育旅游融合发展示范基地，鼓励扬州鉴真国际半程马拉松等赛事品牌争创国家体育产业示范项目。三要加强资源整合。充分利用南京都市圈、宁镇扬一体化等政策优势，充分发挥市体育产业商会等社会组织作用，帮助体育市场主体寻求跨界合作、实现资源共享、拓展营销范围。

2.改善产业结构，丰富产品供给

一要提升体育服务业比重。大力培育健身休闲、竞赛表演、场馆服务、体育经纪、体育培训等服务业态，创新商业模式，延伸产业链条。紧跟"跟着赛事去旅行"消费热潮，招引承办国家级重大体育赛事，探索赛事商业化运营模式，培育赛事运营机构。二要支持体育用品制造业创新发展。聚焦邗江甘泉户外装备、江都武坚健身器材、宝应曹甸教体玩具等体育制造业企业，推动智能制造、大数据、人工智能等新兴技术在体育制造领域的应用。鼓励体育企业与高校、科研院所联合创建体育用品研发制造中心。三要大力发展"互联网+体育"。推动体育产品智能化、数字化，体育消费渠道网络化、便捷化。鼓励体育企业利用电子商务平台提供体育消费服务，推动体育企业数字化转型。

3.丰富服务举措，优化营商环境

一要加强重点领域监管。按照"双减"工作要求，持续推进体育类校外培训机构的规范经营，加快推动培训收费纳入全国校外培训机构资金监管平台管理。进一步规范健身市场秩序，引导体育健身机构经营者和消费者使用合同示范文本，从而有效防范风险。联合相关部门共同开展高危险性体育项目经营场所安全检查。二要拓展服务渠道。设立市级体育产业发展专项资金，每年对新优体育产业项目进行奖补。组织专题培训辅导，帮助体育企业提升申请省体育产业发展专项资金的水平。举办体育企业家研修班，提高体育企业家经营管理水平。三要加强政企沟通交流。进一步拓宽政企沟通渠道，完善意见建议反馈机制，定期举办企业家座谈会，协助解决发展中遇到的问题。举办名城百企运动会，加强企业家交流和企业互动。

B.11
2023年扬州金融形势回顾与展望

扬州市金融学会课题组*

摘　要：　2023年，面对错综复杂的经济金融形势，全市金融系统坚决贯彻落实中央和市委、市政府决策部署，结合全市"发力奋进年"工作要求，精准有力贯彻落实稳健的货币政策，继续落实一揽子政策措施，加大金融对实体的支持力度，有效防控金融风险，稳步推进金融创新，切实改进金融服务，助力经济运行回升向好。全市货币信贷总量稳步提升，贷款增速排名创历史最优位次，信贷结构进一步优化，支持经济重点领域和薄弱环节有力有效，融资成本稳中有降，各项金融指标保持较好水平。受外部形势仍然严峻复杂和不确定因素依然较多的影响，经济持续恢复发展面临不少挑战，金融服务实体经济质效还须进一步提高，金融风险防控仍须进一步关注。展望未来，全市金融部门将继续加大对实体经济的支持力度，着力维护金融稳定，以走好中国特色金融发展之路的实际行动，为全面推进中国式现代化扬州新实践提供更加有力的金融支持。

关键词：　金融运行　信贷支持　实体经济

一　金融运行情况

（一）存贷款总量持续攀高，为经济运行提供良好的货币金融环境

各项存款余额破万亿元。2023年12月末，扬州市金融机构本外币各项

---

* 课题组负责人：何敏，中国人民银行扬州市分行行长、扬州市金融学会会长。课题组成员：张翼，中国人民银行扬州市分行调查统计科科长、扬州市金融学会秘书长；卢捷，中国人民银行扬州市分行调查统计科副科长；薛梅，中国人民银行扬州市分行调查统计科科员（执笔人）。相关数据来源于中国人民银行扬州市分行金融统计数据。

存款余额 10378.14 亿元，同比增长 14.93%，增速较 2022 年同期上升 6.13 个百分点；余额比年初增加 1348.08 亿元，同比多增加 617.75 亿元。从存款类型看，一是住户存款继续较快增长。2023 年 12 月末，全市本外币住户存款余额为 5899.22 亿元，比年初增加 870.98 亿元，同比增长 17.32%。二是企业资金面保持稳定增长。12 月末，全市本外币非金融企业存款余额为 2873.71 亿元，比年初增加 177.43 亿元，同比增长 6.58%。三是广义政府存款增速显著，12 月末，全市本外币广义政府存款余额 1397.99 亿元，比年初增加 196.59 亿元，同比增长 16.37%，增速较 2022 年同期上升 7.67 个百分点。

各项贷款增速创近年新高。2023 年 12 月末，扬州市金融机构本外币贷款余额为 9767.42 亿元，同比增长 20.15%，增速比 2022 年同期上升 6.32 个百分点；余额比年初增加 1637.97 亿元，同比多增加 650.39 亿元。贷款增速排名全省领先，创历史最优位次。

社会融资规模显著扩大。据初步统计，2023 年，全市社会融资规模增量为 2116.3 亿元，比 2022 年同期增加 956 亿元。其中，贷款增量 1638 亿元，比 2022 年同期多增加 650.4 亿元。股权净融资 24.7 亿元，比 2022 年同期多增加 4.5 亿元；债券净融资 493.8 亿元，比 2022 年同期多增加 228.7 亿元。

（二）信贷结构持续优化，金融支持实体经济更加精准有力

稳投资支持资金充足。中长期贷款新增较多，2023 年 12 月末，全市银行机构中长期贷款余额 6451.24 亿元，同比增长 23.44%，增速超过各项贷款增速 3.3 个百分点。全年新增中长期贷款占各项贷款增量的 74.8%。其中全市中长期制造业本外币贷款余额 439.17 亿元，比年初增加 199.94 亿元。

薄弱环节支持力度加强。2023 年 12 月末，全市普惠金融领域贷款余额为 1955.97 亿元，同比增长 19.76%；比年初增加 323.22 亿元，同比多增加 42.35 亿元。2023 年对法人金融机构提供普惠小微激励资金 1.35 亿元，为 2.8 万户小微主体减息 0.9 亿元。

绿色循环发展支持效度提升。江都区成功入选首批省级绿色金融创新改革试验区，落地全省首单银保合作类碳汇质押贷款，推动"水权贷""八宝贷"等创新产品增量扩面，助推全市生态产品价值实现机制的初步形成。2023年第三季度末，全市绿色贷款余额1140.01亿元，比年初增加282.03亿元，余额同比增长40.48%，增速超过各项贷款增速20.33个百分点。

房地产开发贷款同比增加，个人房贷同比减少。2023年12月末，全市房地产贷款余额2298.70亿元，同比下降1.4%；其中开发贷款余额751.04亿元，同比增长14.56%；个人住房贷款余额1535.46亿元，同比下降7.75%。

（三）利率市场化改革持续推进，融资成本稳中有降

贷款让利成效持续显现。2023年以来全市存贷款利率继续走低，1~12月，全市人民币一般贷款、企业贷款、普惠口径小微企业贷款加权平均利率分别为4.36%、4.23%、4.37%，同比下降43.3个、38.1个、50.4个基点。12月全市新发放个人住房贷款利率3.74%，同比下降43个基点，低于省均17.2个基点。非金融企业债务融资利率略有下降。2023年全市非金融企业债务融资工具发行加权平均利率3.65%，同比下降1.35个基点，比一般贷款加权平均利率低0.72个基点。

（四）金融机构运行稳健，风险总体可控

2023年全市银行业金融机构运行总体稳健，资产质量相对较好，不良贷款率仍处于较低水平。中国人民银行扬州市中心分行联合金融监管部门构建金融风险联防共判工作格局，统筹各类监管资源，形成风险处置合力，有力维护辖区金融稳定。

（五）跨境收支保持顺差，收支规模同比下降

2023年，全市跨境收支总额190.02亿美元，同比下降7.38%。其中，

跨境收入 140.55 亿美元，同比下降 7.32%，跨境支出 49.47 亿美元，同比下降 7.54%。跨境收支差额 91.08 亿美元，同比下降 7.19%。其中经常项目差额 80.72 亿美元，同比下降 13.30%，资本项目差额 10.37 亿美元，同比增长 105.53%。

二 金融运行中值得关注的问题

（一）宏观数据与微观感受存在温差

一是居民消费信心仍然不足。在经济增长整体回升的背景下，居民的信心仍显不足，预期仍然不稳，这对下阶段消费潜能释放形成掣肘。二是实体贷款增长动能受到制约。在企业订单不足、盈利能力下滑等背景下，制造业投资边际动能减弱。部分企业盈利水平下降，应收账款占比上升、账期拉长，扩大再生产的动力不足，全市制造业贷款占各项贷款比重仍然较低。三是外贸外资压力较大。外贸稳增长压力仍然较大，订单与产能转移现象值得关注；外商直接投资流入总体缩减，存量项目增资扩股意愿不强。

（二）金融服务高质量发展领域的能力有待加强

部分金融机构过多依赖基建项目，实体领域拓展不足，资金的期限配置与信贷结构也亟待优化，金融服务民营经济和制造领域的能力有待加强。民营小微企业融资相对较难、渠道单一等问题仍待解决等。

（三）金融风险防控形势依然值得关注

防范化解金融风险是金融工作的永恒主题，2023 年在全体金融系统工作人员的共同努力下，全市金融风险总体可控，但仍有阶段性问题需要持续关注，部分领域积聚了潜在风险。

三　金融运行形势展望

（一）推动金融总量合理增长，营造良好的货币金融环境

发挥好结构性货币政策工具总量和结构的双重职能，切实盘活存量资金，平缓信贷波动，加大实体领域的信贷投放，加大金融支持力度，促进地方经济运行持续回升向好。持续落实利率市场化改革工作要求，发挥好市级层面利率自律机制作用，规范存贷款利率定价秩序，稳定银行负债成本，促进企业融资成本稳中有降。

（二）持续拓宽金融服务维度，加大金融对重点领域的支持力度

一是加强科技创新金融服务，推动金融机构加大制造业高端化金融支持力度，围绕扬州市"613"产业体系中6大主导产业集群和13条新兴产业链，做好资金配套服务，更好匹配制造业领域投资扩产、科技研发的周期，推动扬州市经济高质量发展。二是做好绿色发展金融服务工作。继续加大对绿色、清洁能源等重点领域的信贷支持。使用好人民银行"苏碳融"、碳减排支持工具、绿色再贴现等，推动"水权贷""碳汇贷"等创新产品增量扩面。三是强化对民营小微企业金融支持。落实好八部门联合出台的金融支持民营经济25条具体举措，敦促金融机构要继续落实好"敢贷愿贷能贷会贷"四项长效机制，打通政策传导落实的堵点，提高服务小微民营企业的可持续性。

（三）坚持防控风险的永恒主题，切实防范化解金融风险

坚持防控风险的永恒主题，牢牢守住不发生系统性区域性金融风险的底线。以金融稳定促进经济稳定发展。加强对各类风险隐患的监测预警，督导金融机构加大处置力度，有效防范各类金融风险。全面落实房地产金融政策，促进房地产市场平稳健康发展。强化金融监管，坚决整治和打击非法金融活动和金融违法违规的行为。

社会发展篇

B.12

2023年扬州市城乡居民收入
与消费状况分析报告

国家统计局扬州调查队课题组*

摘　要： 习近平总书记在党的二十大报告中指出，要"扎实推进共同富裕"。① 居民收入作为反映居民富裕程度的重要指标，是推进共同富裕建设的重要抓手和有力举措。本文重点分析2023年扬州城乡居民收入和生活消费的现状、特点，通过与省内其他地区以及市内县区数据进行比较，剖析居民在增收及促进消费方面存在的短板和不足，探寻进一步提高城乡居民收入、完善收入分配制度、促进消费升级的途径和措施。

关键词： 扬州　城乡居民　收入　消费

---

* 课题组负责人：杨勇，国家统计局扬州调查队副队长。课题组成员：张雨，国家统计局扬州调查队处长；叶进，国家统计局扬州调查队四级主任科员（执笔人）。

① 习近平：《高举中国特色社会主义伟大旗帜　为全面建设社会主义现代化国家而团结奋斗——在中国共产党第二十次全国代表大会上的报告》，人民出版社，2022，第46页。

2023 年，扬州市政府认真落实省委、省政府决策部署，按照市委"发力奋进年"总体要求，牢牢把握高质量发展首要任务，统筹抓好改革、发展、稳定各项工作，推动"强富美高"新扬州现代化建设迈出坚实步伐，人民群众的获得感、幸福感、安全感不断增强。2023 年扬州城乡居民人均可支配收入稳步增长，收入四大项（工资性收入、经营净收入、财产净收入、转移净收入）呈全面增长态势，居民消费水平、生活品质不断提高。

一 扬州居民收入情况

1. 收入稳步增长，增幅居全省前列

2023 年扬州全体居民人均可支配收入 47717 元，绝对值水平列全省第 8 位；同比增长 6.4%，增幅高于全省平均增幅 0.8 个百分点，列全省第 2 位。分城乡看，城镇居民人均可支配收入 56781 元，列全省第 8 位；同比增长 5.8%，增幅高于全省平均增幅 0.8 个百分点，列全省第 2 位。农村居民人均可支配收入 31488 元，列全省第 8 位；同比增长 7.4%，增幅高于全省平均增幅 0.4 个百分点，列全省第 4 位（见表 1）。

表 1　2023 年江苏省分地区居民人均可支配收入情况

地区	城镇				农村			
	收入(元)	排序	增幅(%)	排序	收入(元)	排序	增幅(%)	排序
江苏省	63211	—	5.0	—	30488	—	7.0	—
南京市	79858	2	4.2	13	36789	4	6.1	12
无锡市	76644	3	4.5	11	44617	2	6.4	11
徐州市	44796	11	5.1	7	27065	10	7.4	4
常州市	71744	4	4.6	10	40401	3	6.7	10
苏州市	82989	1	4.3	12	46385	1	5.9	13
南通市	62512	6	4.9	9	32977	6	7.0	7
连云港市	43769	12	6.0	1	24411	13	7.7	3
淮安市	48498	10	5.3	6	25287	11	8.0	2
盐城市	48526	9	5.7	3	29744	9	7.0	7
扬州市	56781	8	5.8	2	31488	8	7.4	4
镇江市	64602	5	5.0	8	35466	5	7.1	6
泰州市	59604	7	5.4	4	31810	7	8.1	1
宿迁市	38756	13	5.4	4	24679	12	7.0	7

资料来源：国家统计局江苏调查总队。

2. 城乡居民收入比率进一步缩小

近年来，扬州市全面实施农民收入十年倍增计划，大力推进实施乡村振兴战略，积极培育农民收入新增长点，农民增收渠道拓宽，收入不断增长，城乡收入差距持续缩小。数据显示，2023 年扬州农村居民人均可支配收入31488 元，同比增长 7.4%，增速高于城镇居民人均可支配收入增速 1.6 个百分点；城乡收入比率由 2022 年的 1.83 缩小至 1.80，下降了 0.03 个百分点，比率分别低于全国（2.39）、全省（2.07）水平 0.59 个、0.27 个百分点（见表2）。从四项收入构成来看，农村居民的经营净收入增速高于城镇居民增速 4.3 个百分点，财产净收入增速高于城镇居民增速 0.4 个百分点，转移净收入增速分别高于城镇居民增速 5.6 个百分点，工资性收入增速低于城镇居民增速 0.4 个百分点。

表 2　扬州市城乡居民收入对比情况

年份	城镇		农村		城乡差距	
	绝对值（元）	增幅（%）	绝对值（元）	增幅（%）	绝对值（元）	城乡比率
2018	41999	8.2	21457	8.9	20542	1.96
2019	45550	8.5	23333	8.7	22217	1.95
2020	47202	3.6	24813	6.3	22389	1.90
2021	50947	7.9	27354	10.2	23593	1.86
2022	53673	5.4	29332	7.2	24341	1.83
2023	56781	5.8	31488	7.4	25293	1.80

资料来源：国家统计局扬州调查队。

3. 居民收入结构持续优化

数据显示，2023 年扬州居民四项收入呈现全面增长态势，收入来源更加丰富，收入结构进一步优化。

（1）工资性收入占比超六成。2023 年扬州居民人均工资性收入 28687元，比 2022 年增长 6.2%；拉动人均可支配收入增长 3.8 个百分点，对居民收入增长的贡献率为 58.3%。分城乡来看，城镇居民人均工资性收入 34375

元，增长 6.0%；农村居民人均工资性收入 18502 元，增长 5.6%。

2023 年以来，扬州市委、市政府出台一系列政策促进高质量充分就业，促进工资性收入增长。一是着力拓展就业新空间。新增创新型中小企业 811 家、市专精特新中小企业 308 家、省专精特新中小企业 219 家、国家专精特新"小巨人" 26 家，这些企业提供了更多就业岗位。二是强化职业技能培训。聚焦扬州先进制造业集群、数字产业链发展对高技能人才的需求，发布 2023 年市级高技能人才培训紧缺型职业（工种）39 个，引导支持企业培养高技能人才。聚焦企业新录用人员培训，开展新录用人员培训 1.1 万人次，发放补贴 700 余万元，全年开展各类职业技能培训超 5 万人次。三是提高就业公共服务水平。推进"线上+线下"招聘模式，多方拓宽就业渠道。线下举办"春风行动"招聘活动 258 场，发放宣传资料 13000 多份，走访联系重点企业 700 多家。线上在全省率先开通"扬州人才市场"抖音号，该抖音号累计播放量突破 221 万；定期组织企业开展"直播带岗"等"屏对屏"招聘，受到青年求职者欢迎。

（2）经营净收入平稳增长。2023 年扬州居民人均经营净收入 7467 元，比 2022 年增长 5.4%；拉动人均可支配收入增长 0.9 个百分点，对居民收入增长的贡献率为 13.3%。分城乡来看，城镇居民人均经营净收入 7548 元，增长 3.9%；农村居民人均经营净收入 7315 元，增长 8.2%。

2023 年以来，扬州加大创业创新支持力度，拓宽居民增收空间。一是持续优化营商环境。在全省率先实现市内企业迁移登记"一次申请、当场办结"，连锁企业分支机构"批量网办"，这些被全省复制推广。企业电子印章建设入选全国"数字城市管理创新成果与实践案例"。二是不断加大财税金融扶持力度。积极落实富民创业贷政策，以贴息降成本、以补助促降费、以创业带就业，发挥富民创业贷稳就业的引导作用，引导银行机构开通线上系统、简化申贷流程、降低利率上限，切实助力稳就业。2023 年全市发放富民创业贷 5.09 亿元。三是不断优化创新创业服务。加快提升企业创新能力，新增国家技术创新示范企业 2 家、省级企业技术中心 39 家，列省重点推广应用新产品新技术目录 49 个、重点技术创新导向计划 216 个。扎实推进智改数转网联，发布 8 个行业解决方案和 709 个服务产品，全年实施智改数转网联项目 2136 项。

（3）财产净收入稳中有增。2023 年扬州居民人均财产净收入 3646 元，比 2022 年增长 4.1%；拉动人均可支配收入增长 0.3 个百分点，对居民收入增长的贡献率为 4.9%。分城乡来看，城镇居民人均财产净收入 5289 元，增长 3.4%；农村居民人均财产净收入 705 元，增长 3.8%。

作为居民增收新亮点，财产性收入乘势上涨主要有三个方面因素。一是住户存款余额增速回升，储蓄利息收入有所增加。从住户存款变动情况看，2023 年 12 月末，全市本外币住户存款余额为 5899.22 亿元，住户存款余额列全省第 8 位；同比增长 17.3%，增速高于省均 0.4 个百分点，位列全省第 3 位。二是农村产权流转交易溢价放利。进一步规范农村产权交易行为，实现农民土地流转收益最大化。强化资产经营与运行管理，确保规范运作、合理分配，切实提高农民财产性收入。2023 年全市交易农村产权 13.78 亿元，溢价 0.38 亿元，溢价率 2.8%。三是加大农村闲置宅基地盘活力度。开展农村闲置宅基地盘活试点工作，将农房盘活利用试点工作与农民专业合作社、家庭农场高质量发展有机结合，有效利用农村闲置农房资源解决部分中小型经营主体生产经营发展空间受限问题，增加了部分农村居民财产性收入。

（4）转移净收入快速增长。2023 年扬州居民人均转移净收入 7917 元，比 2022 年增长 9.4%，增速居四项收入之首；拉动人均可支配收入增长 1.5 个百分点，对居民收入增长的贡献率为 23.5%。分城乡来看，城镇居民人均转移净收入 9569 元，增长 7.9%；农村居民人均转移净收入 4966 元，增长 13.5%。

近年来，扬州社会保障待遇不断提高和覆盖面不断扩大，民生投入连年增加。一是以低保救助为基础，保障困难群众基本生活。从 2023 年 7 月 1 日起，全市城乡低保标准统一从月人均 770 元提高至 800 元，增长 3.9%。二是以临时救助为补充，切实减小困难家庭生活压力。根据市政府《关于进一步加强临时救助和急难家庭救助工作的实施意见》（扬府办发〔2016〕

122号）文件要求，进一步加强临时救助和急难家庭救助工作，解决困难群众突发性、紧迫性、临时性基本生活困难。出台文件进一步加强对因病支出型贫困家庭的救助工作，保障困难群众基本生活。三是以专项救助为抓手，提高困难群众幸福指数。建立完善了社会救助保障标准与物价上涨挂钩的联动机制，2023年1月，全市启动价格临时补贴联动机制，共发放价格临时补贴资金282.12万元，惠及4.34万人。

二　城乡居民消费状况

收入平稳持续增长，为居民提高生活水平、改善生活质量、转变消费观念提供了支撑，八大类支出全面增长（见表3）。2023年扬州居民人均消费支出30228元，同比增长9.6%。其中城镇居民人均消费支出33445元，增长8.3%；农村居民人均消费支出24466元，增长12.3%。

表3　2023年扬州市城乡居民人均消费支出结构

指标名称	城镇		农村	
	支出（元）	增幅（%）	支出（元）	增幅（%）
生活消费支出	33445	8.3	24466	12.3
（一）食品烟酒	9647	7.7	7146	11.8
（二）衣着	2609	5.5	1517	8.3
（三）居住	7996	7.4	5334	8.9
（四）生活用品及服务	1909	6.5	1468	13.3
（五）交通通信	3846	11.1	3227	14.8
（六）教育文化娱乐	4903	9.9	3303	13.2
（七）医疗保健	1658	12.3	1688	17.5
（八）其他用品和服务	877	6.8	783	24.3

资料来源：国家统计局扬州调查队。

1. 食品消费结构变化明显，增长趋势良好

2023年扬州居民食品烟酒消费支出8751元，占生活消费支出的

28.9%，同比增加728元，增长9.1%，其中，城镇居民食品烟酒消费支出9647元，增长7.7%；农村居民食品烟酒消费支出7146元，增长11.8%。随着生活水平的提高，居民饮食消费逐渐从吃得饱向吃得好转变，更加注重健康和营养搭配，绿色环保类食品越来越受到居民的青睐。肉禽蛋奶、水产品的消费占比逐年提高，营养结构进一步优化。

2. 居住环境改善，居住支出逐年上涨

2023年扬州居民居住消费支出7042元，占生活消费支出的23.3%，同比增加522元，增长8.0%，其中，城镇居民居住消费支出7996元，增长7.4%；农村居民居住消费支出5334元，增长8.9%。近年来，居民对家庭住房的需求不断向"大空间、高品质"转变，购置和建造新房、改善居住环境，是居民家庭消费的热点。新建商品住宅小区品质不断提升，室内装修投入不断增加，居住质量和配套设施不断完善，居住消费支出逐年增加。

3. 品质不断提升，生活用品及服务消费涨势明显

2023年扬州居民生活用品及服务消费支出1751元，占生活消费支出的5.8%，同比增加139元，增长8.6%，其中，城镇居民生活用品及服务消费支出1909元，增长6.5%；农村居民生活用品及服务消费支出1468元，增长13.3%。随着居住环境的改善，居民对家具、家具材料以及室内装饰品的品质要求不断提升，更加追求环保与高档。此外，家庭耐用消费品和小家电趋于电子化和智能化，家庭日用品和个人护理用品等需求丰富多样，带动生活用品及服务消费支出上涨。

4. 出游次数增加，交通通信费用不断增加

2023年扬州居民交通通信消费支出3624元，占生活消费支出的12.0%，同比增加399元，增长12.4%，其中，城镇居民交通通信消费支出3846元，增长11.1%；农村居民交通通信消费支出3227元，增长14.8%。文化和旅游部数据显示，2023年"五一"假期，全国国内旅游出游人次合计2.74亿，同比增长70.8%；国内旅游收入1480.56亿元，同比增长128.9%。扬州调查队专题调研数据显示，受访居民"五一"假期出游占比为65.7%，"十一"假期出游占比为64.2%，居民出游热带动交通通信消费

支出增加。

5. 精神生活丰富，教育文化娱乐消费涨幅明显

2023年扬州居民教育文化娱乐消费支出4330元，占生活消费支出的14.3%，同比增加426元，增长10.9%，其中，城镇居民教育文化娱乐消费支出4903元，增长9.8%；农村居民教育文化娱乐消费支出3303元，增长13.2%。随着经济社会发展，居民更加看重孩子全面发展，更注重培养孩子的兴趣和创造美好的成长环境，因而用于教育方面的支出增加。此外，在享受物质生活的同时，居民更加注重精神文化享受，旅游成为当下消费热点。扬州调查队专题调研数据显示，"十一"假期，扬州餐饮、休闲等服务消费快速升温，52.4%的受访者表示在假期和家人在外用餐支出比平时有所增加，其中23.6%表示大幅增加，38.7%表示略有增加。

三　居民收入、消费持续增长存在的问题

1. 居民收入的持续稳步增长仍面临较大挑战

受国际国内发展局势影响，近几年经济发展面临更多的风险挑战，外部不确定不稳定因素增多。同时劳动力成本上涨与企业经营成本增加等原因导致部分企业订单下降、经营信心不足，当前经济增长面临下行压力。经济增长放缓、地区差异扩大对提升居民收入、实现共同富裕带来挑战。从数据看，苏中三市居民收入均低于省均，2023年扬州居民收入低于省均4957元，泰州低3419元，南通低821元。南通、泰州居民收入高于扬州。我们看到，"十四五"时期扬州居民人均可支配收入增长基数已是"十三五"时期的1.67倍，居民收入已处于较高水平，在此基础上保持中高速增长的难度明显增加。

2. 农业生产经营面临多重困难

一是种粮成本高。调研数据显示，92.1%的受访户反映当前粮食种植成本较高，认为其中化肥、人工和土地租金成本高的分别占78.9%、52.6%和50%。二是生猪养殖亏本。2023年，在生猪养殖主要饲料中，玉米价格每

吨 2700~3000 元，豆粕每吨 4090~5100 元，饲料价格持续高位运行，养殖场（户）反映，生猪养殖头均亏本 200 元左右。

3. 扬州县区间收入差距较大

数据显示，2023 年扬州市居民收入水平最高的邗江区（59311 元）与最低的宝应县（36701 元）全体居民收入绝对值差距达 22610 元（见表4），全市人均可支配收入最高最低倍差达 1.62。横向对比周边其他设区市，泰州市收入最高的靖江市（53389 元）和最低的兴化市（42733 元）全体居民收入绝对值差距仅为 10656 元，镇江市收入最高的高新区（62001 元）和最低的句容市（49210 元）全体居民收入绝对值差距为 12791 元。

表4   2023 年扬州分地区城乡居民收入及增速

地区	全体		城镇		农村	
	收入（元）	增幅（%）	收入（元）	增幅（%）	收入（元）	增幅（%）
扬州市	47717	6.4	56781	5.8	31488	7.4
广陵区	57263	5.9	60389	5.5	42095	7.2
邗江区	59311	6.0	63447	5.7	34822	7.3
江都区	47758	6.6	58395	5.7	33918	7.5
宝应县	36701	6.9	43178	6.1	29779	7.4
仪征市	45718	6.7	58348	6.0	30340	7.2
高邮市	40289	6.7	50254	5.8	29560	7.3

资料来源：国家统计局扬州调查队。

四　促进城乡居民收支持续稳定增长的意见建议

1. 做强实体经济，夯实增收基础

大力推进新型工业化，聚焦聚力"613"产业体系，着力强链补链延链，加快形成新质生产力，打造长三角有影响力和竞争力的先进制造业基地。坚持拓展增量、优化存量并重，招大引强、培优育强并举，鼓励

优质企业垂直整合、股改上市。精准制定针对企业的行之有效的减税降费政策，减轻企业负担，提高盈利能力，激发市场活力，维护企业稳健发展。

2. 优化营商环境，激活经营市场

简化相关审批手续、提高效率，并降低创业所需的注册资本等门槛，可以激发更多创业者的积极性。完善常态化与企业沟通交流机制，建立企业诉求直达通道。加大小微企业扶持力度，积极支持小微企业融资，扩大企业规模。适当放宽创业贷款条件，增加创业贴息力度，创造更多就业岗位，扩大社会就业规模。设立更多创业孵化器、创新基地，提供创业导师指导，培养更多创业人才，提高其创业成功率，从而充分释放市场活力，保障经营净收入稳定增长。

3. 推进乡村振兴，促进农民增收

基于扬州的实际情况，重点发展特色产业，包括优质粮油、经济林果、规模生猪、特色水产等。加速推进农村一二三产业的融合，提高农产品的附加值，深入挖掘农业的多功能性，积极发展休闲农业、乡村旅游、农耕体验等地方特色，培养新兴农村支柱产业集群。快速推动数字农业，推动新一代信息技术在农业领域的应用，积极发展农资直供、产地直销、个性化定制等新型经营模式，促使农业产业链升级。

4. 加大社会救助，强化保障力度

建议完善社会救助体系，确保覆盖范围全面，包括覆盖失业人员、特殊困难群体等。通过建立健全的信息系统，及时了解和响应社会救助需求，确保救助资源有效调配。增加社会救助资金投入，确保社会救助金能够覆盖更多的困难群体。可以通过调整财政预算、增加社会救助专项资金的方式来应对不断增长的救助需求。通过发放临时性的生活补助、提供技能培训和就业援助等方式，帮助弱势群体重新融入社会。

5. 挖掘消费亮点，激发消费潜力

全面提升消费品质、拓展消费范围，促使百货零售、餐饮文旅等传统消费领域活跃起来，并支持新能源车、绿色家电等消费。通过联合展销、消费

券发放等方式，激发居民的自发消费，为消费市场注入新的活力。发放消费券鼓励居民进行额外消费，扩大社会的整体消费规模。消费的增长将推动企业增加投资，促进经济更大幅度的增长，从而形成良性的消费—投资—再消费的经济循环。

B.13
2023年扬州居民消费价格形势报告

国家统计局扬州调查队课题组*

摘 要: 消费关系着民生福祉和经济发展大局，稳定的价格水平、良好的消费环境是提振消费信心、促进社会消费的关键基础。为提高群众的幸福感、获得感，2023年扬州市着力推进重要民生商品保供稳价工作，粮食、猪肉、水产品、蔬菜等重要民生商品供应量稳中有增，出台了一系列促消费政策，鼓励恢复和扩大消费，同时大力开展消费市场秩序专项整治工作，2023年扬州市各类消费品和服务项目供应充足，市场运行有序规范，居民消费价格水平总体处于低位运行态势。

关键词: 扬州 消费价格 运行态势

一 总体情况

2023年，扬州市居民消费价格总指数（CPI）为100.4，上涨0.4%。受鲜活食品价格涨幅回落、居住类价格走低、能源类价格涨幅收窄等多重因素影响，CPI低位运行。与2022年相比，涨幅收窄了1.8个百分点。其中食品价格上涨0.7%，非食品价格上涨0.4%；服务价格上涨1.0%，消费品价格持平；扣除食品和能源价格的核心CPI上涨0.7%。

1. 八大类价格运行情况

从消费结构看，构成CPI的八大类消费品及服务项目价格与2022年同

---

* 课题组负责人：谢阳，国家统计局扬州调查队三级调研员；课题组成员：季杰，国家统计局扬州调查队价格调查处副处长（执笔人）。

期相比"6 涨 2 跌",涨幅由高到低依次是：其他用品和服务价格上涨3.5%、医疗保健价格上涨 2.6%、教育文化娱乐价格上涨 2.5%、衣着价格上涨 1.1%、食品烟酒价格上涨 0.9%、生活用品及服务价格上涨 0.5%、居住价格下跌 0.3%、交通通信价格下跌 2.5%。

与 2022 年涨幅相比，受成品油价格下调、汽车售价下跌影响，交通通信价格涨幅收窄了 8.5 个百分点；房地产市场复苏乏力，住房租赁价格呈回落态势，家具建材价格上涨乏力，居住价格涨幅收窄了 1.2 个百分点；鲜活食品供应充足，其价格稳中有降，食品烟酒价格涨幅收窄了 1.4 个百分点。

2023 年 CPI 八大类价格运行情况见图 1。

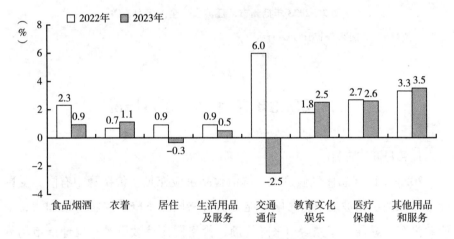

图 1　2023 年扬州市 CPI 八大类价格运行

资料来源：国家统计局扬州调查队。

2. 与周边城市及全国、江苏省的比较

2023 年，扬州市 CPI 走势与全国、全省基本一致，均处于下行状态，其中扬州 CPI 涨幅 0.4%，与江苏省持平，比全国高 0.2 个百分点，将全省13 市的 CPI 由高到低进行排序，发现扬州市与徐州市、常州市、淮安市并列第 9 位。

2023 年扬州市、江苏省、全国各月 CPI 见图 2。

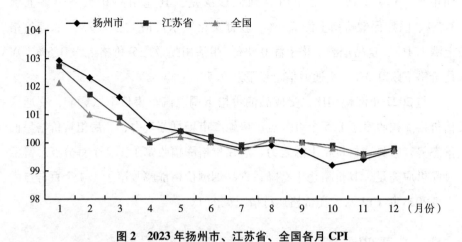

图2　2023年扬州市、江苏省、全国各月 CPI

资料来源：国家统计局扬州调查队。

二　2023年各月 CPI 运行概况

1. 各月同比走势

2023年以来总体气候适宜，鲜活食品供应充足，价格稳中有降；受国际市场原油价格波动下行影响，能源类价格同比下降，跌幅持续加大；新能源汽车、燃油汽车先后迎来降价潮，价格同比持续下跌；房地产市场复苏乏力，传导到住房租赁市场，房租价格有回落态势。受以上因素影响，2023年以来扬州 CPI 同比涨幅持续收窄，扬州 CPI 同比涨幅1~3月分别为2.9%、2.3%、1.6%；4、5月分别为0.6%、0.4%；6月在同比持平后进一步下探，7~9月同比跌幅分别为0.2%、0.1%、0.3%；10月同比跌幅加大至0.8%，为2023年最低值；11、12月同比跌幅略有收窄，分别为0.6%、0.3%。

2023年各月 CPI 同比情况见表1、表2。

表1　2023年1~6月CPI同比情况

项目名称	2023年各月同比指数(上年同月=100)					
	1月	2月	3月	4月	5月	6月
居民消费价格指数	102.9	102.3	101.6	100.6	100.4	100.0
一、食品烟酒	105.5	104.4	103.2	100.7	102.1	103.7
二、衣着	103.6	102.7	102.1	101.5	102.4	99.6
三、居住	100.5	101.4	100.6	100.2	99.1	98.5
四、生活用品及服务	102.1	101.8	101.4	100.5	100.3	100.1
五、交通通信	103.4	100.7	98.9	96.6	95.7	93.3
六、教育文化娱乐	101.5	100.3	102.3	103.4	102.4	102.3
七、医疗保健	104.1	104.1	102.1	102.2	102.3	102.2
八、其他用品和服务	102.4	102.2	103.6	105.9	103.1	102.1

资料来源：国家统计局扬州调查队。

表2　2023年7~12月CPI同比情况

项目名称	2023年各月同比指数(上年同月=100)					
	7月	8月	9月	10月	11月	12月
居民消费价格指数	99.8	99.9	99.7	99.2	99.4	99.7
一、食品烟酒	99.6	99.4	98.4	97.8	98.3	98.4
二、衣着	100.4	101.0	100.4	100.5	99.5	99.9
三、居住	99.3	98.8	99.4	98.6	99.8	100.6
四、生活用品及服务	100.9	100.1	99.7	99.2	99.6	100.4
五、交通通信	95.2	97.0	97.8	97.9	96.9	96.9
六、教育文化娱乐	104.5	104.7	103.2	102.3	101.9	101.8
七、医疗保健	102.0	102.1	102.1	102.5	102.5	102.4
八、其他用品和服务	104.4	104.1	103.4	103.9	103.2	103.1

资料来源：国家统计局扬州调查队。

2. 各月环比走势

2023年，扬州市各月CPI环比"4涨7跌1平"。1月，受春节效应影响，鲜菜鲜果等食品类价格上涨较为集中，叠加医疗服务调价等因素影响，CPI环比上涨0.9%；2~6月，猪肉价格持续回落，鲜活食品价格稳中有降，汽柴油价格下调，叠加新能源车、燃油汽车降价等多重因素影响，CPI环比

均处于下跌区间，跌幅 0.1%~0.5%；7~9 月，陆续受暑期旺季和中秋国庆双节影响，以及旅游、住宿、交通等价格上涨，鲜活食品价格季节性上涨影响，CPI 环比分别上涨 0.9%、0%、0.1%；10~11 月，气候适宜，鲜活食品价格回落，成品油价格下调，CPI 环比分别下跌 0.4%、0.6%；12 月，受低温降雪天气影响，CPI 环比上涨 0.2%。

2023 年各月 CPI 环比情况见表 3、表 4。

表 3 2023 年 1~6 月 CPI 环比情况

项目名称	2023 年各月环比指数(上月 = 100)					
	1 月	2 月	3 月	4 月	5 月	6 月
居民消费价格指数	100.9↑	99.5↓	99.7↓	99.9↓	99.6↓	99.9↓
一、食品烟酒	102.3	99.2	98.7	99.3	99.6	101.1
二、衣着	100.1	99.3	99.3	99.2	100.4	98.7
三、居住	99.5	100.3	99.3	100.2	99.8	99.8
四、生活用品及服务	100.0	99.9	99.7	99.9	99.9	99.4
五、交通通信	100.9	98.3	100.3	99.2	99.2	99.2
六、教育文化娱乐	100.6	99.5	101.8	101.2	98.8	99.2
七、医疗保健	102.3	100.0	100.0	100.0	100.1	100.0
八、其他用品和服务	101.2	99.9	102.7	101.6	99.1	99.0

资料来源：国家统计局扬州调查队。

表 4 2023 年 7~12 月 CPI 环比情况

项目名称	2023 年各月环比指数(上月 = 100)					
	7 月	8 月	9 月	10 月	11 月	12 月
居民消费价格指数	100.9↑	100.0_	100.1↑	99.6↓	99.4↓	100.2↑
一、食品烟酒	100.3	99.7	99.5	99.1	98.9	100.7
二、衣着	101.3	99.3	101.5	100.3	99.4	101.1
三、居住	100.5	100.1	100.3	99.7	100.8	100.2
四、生活用品及服务	101.4	99.2	100.0	100.1	99.9	101.0
五、交通通信	101.3	100.5	100.5	100.1	98.7	98.8
六、教育文化娱乐	102.8	100.5	100.2	99.2	98.0	100.1
七、医疗保健	100.0	100.1	100.0	100.0	100.0	100.0
八、其他用品和服务	100.7	99.0	99.9	100.5	99.1	100.4

资料来源：国家统计局扬州调查队。

三　主要商品和服务价格运行情况

1. 食品价格运行情况

2023年，扬州市食品烟酒价格比2022年同期上涨0.9%，对CPI的贡献率为57.2%，是影响CPI走势的主要因素之一。其中，茶及饮料、烟酒价格分别上涨2.5%、1.8%，在外餐饮、食品价格分别上涨1.0%、0.7%。

由于2023年气候适宜，鲜活食品种植、养殖情况较好且供应充足，价格呈现波动回落态势。1~6月，食品价格同比指数处于上涨区间，但涨幅逐渐收窄，由1月的7.0%收窄至6月的4.4%；7月起，食品价格同比指数持续处于下跌区间，跌幅在1.1%~3.5%。

2023年扬州市食品价格同比、环比涨跌情况见图3。

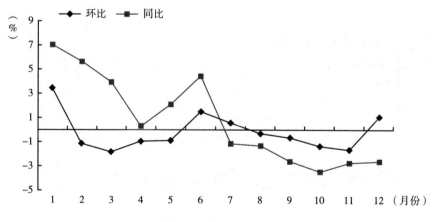

图3　2023年扬州市食品价格同比、环比涨跌

资料来源：国家统计局扬州调查队。

（1）粮油价格涨幅收窄。由于扬州市粮食生产实现了"二十连丰"，供应稳中有增，前期持续处于高位的粮油价格涨幅持续收窄。食用油价格于8月结束了连续42个月同比上涨态势，连续3个月处于同比下跌区间；粮食价格趋于平稳，同比涨幅由1月的7.5%收窄至12月的0.9%。2023年扬州

市粮食价格上涨3.2%、食用油价格上涨4.0%。

2023年扬州市粮食、食用油价格同比、环比涨跌情况见图4、图5。

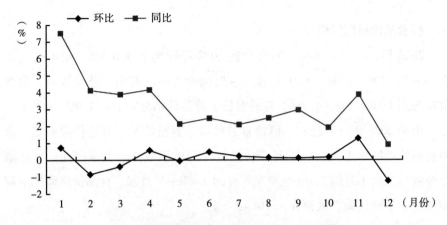

图4　2023年扬州市粮食价格同比、环比涨跌

资料来源：国家统计局扬州调查队。

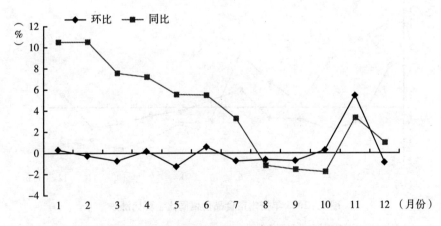

图5　2023年扬州市食用油价格同比、环比涨跌

资料来源：国家统计局扬州调查队。

（2）猪肉价格连续下跌。由于全国范围内生猪养殖形势良好，生猪存出栏量同比上涨，猪肉供应充足，价格持续下跌。从环比看，2023年1~12月扬州市猪肉价格环比"2涨10跌"，仅7、8月由于夏季气温较高，价格略有上涨，其他月份猪肉价格均为环比下跌，其中2月环比跌幅最大，达10.3%。从同比看，自5月起扬州市猪肉价格进入同比下跌区间后，跌幅持续扩大，11月达全年最大跌幅30.5%。2023年扬州市猪肉价格下跌13.4%。

2023年扬州市猪肉价格同比、环比涨跌情况见图6。

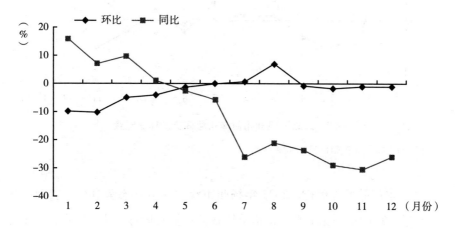

图6　2023年扬州市猪肉价格同比、环比涨跌

资料来源：国家统计局扬州调查队。

（3）鲜菜价格主要受天气及节日影响。从环比看，1月受低温、降雪天气及春节效应影响，鲜菜价格环比上涨23.1%，为全年最大环比涨幅；2~4月，节日影响消退，气温回升，鲜菜供应增加，鲜菜价格环比连续回落；5~7月，随着气温攀升，春夏蔬菜换茬，价格出现阶段性小幅回升；8月，气温较为适宜，鲜菜涨势良好，菜价有所回落，环比下跌；9月，在大中小学开学使食堂采购量增加以及中秋、国庆双节带动下，鲜菜价格环比小幅上涨；10、11月，秋季应季蔬菜大量上市，供应充足，价格季节性回落，环比均为下跌；12月，由于气温快速回落，降雪、冰冻天气对鲜菜生长、采摘、运输都有不利影响，鲜菜价格环比上涨6.4%。2023年扬州市鲜菜价格上涨2.0%。

2023年扬州市鲜菜价格同比、环比涨跌情况见图7。

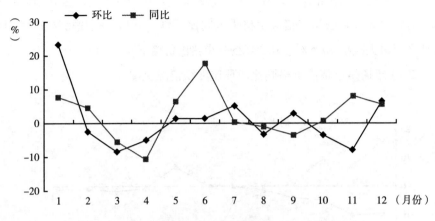

图7　2023年扬州市鲜菜价格同比、环比涨跌

资料来源：国家统计局扬州调查队。

（4）水产品低位运行。2023年扬州市淡水鱼养殖态势良好，养殖面积稳中有增，总产量同比上涨，价格持续在低位平稳运行，从环比看，仅1月在低温天气叠加春节效应影响下，淡水鱼价格环比上涨5.5%，9、10月气候适宜，淡水鱼出塘量大，价格环比分别下跌3.3%、3.8%，其他月份淡水鱼价格涨跌幅均在3%以内。虾蟹类中由于2023年夏季未出现2022年的异常高温天气，螃蟹养殖形势较好，供应量与2022年相比大幅增加，价格明显回落；河虾受节日、天气影响较为明显，价格波动较大，5月河虾出塘较为集中，带动虾蟹类价格环比下跌20.4%，为全年最大环比跌幅，7月在高温天气影响下，河虾供应不足，价格环比上涨18.4%，为全年最大环比涨幅。2023年扬州市淡水鱼价格下跌3.6%，虾蟹类价格上涨3.1%。

2023年扬州市水产品价格同比、环比涨跌情况见图8。

（5）鸡蛋价格呈回落态势。2023年，玉米、豆粕等饲料价格有所回落，蛋鸡养殖成本降低，由于近年蛋鸡养殖效益较好，养殖户扩大养殖规模，鸡蛋供应较为充足，在猪肉价格连续回落影响下，鸡蛋价格同步下行。从同比看，1~4月，扬州市鸡蛋价格延续2022年的同比上涨态势，5月起鸡蛋价格进入同比下跌区间，除8月受天气影响，指数有所回升，其他月份同比跌

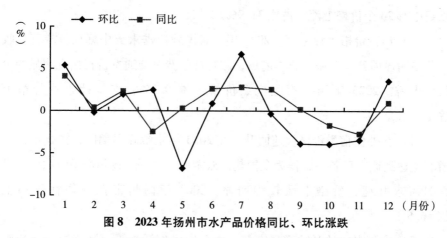

图8　2023年扬州市水产品价格同比、环比涨跌

资料来源：国家统计局扬州调查队。

幅波动加深，11月达到全年最大同比跌幅14.8%。2023年扬州市鸡蛋价格下跌1.0%。

2023年扬州市鸡蛋价格同比、环比涨跌情况见图9。

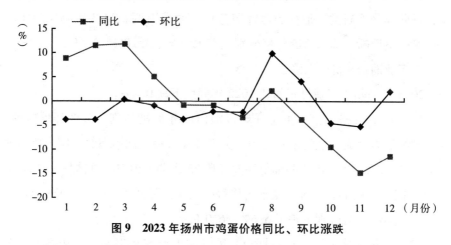

图9　2023年扬州市鸡蛋价格同比、环比涨跌

资料来源：国家统计局扬州调查队。

2.服务项目价格回升势头明显

2023年扬州市服务项目价格比2022年同期上涨1.0%，对CPI的贡献率高达95.3%，是影响CPI走势的最主要因素。在参与调查的72个服务类

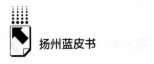

项目中有 23 个价格上涨，占比 31.9%。

（1）出行价格大幅上涨。2023 年，居民外出需求集中释放，旅行社收费价格明显回升。在旅游旺季前后，旅行社收费、交通费价格出现明显的阶段性上涨。2023 年扬州市飞机票价格上涨 9.2%、旅行社收费价格上涨 11.6%。

（2）在外住宿类价格快速回升。在 2023 年旅游旺季期间，扬州市接待游客量达到近三年新高，作为全国热门旅游城市之一，扬州市星级酒店、民宿等需求旺盛，价格上涨较为明显。2023 年扬州市在外住宿价格上涨 16.6%。

（3）生活服务类延续上涨态势。由于居民生活水平不断提高，生活服务类需求稳步增长，日常娱乐类消费不断增加，价格延续小幅上涨态势。2023 年扬州市家庭维修、美容、母婴护理服务价格分别上涨 15.5%、10.1%、4.6%。

（4）医药改革持续推进。公立医院每年对医疗服务类价格进行优化调整，近期部分诊断类、治疗类医疗服务项目收费上调。2023 年临床手术治疗、实验室诊断、临床诊断价格分别上涨 19.0%、15.0%、1.4%。

3. 工业消费品价格上涨乏力

2023 年扬州市工业品价格比 2022 年同期下跌 0.7%。

（1）原油价格回落。由于全球范围内债务危机加剧、金融环境收紧、通货膨胀压力较大、经济增长乏力、大宗商品价格呈回落态势，国内成品油价格走低。2023 年国内成品油价格共经历 25 次调价窗口，总体呈现"10 涨 12 跌 3 搁浅"格局，汽油、柴油价格每吨均累计降低了 50 元，2023 年扬州市汽油、柴油价格分别下跌了 5.6%、6.0%。

（2）汽车价格下跌。在特斯拉品牌宣布下调汽车售价后，新能源汽车价格普遍下调，同时推动燃油汽车降价，2 月起，扬州市交通工具类价格持续回落，其中新能源小汽车的价格在 2~11 月处于同比下跌区间，燃油小汽车的价格在 3~12 月处于同比下跌区间。2023 年扬州市燃油小汽车、新能源小汽车价格分别下跌 5.3%、5.1%。

（3）贵金属价格延续上涨态势。地缘政治冲突不断，各国央行增加黄金储备，避险情绪升温，国际市场贵金属价格明显上涨，带动国内贵金属饰品价格走高。2023 年扬州市金饰品、铂金饰品价格分别上涨12.9%、2.3%。

四 稳定消费市场价格的建议

2023 年扬州市的鲜菜、猪肉、水产等重要民生商品价格受天气、节日等影响较为明显，易出现阶段性价格快速涨跌，呈周期性波动，为稳定市场，还需要加强以下几个方面的投入。

1.加强菜篮子基地建设

外地调运鲜活食品会导致损耗增加、品质下降、成本提高等，导致食品价格大幅上涨。扬州应进一步优化农产品生产基地建设，不断提高自给率，提升生产养殖技术，做好品种筛选，引进先进技术，合理运用温室及大棚进行种植，提升规模化、专业化、产业化、品牌化水平，实现农民收入增加与消费者负担减轻的双赢。

2.促进产销环节对接

由政府搭建共享平台，促进供需双方产销对接，鼓励销售方式创新，培育新型职业农民，通过直播带货、社区团购等销售模式，借助公众号开展宣传，帮助本地生产经营者跨前一步与居民产生联结，从而实现农产品直达消费者。鼓励具有相应资质的企业参与农产品销售，如大型超市依托其物流配送能力和客源优势与蔬菜基地进行合作，减少物流过程中的损耗，降低流通成本，切实发挥其对本地区价格的"稳定器"作用。

3.加强流通环节保障

建设运营公益性农产品批发市场和农贸市场，降低摊位费、管理费，压缩流通环节成本。完善冷链运输体系，减少流通环节损耗，鼓励专业化物流企业发展，助力实现长距离范围内的生鲜食品的高效、高质调运。此外，进一步优化农产品绿色通道政策，根据居民消费趋势，完善《鲜活农产品品种目录》，适度扩大目录范围，建立全国绿色通道统一的制度和详细的执行标准，切实提高运输效率，降低运输成本。

4. 做好农业生产指导

农业生产容易受到天气因素影响，有关部门需要在高温、干旱、寒潮等天气前做好预报预警，加强生产指导，帮助种植户、养殖户稳定生产。同时，在价格变动较为剧烈的阶段，发布各地区当期产量、下期预计产量等供销信息，做好分析预测，引导种养户理性投产。

B.14
2023年度扬州乡村振兴
战略发展研究报告

扬州市农业农村局课题组*

摘　要： 全面推进乡村振兴既是实现中华民族伟大复兴的重大任务，也是应变局、开新局的关键之举。近年来，扬州市"三农"工作始终坚持以习近平新时代中国特色社会主义思想为指导，全面贯彻中央、省市的各项决策部署，乡村振兴取得积极成效。本文基于乡村振兴战略背景，分析了扬州乡村振兴发展现状，梳理了当前存在的主要问题，并就加快建设农业强市，推进农业农村现代化走在前，努力建设农业强、农村美、农民富的新时代鱼米之乡提出了具体举措。

关键词： 乡村振兴　三农　农业农村现代化

乡村兴国家兴，百姓富国家富。党的十九大报告首次提出"实施乡村振兴战略"，描绘了一幅"产业兴旺、生态宜居、乡风文明、治理有效、生活富裕"[1] 的振兴图景，为新时代"三农"发展增加了新引擎。党的二十大

---

* 课题组负责人：雍有瑜，扬州市委农办主任，市农业农村局党组书记、局长，市乡村振兴局局长。课题组成员：曾俊，扬州市农业农村局党组成员、副局长；王伟业，扬州市委农办综合处处长；张鹏飞，扬州市农业综合行政执法监督局四级主办；王菲妍，扬州市委农办综合处四级主任科员（执笔人）；姜安泽，扬州市委农办综合处办事员。

[1] 习近平：《决胜全面建成小康社会　夺取新时代中国特色社会主义伟大胜利——在中国共产党第十九次全国代表大会上的报告》，人民出版社，2017，第32页。

报告明确强调全面推进乡村振兴，意味着实施乡村振兴战略进入了新阶段。① 站在以中国式现代化全面推进中华民族伟大复兴的高度，全面推进乡村振兴既是针对"三农"发展和城乡关系调整的战略部署，也是事关全面建设社会主义现代化国家进程的关键环节。近年来，扬州市委、市政府始终坚持农业农村优先发展，按照乡村振兴战略"二十字"总要求，固根基、扬优势、增活力，加快推进农业农村现代化，从而使乡村振兴工作扎实有力、稳中有进。

一 扬州乡村振兴发展现状

2023 年以来，全市农业农村系统认真贯彻落实中央、省市推进农业农村现代化建设和乡村振兴战略实施的各项决策部署，以乡村振兴示范带建设为抓手，毫不松懈、持续发力，农业农村各方面稳中向好，全市农村居民人均可支配收入 3.15 万元，增长 7.4%，粮食生产实现"二十连丰"。

1. 农业质量效益持续提升

（1）粮食生产稳中向好。全面落实粮食安全党政同责政策，深入开展粮食高质高效创建和单产提升行动，粮食播种面积、产量、单产分别达586.74 万亩、289.23 万吨、492.95 公斤，增幅分别达 0.31%、0.56%、0.25%，种田效益稳步提升。深入实施"藏粮于地、藏粮于技"战略，2023年投入 5.85 亿元新建和改造提升高标准农田 24.45 万亩，所有县（市、区）实现省级全程全面机械化示范县创建全覆盖，全市农作物耕种收综合机械化率达 88%、特色农业机械化水平达 70%。

（2）重要农产品供给保持平稳增长。牢固树立大食物观，全面构建多元化食物供给体系，2023 年蔬菜产量、生猪出栏量、水产产量稳中有进，分别达 254.96 万吨、123.15 万头、42.6 万吨，比 2022 年分别增长 4%、

---

① 习近平：《高举中国特色社会主义伟大旗帜　为全面建设社会主义现代化国家而团结奋斗——在中国共产党第二十次全国代表大会上的报告》，人民出版社，2022，第 30 页。

11.26%、4.2%，扬州"菜篮子"工作做法和经验被农业农村部简报专题刊发。深入实施农产品"三品一标"行动，全市绿色优质农产品比重达82%，居全省前列。

（3）农业科技创新加速推进。深入实施种业振兴行动，进一步提升农业技术集成示范能力，率先在全省开启市级种质资源保护单位认定工作，构建国家级、省级、市级三级种质资源保护单位建设格局，创成首批国家级农业技术集成示范基地1个，入选农业农村部企业重点实验室1个，获评国家级水产良种场1个，省级特色优势种苗中心数量居全省第2，扬州市种子执法工作获中央领导高度评价。

2.现代乡村产业体系加快完善

（1）全链打造实现"新跨越"。围绕农业优势主导产业，重点打造优质稻麦、水生蔬菜、名优茶果、规模畜禽、精品虾蟹、特色花木6条特色全产业链。聚焦现代种养、农产品加工、农文旅融合等重点领域，大力开展农业招商攻坚行动，全年新签约农业重大项目165个，其中亿元以上项目39个，新增国家级农业龙头企业2家。

（2）载体建设取得"新成效"。持续推动农业园区"二次创业"，围绕预制菜、冷冻食品、研发平台等优化园区内产业发展布局，新认定11家市级重点建设农业产业园区，宝应县射阳湖镇、高邮市龙虬镇、仪征市马集镇被认定为首批国家农业产业强镇。

（3）新兴产业迈上"新台阶"。充分挖掘农业生态价值、休闲观光价值、品牌价值，积极推进"互联网+农业"等新业态，着力推动一二三产业融合发展，高邮鸭蛋入选农业农村部农业品牌精品培育名单，9个品牌入选省农业品牌精品培育名单、入选该名单的品牌数量居全省第一，仪征市庙山村创成中国美丽休闲乡村。

3.宜居宜业乡村展现新貌

（1）乡村振兴示范带建设扎实推进。立足扬州"三农"发展阶段、地貌特征和资源优势，坚持"典型引路、示范带动"，扎实推进"沿路、沿河、沿湖"两纵两横乡村振兴示范带建设，2023年全市投入资金77亿元组

织实施 43 个项目，持续打造彰显运河文化、承载田园乡愁、体现现代文明的乡村振兴示范带。

（2）农村人居环境持续改善。深入实施农村人居环境整治提升"十百千万"行动，扎实推进主干道沿线环境突出问题整治，全市共整治农村人居环境突出问题 3000 多处，农村生活垃圾集中收运处理率达 100%，新建和整改达标农村无害化卫生户厕 3.05 万座，在全省率先完成整村推进"厕所革命"的年度任务。

（3）乡村治理效能不断提升。持续加强农村基层党组织建设，加快健全乡村治理体系，组织开展学法用法示范户培育工作，全市已认定 1108 户，提前两年超额完成省定目标。深入开展"听党话、感党恩、跟党走"宣传教育活动，推动习近平新时代中国特色社会主义思想进农村、进农户，2023 年以来全市共举办宣传教育活动 600 余场次。持续推进移风易俗工作，推广"清单制""积分制"等的成熟经验，培育文明乡风，全市县级以上文明镇、文明村分别占比达 96.9%、83.4%。

4. 乡村民生水平不断提升

（1）农民收入水平持续提升。全力实施农民收入十年倍增计划，2023 年全市农村常住居民人均可支配收入 31488 元，同比增长 7.4%，列全省第 4 位。大力开展新型农业经营主体提升行动，坚持"引、培、聚、联"并举，推动新型农业经营主体扩增量、优存量、提质量，培育省级示范家庭农场 22 家、市级示范农民专业合作社 31 家。加强培育"新农人""新农干"，举办能力素质提升培训班，培育选树"十佳新农人"和 10 名优秀"新农干"。

（2）村级集体经济加速发展。将"抓党建促农村新型集体经济发展"确定为市、县、乡、村四级"书记项目"，市委、市政府召开抓党建促新型农村集体经济发展动员部署会，市委主要负责同志亲自部署推进，研究制定《抓党建促新型农村集体经济发展三年行动计划》，明确 24 条扶持措施，增强集体经济组织造血能力，新增村级集体农场 15 个，预计 2023 年村集体经营性收入达 23.02 亿元、同比增长 12.8%。

（3）农业农村改革不断深化。加快推进农村综合改革，全市2个项目入选全省首批农村综合改革试点。持续深化农村集体产权制度改革，申报农业农村部农村产权制度改革集体收益分配权继承试点项目，进一步规范农村产权交易，2023年以来，全市农村产权交易额达26.86亿元、同比增长24%。稳步推进农村宅基地管理，加快推进仪征市、江都区试点开展省农村宅基地线上审批和流转交易。

二 扬州乡村振兴工作面临的困难和问题

当前，扬州乡村振兴工作虽然取得了一定成绩，但对照全面推进乡村振兴、建设农业强市的目标要求还存在一定差距，主要有以下几点不足。

1. 农村公共基础设施还不够健全

基础设施建设是推动农业农村发展的重要抓手，涉及农村的经济、社会、文化等方方面面，为城乡融合提供有力支撑。当前，扬州市农村基础设施相对城镇仍然不够健全，主要表现在：长效管护财政投入资金仍然偏低、来源单一，镇村支出压力较大；教育、医疗、卫生、文体、社保等农村基本公共服务与城市相比仍然滞后；农村水、电、气、路等基础设施建设还有不少欠账和硬任务。

2. 农业社会化服务水平还不够高

近年来，扬州市持续推动农业社会化服务高质量发展，农业社会化服务在保障粮食和重要农产品有效供给、促进农业节本增效以及农民增产增收方面发挥了重要作用。然而，目前广大小农户和新型农业经营主体对农业社会化服务的需求越来越强、要求越来越高，部分地区支撑农业产业化经营、农产品加工的现代物流、信息技术、产业配套尚且不足，农业社会化服务体系还不够健全。

3. 乡村振兴要素保障还不够到位

全面推进乡村振兴，需要以人才为关键动员各方力量凝心聚力，以土地为基础激发乡村资源内在活力，以资本为纽带促进各类主体共谋联动。当前

扬州市实现乡村振兴的土地、人才、资本要素保障尚且不足，主要体现在：农业项目用地矛盾仍较为突出，农村一二三产业融合发展项目的用地保障率还较低；乡村人才面临后备力量不足、科技人才紧缺、人才流失严重问题；金融资本、社会资本、人力资本等进入农业农村的意愿仍不够强；等等。

三　新形势下加快推进乡村振兴的对策建议

全面推进乡村振兴，必须坚持农业农村优先发展，始终以习近平新时代中国特色社会主义思想和习近平总书记关于"三农"工作的重要论述为指导，坚定不移沿着总书记指引的方向奋勇前进，牢牢守住粮食安全底线，推动农村一二三产业融合发展，高水平建设农业强市，高质量打造农业强、农村美、农民富的新时代鱼米之乡。

1. 以粮食安全为底线，推动产能再上"新台阶"

必须坚持把粮食生产作为"三农"工作的头等大事，毫不动摇抓牢"米袋子"，千方百计丰富"菜篮子"，更好满足人民群众日益多元的食物消费需求。一是提升粮食综合产能。严格落实粮食安全党政同责要求，大力开展国家新增千亿斤粮食产能提升行动，以优质稻麦产业全产业链建设为导向，加大绿色高质高效创建示范项目推广力度，确保粮食持续稳产增效。大力推进订单农业发展，重点构建规模化生产、标准化种植、现代化加工、产业化经营、品牌化营销的发展体系，不断提升农产品市场竞争力。二是加强耕地保护建设。严格耕地占补平衡管理，加强土壤治理修复，坚决遏制耕地"非农化"、防止"非粮化"，确保全市粮食种植面积稳定在 584 万亩以上。持续推进高标准农田建设，进一步提高亩均投入，逐步将永久基本农田全部建成"吨良田"。三是推进科技装备提升。充分发挥扬州大学、省里下河地区农科所、省家禽研究所等在扬科研机构优势，加快产学研深度融合，联合开展新品种培育、新技术攻关和乡村振兴重点问题研究，加快推进农业科技成果在扬州本土落地转化。加快推进农业机械化全程全面高质高效转型升级，强化农机社会化服务能力建设，推广"全程机械化+综合农事"服务模式，为农户提供全程机械化等"一站式"服务。

2. 以强链补链为抓手，释放产业发展"新动能"

必须坚持把产业兴旺作为解决农村一切问题的前提，积极构建"产业结构优、质量效益高、经营主体强、技术装备精、路径模式新"的现代乡村产业体系，全面推进乡村产业振兴。一是做大产业链条。围绕农产品精深加工、新形态产业和高技术农业，加大农业招商引资力度，实施一批列省农业农村重大项目。依托县域农业产业资源优势，持续做好"土特产"文章，重点打造6条市级优势特色全产业链。充分发挥农业农村生态涵养、休闲体验、文化传承等功能，加快发展乡村旅游、休闲农业等新产业新业态，积极打造农旅融合综合体、示范点，更好地把乡村资源优势转化为产业价值。二是做优农业园区。深入实施农业园区"二次创业"，以园区为载体加快聚集现代生产要素和优势产业，建立健全分层分级管理、监测、考核、扶持机制，着力构建雁阵发展、梯次分明的现代农业园区发展体系，推动农业园区化、园区产业化、产业集群化，争创省级以上现代农业产业园区1个。三是做响农业品牌。加快品牌化战略推进，做大"食美惟扬"区域公用品牌，加快构建市级公用品牌引领、县域公用品牌支撑、企业品牌和农产品品牌竞相发展的"1+N+N"农业品牌矩阵。加快完善农业品牌推介机制，引导品牌主体统筹布局线上线下渠道，让扬州优质特色农产品更加叫得响、卖得好。

3. 以共同富裕为目标，激发强村富民"新活力"

必须坚持以人民为中心的发展思想，把富民强村作为全面推进乡村振兴的重要归宿和落脚点，持续推动农民收入和村集体经营性收入稳定增长。一是打好富民牌。积极实施农民收入十年倍增计划，全方位拓宽农民增收渠道，让农村的"钱袋子"越来越鼓。深入推进创业富民、就业富民，持续加大对高素质农民、农村实用人才、新型农业经营主体带头人、电商达人等的培养力度，帮助农民创造财富、成就梦想。二是打好强村牌。深入推进党建引领农村集体经济发展，积极探索融合经济、绿色经济、服务经济和飞地经济等新型农村集体经济发展路径，持续推进村级集体农场试点建设，完善

推进机制、管理机制和利益分配机制，做到保证农民的、留足集体的、激励干事的。三是打好改革牌。全面深化农业农村改革，稳妥推进承包地、宅基地等重点改革，让农民群众能够获得更多的土地增值收益。持续深化农村集体产权制度改革，稳步推进"政经分开"试点工作，充分激发农村资源资产活力。积极培育新型农业经营主体，支持农民合作社延伸产业链条，提高资源配置利用效率。

4. 以生态宜居为要求，绘就和美乡村"新画卷"

必须坚持乡村建设为农民而建，始终遵循规律，突出规划引领，加快实现乡村由表及里、形神兼备的全面提升。一是抓好示范引领作用。大力推进乡村振兴示范带建设，进一步整合各类涉农项目资源，健全完善工作机制，强化督察推进，推动项目建设落实落细。持续开展乡村振兴综合示范镇建设，对内树标杆、对外展形象，把示范镇培育成"产业强而特、村庄洁且美、日子红而火"的示范样板，以点带面书写好新时代"三农"工作新篇章。二是提升乡村建设水平。深入学习运用浙江"千万工程"经验，大力实施农村人居环境整治提升"十百千万"行动，进一步完善村庄人居环境长效管护机制，规划宜居宜业和美乡村集中连片建设，加快提升农村教育、医疗、养老等基本公共服务水平，让农村群众在家门口就能过上现代化的幸福生活。三是加强乡村治理效能。不断建强基层党组织战斗堡垒，推动治理和服务重心下移、资源下沉，完善推广清单制、积分制等务实管用的治理方式，全面提升自治、法治、德治、智治"四治融合"的乡村治理能力。

5. 以政策扶持为支撑，开创乡村振兴"新局面"

必须坚持党领导"三农"工作原则不动摇，健全领导体制和工作机制，充分发挥资源要素基础性、支撑性作用，为加快推进农业农村现代化提供坚强保证。一是强化人才支撑。研究出台激励支持"新农人""新农干"发展的政策意见，完善人才返乡政策，吸引包括致富带头人、返乡创业大学生、退役军人等在内的各类人才在乡村振兴中建功立业，培养优秀"新农人"100 人左右，培训"新农干"2000 人次以上，聘请一批新农人担任"创业创新导师"，为乡村振兴注入新动能。二是强化多元投入。坚持公共财政优先保障，健全农业农村发展支持政策体系，全面落实提高土地出让收入用于农业农村比例的政策，提高政策系统性、精准性、导向性。加强新时代农村金融服务体系和信用体系建设，健全抵押担保体系，常态化开展政银企对接活动，推动农业保险扩面增量，更好发挥政策性农业信贷担保体系作用。持续优化农业农村营商环境，吸引社会资本下乡，扩大有效投资。三是强化要素保障。落实好乡村发展用地支持政策，统筹增量、存量规划空间，继续挖掘乡村内部潜力，因地制宜推进村庄规划编制工作。用足用好规划建设用地指标预留、用地计划指标单列等政策，及时做好农村一二三产业融合发展入库项目用地保障并动态更新，满足乡村产业用地需求，助力乡村产业振兴。

B.15
2023年扬州教育事业发展研究报告

扬州市教育局课题组*

摘 要： 2023年，扬州市教育系统以主题教育为引领，聚焦教育高质量发展要求，不断深化教育改革，努力在"好地方"扬州办出群众满意的"好教育"。今后扬州教育系统将锚定奋进目标，保持"奔跑姿态"，统筹推进教育资源、政策投入、改革创新、内涵发展等一体化提升。

关键词： 教育事业 基础教育 高品质教育 扬州

一 扬州教育事业发展的基本情况

扬州市现有各级各类学校766所，在校生70.85万人，专任教师4.92万人。

（一）坚持落实教育优先发展战略

扬州市委、市政府高规格召开全市教育高质量发展大会，出台《扬州市加快教育现代化发展行动计划（2023~2025年）》《扬州市关爱激励中小学教师若干措施》，确立了教育发展"四个优先"（教育经费优先保障、教育项目优先安排、教师待遇优先落实、教育编制优先补充）举措和建设"现代化教育名城"的奋斗目标，提出了2023~2025年中小学幼儿园建设计划以及强师惠师"20条措施"，为全市教育高质量发展提供政策支撑。精准

---

* 课题组负责人：殷元松，扬州市教育局党委书记、局长，扬州市教育工委书记。课题组成员：邵学云，扬州市教育局党委委员、副局长；谈雷，扬州教育考试院副院长（执笔人）。

提升教育资源供给能力，根据人口变化和布局规划，全市启动新（改、扩）建中小学幼儿园 15 所，开工建设扬州职业大学高邮湖校区。"托幼一体园建设"首次被列入市级民生项目，2023 年建成 3 所并实现托班招生。完成40 所义务教育学校教室照明改造任务，在江苏省内率先实现义务教育学校教室照明改造 100%全覆盖。

（二）持续提升高质量发展质态

全市新创省优质幼儿园 6 所、市优质幼儿园 12 所，省优质幼儿园覆盖率达 86.4%。高邮市创成的全国学前教育普及普惠县（市、区）。义务教育优质均衡比例达 85.27%，比 2022 年提高 0.89 个百分点。劳动年龄人口平均受教育年限达 11.45 年，比 2022 年提高 0.12 年。推进教育数字化共同体建设，基础教育信息化发展综合指数跃居全省第三，高邮市、江都区成功入选省智慧教育样板区培育区域，扬州市智慧教育相关做法（全省唯一）入选教育部数字化赋能教育管理信息化建设与应用典型案例。

（三）有效加强教育内涵建设

优质高中建设取得突破，扬州中学入选江苏省首批立项建设高品质示范高中；扬州大学附属中学东部分校晋升江苏省四星级高中，全市三星级及以上高中占比达 96.88%，位列全省第三。坚持五育并举，大力开展学生"体能提升"项目，举办阳光体育比赛 500 余场（次），确保学生体育锻炼频次和强度；组织"小器乐进课堂"、"扬州清曲进校园"、"中国梦·运河情"师生才艺大赛、"少年运河说"诵读大赛、"扬州的夏日"全国性征文等活动，扬州"运河思政"创新举措被《中国青年报》报道。全市斩获江苏省职业教育技能大赛金牌 16 枚、江苏省职业院校教学能力比赛奖牌 22 枚，总成绩列全省第 3。

（四）深入推进教育改革创新

大力推进职业教育产教融合发展，筹建了 5 个市级职业教育行业指导委

员会，组建的扬州"341"现代产业产教联合体入选江苏省首批市域产教联合体培育单位，建筑消防行业、金属板材加工装备行业、资源环境与地理信息行业等全国性行业的产教融合共同体在扬成立。综合施力、调动合力、挖掘潜力，全面打造"家教名城"，举办"家访月"活动确保新生家访率100%，大力推广"全员育人导师制"等，这些获中国新闻网、《新华日报》、《江苏教育报》等媒体关注推介。线上、线下双向互动，发布"家庭教育微讲坛"48期、"家庭教育大讲堂"6期，点播量超50万次。深化"双减"措施，校外培训机构治理工作经验被教育部专报报道。

（五）务实守护学生身心健康

大力实施青少年生命健康关爱专项行动，在全省率先建立市级中小学生生命健康教育名师工作室，率先建立涉生命安全事件复盘溯源工作机制，举办首届扬州市中小学生生命健康关爱知识技能竞赛，专班式摸排关爱留守儿童等特殊学生群体。推进"心灵护航"行动，全市中小学100%配备心理健康专兼职教师，100%开齐心理健康教育课，学生心理健康档案建设、校园欺凌防范等工作显著加强。对全市3.5万名适龄中小学生进行脊柱侧弯筛查。先后组织开展消防、校车、食品、学生出行和宿舍用床、实验室危化品等10余轮校园安全隐患排查整治工作，着力开展校园周边交通"治堵"工作。江都区创成江苏省高质量平安校园建设示范县（市、区），扬州市教育局获评2023年江苏省"安全生产月"活动先进单位、全省教育系统"网络安全攻防演习活动表现突出单位"。

（六）精准开展能力作风建设

扎实开展主题教育，推进习近平新时代中国特色社会主义思想进校园。坚持党建和业务相结合，一体推进"杏坛先锋"示范引领、"杏坛清风"廉洁教育、"杏坛薪火"年轻干部培养工程，开展"全市教育系统干部队伍能力作风提升月""大走访、大调研、大督察"专项行动等，切实提升队伍素质。把"减负"作为加强队伍建设、激发教师活力的重要抓手，强化落实关爱激励教师的"20条举措"，对在职教师学历提升和扬州优秀师范院校毕业生在扬从教给予激励，大幅提升骨干教师奖励标准，评选认定"桃李奖"教师（群体）10个、"教育世家"8个，实施首届"扬教名家"培养工程，新建教育名师工作室21个。全市新增"苏教名家"培养对象3人、省教学名师14人、市特级教师（特级班主任）62人，扬州市特殊教育学校教师华桂明获江苏省"最美教师"称号。

二 扬州教育事业发展目前面临的主要问题

根据党和国家关于教育强国建设的决策部署，对照推进中国式现代化扬州新实践对教育高质量发展的要求，扬州教育事业发展存在一些短板弱项。

（一）在教育资源分配方面

受全市出生人口明显波动以及学龄人口向中心城区、县（市、区）聚集等因素的影响，阶段性资源总量不足和区域性资源短缺的问题将可能出现。目前，城区挤、农村空现象较为突出，部分热点学校学生数量过多，大校额、超班额现象仍然存在，造成生均教辅用房面积、体育运动场馆面积等指标达不到省定标准。

（二）在师资队伍建设方面

教师队伍是教育事业的重要支撑，在市域范围师资配置上，编制资源不均衡矛盾仍然存在，部分县（市、区）教师数量不足，幼儿园编制内教师占比有待提高，义务教育学校音体美教师结构性缺编问题尚未得到彻底解决，科技教师、专职心理教师、卫生专业技术人员等校际之间配备不均。

（三）在学校管理方面

部分学校的管理理念未能紧跟时代发展，因时制宜、因地制宜、因校制宜的主动发展意识有所欠缺，固化思维和路径依赖较难破除。部分学校的管

理制度存在漏洞或不合理之处，学校安全和心理健康教育的监督管理机制需要进一步健全完善，安全风险预判和防范意识须进一步提高，关爱青少年生命健康工作举措需要进一步细化落实。

（四）在社会环境方面

社会对于教育改革发展的关注度高，大众层面对科学育人观念的接纳度和认可度与现行教育改革政策之间仍然存在不对等、不契合等问题，社会舆论中不理解、不支持、不配合的声音时有发生。多数家长对孩子的教育缺乏有效关注和科学指导，存在过度追求分数而忽视身心健康的现象。随着全球化发展进程加快，不同文化之间的交流和融合成为常态。在这种背景下，教育需要应对文化冲突和多元文化带来的挑战。如何保持本土文化的特色和价值，同时吸纳外来文化的优秀元素，也是教育发展中需要研究的问题。

三　扬州教育事业发展的目标和建议

坚持问题导向，以推进落实全市教育高质量发展大会精神为抓手，锚定奋进目标，实干争先，努力实现扬州教育的新发展、新跨越。

（一）在加强党的领导上下功夫

开展好主题教育，坚持用习近平新时代中国特色社会主义思想铸魂育人，确保教育系统成为拥护"两个确立"、捍卫"两个维护"的坚强阵地。充分发挥各级党委教育工作领导小组在教育发展中的统筹协调、宣传引导和督促落实作用，健全党组织领导的校长负责制。持续推动基层学校党组织规范化建设和特色化培育，擦亮扬州教育党建品牌。

（二）在扩优教育资源上加力度

有力统筹城乡教育一体化发展，制订长期的学位规划方案，弥补城市教育资源缺口，着力改善办学条件，构建与学龄人口分布相适应的教育布局。

提升教育数字化装备水平，全市拥有交互式多媒体设备的教室占比达90%，中小学数字化教学终端教师覆盖率达90%。推动义务教育集团化办学，推进优质高中建设，持续扩大优质教育资源覆盖面。

（三）在推进协同育人上求突破

深化课堂教学改革，加强教研科研品牌培育运用，持续提升质量，同步推进家庭教育指导和服务，全面开展全国学校家庭社会协同育人实验区建设，全市中小学、幼儿园家长学校办校率、达标率达100%。建立市、县一体化学生生命健康关爱机制，加强部门协作和医校对接，为151所学校配备专职心理健康教育教师。实施职业教育产教融合育人工程，加强"341"产教联合体建设，推进普职融通、产教融合，拓宽学生成才渠道。

（四）在锻造教师队伍上出实招

不断优化队伍结构，落实教师编制"周转池"制度，推进"县管校聘"、备案制管理改革，加大紧缺教师、高层次教育人才招聘力度，促进城乡之间、办学集团内教师资源合理流动。优化教师培养梯队建设，探索实施新时代教师发展"三项行动"，即新入职教师"扬帆行动"、骨干教师"攀越行动"、专家名师"领航行动"。着力保障教师工资待遇，积极争取惠师优待政策，为广大教师提供"一站式"关心关爱服务。

（五）在办好民生实事上见成效

聚焦"一老一小"服务需求，推进托幼一体幼儿园建设，实现街道（乡镇）老年学校全覆盖，加强社区（村）老年学习点建设，探索设立"扬老师润心工作站"，为社区"一老一小"提供心理健康咨询"润心"服务。聚焦社区周边居民需求，配合开设"爱心暑托班"，安排教师、志愿者开展学业辅导和实践活动。推动符合条件的学校体育场地面向社会开放。确保家庭经济困难学生、留守儿童、残疾儿童少年等应助尽助、不落一人。

B.16

2023年扬州市卫生健康事业发展报告[*]

扬州市卫生健康委员会课题组[**]

摘　要： 扬州始终把人民生命安全和身体健康放在优先发展第一位。本文全面分析扬州发展现状，分析了卫生资源与服务量，扬州市卫生健康事业有了一个很好的发展基础；本文分析了发展现状，扬州市稳妥有序实施新冠疫情"乙类乙管"，高质量发展成色更足，卫生健康重点工作稳步推进。文章分析了卫生健康事业存在的风险和挑战，提出了四个方面的对策与建议：全面实施公立医院改革与高质量发展示范项目；持续深化健康扬州建设；加快建设整合型医疗卫生服务体系；不断加大重点人群保障力度。

关键词： 卫生健康　健康扬州　公立医院改革

2023年，市卫健委围绕"发力奋进年"和市委、市政府总体部署，统筹推进新冠疫情防控和卫生健康事业高质量发展，各项工作取得显著成效。扬州市作为江苏省唯一地区，成功申报中央财政支持公立医院改革与高质量发展示范项目。2022年度深化医改、提升基层卫生服务能力、建设普惠托育体系均获得省政府督察激励，扬州市实现卫生健康领域督察激励"大满贯"。

---

[*] 本报告数据来源于扬州市卫生健康委员会。

[**] 课题组负责人：赵国祥，扬州市卫生健康委员会党委书记、主任，市中医药管理局局长。课题组成员：陈东升，扬州市卫生健康委员会规划发展与信息化处处长（执笔人）。

一　发展现状

（一）卫生资源与服务量

全市卫生机构（含诊所、医务室、卫生所、社区卫生服务站、村卫生室，下同）总数2027所。按经济类型分，国有487所，占24.03%；集体682所，占33.65%；私营机构743所，占36.66%；其他机构115所，占5.67%。总的来说，公立1169所，占57.67%；民营858所，占42.33%。全市医疗机构共有床位27577张，其中医院床位20051张（72.71%）；社区卫生服务中心床位2070张（占7.51%）；卫生院床位4323张（占15.68%）；专业公共卫生机构床位1013张（占3.67%）；其他卫生机构床位120张（占0.44%）。全市卫生人员总数41279人，其中乡村医生和卫生员等1174人。卫生人员中有卫生技术人员34447人，其他技术人员1943人，仅从事管理的人员1421人，工勤技能人员2294人。卫生技术人员中有执业医师14179人［含执业（助理）医师11723人］，注册护士14473人。目前，扬州市每千人口卫生技术人员6.97人，每千人口执业（助理）医师2.86人，每千人口注册护士2.92人。全市医疗机构总诊疗2921.12万人次，平均每居民全年诊疗5.28人次；入院88.82万人次，每千人口入院人数约为156.70人次。

（二）发展现状

1. 稳妥有序实施新冠疫情"乙类乙管"

一方面，将防控工作重心从"防感染"转向"保健康、防重症"。组建868个家庭医生签约团队和5280支健康服务小分队，做好78.7万名重点人员的健康保障。扬州市"三个聚焦"精准攻坚、筑牢农村地区疫情防控屏障的经验被国务院办公厅专报推广。另一方面，积极有效应对疫情。完善平急转换预案，全力落实好各项防控措施；持续开展监测预警，进一步优化扬

州市疫情防控策略和各项工作措施；按照"部分保留、平急转换、有效利用"的原则分类处置各类抗疫资产。

2. 高质量发展成色更足

高位推动国家公立医院改革与高质量发展示范项目，市委、市政府主要领导担任示范项目"双组长"，市委、市政府印发《扬州市国家公立医院改革与高质量发展示范项目实施方案（2023～2025 年）》，积极争取国家、省支持，市政府主要领导赴国家卫生健康委专题汇报工作进展；省政府将扬州示范项目列入年度改革重点联系任务，省卫生健康委出台 43 条一揽子举措支持示范项目推动。聘请来自清华大学、复旦大学、南京大学等的顶级专家作为示范项目"智力"支持，为项目实施出谋划策。规范资金拨付使用，把中央下达的首批 2 亿元财政补助分配给市本级 1.6 亿元、县（市、区）0.4 亿元，重点支持市县级公立医院诊疗能力提升、智慧医院建设以及卫生人才行动等项目。

3. 卫生健康重点工作稳步推进

一是卫生健康重大项目加速推进。市妇女儿童医院一期工程 12 月建成投用，二期工程实质性动工。市中医院新院区 7 月实质性动工。应急救援中心项目、公共卫生临床中心改扩建项目均加快推进。二是健康扬州建设不断深入。与上海交通大学合作，挂牌成立健康长三角研究院健康扬州研究中心，举办首届健康长三角扬州论坛暨公立医院高质量发展研讨会，在健康江苏建设年度考核中获得优秀等次，位列全省第 2 名；掀起爱国卫生运动新高潮，顺利通过国家卫生城市第六轮复审，高邮市获得全国爱国卫生运动 70 周年先进集体；蝉联全国健康城市建设样板市，实现健康县（市、区）全覆盖。三是深化医改取得显著成效。强化三医协同发展和治理，市政府办公室印发《2023 年下半年全市深化医药卫生体制改革重点工作任务》；扬州市成为国家紧密型城市医疗集团建设试点城市，全省仅两家。四是"医防协同"效应进一步放大。践行新时代卫生与健康"以预防为主"的工作方针，挂牌成立"扬州市疾病预防控制局"，整合市疾控中心和卫生监督所，推动公共卫生与医疗机构干部交流挂职锻炼，开展课题合作研究，加快构建扬州市新型公共卫生体系。五是医疗卫生服务能力持续提高。苏北人民医院和扬州大学附属医院建设 7 个专科方向省级区域医疗中心，苏北人民医院重症医学科、普外科创成国家级临床重点专科建设单位，成功申报 22 项国家自然科学基金，资助经费 867 万元，项目总数和资助金额均创历史新高。全市新引进卫生人才 1500 人，超前完成基层卫生人才占比高质量指标考核预期任务，暂列Ⅱ类地区第 2 位。推进基层医疗卫生资源扩容与提档升级，组建 15 家县域医共体，完成 6 家基层医疗卫生机构新（改、扩）建，新增宝应县、江都区作为国家县域医共体试点县区。扬州市 3 个基层卫生综合改革案例入选全国典型案例，数量占全省的 1/3，在省人大《江苏省基层卫生条例》贯彻实施座谈会上扬州市卫生健康委主要相关负责同志作为唯一设区市代表交流发言。六是重点人群健康保障不断深入。4 个社区成功申报全国示范性老年友好型社区，82 家养老机构与医疗机构签约合作。市委、市政府印发《扬州市关于优化生育政策促进人口长期均衡发展实施方案》，推出 25 项积极生育支持措施；在全省率先编制完成《扬州市区托育机构布局规划（2021~2035）》，构建多元服务供给体系，打造"民办公助"社区托育园。七是中医药传承创新发展提质增速。在全省首批开展全国基层中医药工作示范市（县）创建，举办第二届中国中医药 50 人峰会，搭建中医药文化国际交流传播平台。

二 存在的风险和挑战

进入新时代，对照党中央、国务院关于公立医院改革与高质量发展的决策部署和人民群众对高品质医疗服务新需求、新期盼，扬州市在公立医院资源布局、能力建设、绩效管理和体制机制改革等方面还存在以下主要问题。基于全生命周期管理的整合型医疗服务体系和服务模式尚处于改革探索中，"上下联动"的"双向转诊"机制还须优化，医疗资源不均衡现象仍然突出。公立医院运行成本高涨，公立医院作为疫情防控主力军，承担了大量政府指令性任务，运营成本增加，与此同时部分原有业务发展受阻，医疗业务

收入下滑。"三医"联动协同效应发挥不足，"三医"联动政策制度衔接还不够顺畅，分级诊疗效果还不够显著。数智化建设与应用亟待加强。"互联网+"、大数据、5G、人工智能等技术与医疗服务融合度还不高。

三　对策与建议

在习近平新时代中国特色社会主义思想指导下，我们将深入贯彻落实党的二十大会议精神和习近平总书记关于深化医改和卫生健康工作重要指示精神，抓当前促长远、抓重点补短板，持之以恒不断深化公立医院改革、不断提高医疗服务水平，以期把"好地方"扬州建设得越来越好，为谱写中国式现代化扬州篇章夯实健康基础。下一步，重点做好四项重点工作。

（一）全面实施公立医院改革与高质量发展示范项目

深化体制机制改革，提升事业发展动力，形成可复制、可推广的扬州经验。打造公立医院发展先行区，建设心血管、重症等区域医疗中心，打造国家、省、市三级重点专科集群，全面推行精细化管理，提升公立医院运营管理能力。建设分级诊疗体系，推动城市紧密型医疗集团和县域医共体建设提档升级，创新建设 20 家县级区域医共体，优化全生命周期医防协同服务。创造三医协同发展和治理新模式，完善高位推动工作机制，建立灵敏有度的医疗服务价格动态调整机制，严控医疗费用不合理增长，减轻群众就医负担。形成智慧化卫生健康服务示范区，搭建数据中枢、打通数据壁垒，拓展智慧应用、优化便民服务，升级全民健康信息平台，提升智慧服务、智慧管理能力。

（二）持续深化健康扬州建设

践行"大卫生、大健康"理念，扎实推进全民健康行动和爱国卫生运动，全面提高全民健康素养。巩固全国健康城市建设样板市成果，全面深化与高校、科研院所的交流合作，搭建健康合作平台。扎实开展文化科技卫生

"三下乡"活动，深入机关、企业、学校、社区、农村开展健康促进活动500场；结合乡村振兴战略实施规划、农村人居环境整治提升行动，有序推进健康镇村、健康社区建设。

（三）加快建设整合型医疗卫生服务体系

打造功能互补、连续协同、运行高效、富有韧性的整合型医疗卫生服务体系。实施重大项目建设，加快推进市中医院新院区、市妇女儿童医院B地块、应急医学救援中心大楼等项目建设；建设区域医疗服务高地，提升公立医院临床诊疗能力，创成省级区域医疗中心2个以上，国家及省级重点临床专科（建设单位）3个以上，三级公立医院绩效考核排名持续提升；完善分级诊疗制度，建设城市医疗集团3个、县域医共体15个，打造建设医学检验、医学影像等五大资源共享中心；优化医防协同服务，畅通医防信息互通渠道，提供全生命周期健康服务，建成健康管理型医院20家。

（四）不断加大重点人群保障力度

促进托育多元发展，大力发展社区托育服务，创新推进医育融合，全面建立以儿童保健医生为主的托育机构兼职家庭养育指导员制，新增省级普惠托育机构、省示范社区托育点10家。强化老年人健康保障，全市二级及以上公立综合性医院设置老年医学科比例在80%以上。开展重大慢病早筛查、早诊断、早治疗行动，落实重大慢病患者标准化、全流程健康管理，全年筛查干预脑卒中、恶性肿瘤、慢阻肺等高危人员16.8万人以上。

B.17
2023年扬州民政事业发展报告[*]

摘　要： 2023年扬州民政坚持以人民为中心的发展思想，在推动民政事业高质量发展中彰显人民情怀，民政工作先行先试、稳扎稳打，努力答好这一份有温度、有厚度的民政答卷。本文对2023年扬州民政事业发展情况进行总结，探讨了在社会救助、养老服务、社会事务等领域存在的问题，并提出将在全流程兜牢基本民生、全周期推进公共服务、全方位提升治理水平、全要素夯实工作基础四个方面发力奋进。

关键词： 五社联动　养老服务　扬州　民政事业

一　扬州民政事业的发展现状

（一）强化基本民生保障

一是开展扩围提标精准救助。坚持社会救助扩围、提质、增效，健全对象分层、内容分类、动态监测、综合救助的机制。城乡居民低保月人均标准提高到800元；集中供养孤儿、社会散居孤儿的月基本生活保障标准分别不低于2980元、2180元；其他困难对象保障标准相应提标；救助遭遇急难状况的困难群众2.2万人次，支出资金1489万元。对全市6196户分散特困对

[**] 课题组负责人：徐德林，扬州市民政局党委书记、局长。课题组成员：曾漳龙，扬州市民政局办公室主任；蒋承骏，扬州市民政局团委副书记（执笔人）。

象、空巢独居老人实施"云守护"，预警防范异常和突发情况。健全低收入人口救助帮扶和常态化监测预警机制，新增1600人纳入帮扶。贯彻积极救助、温情救助、主动救助理念，印发《关于建立社会救助"一事一议"工作机制的意见》，践行"现金+物资+服务"救助保障新模式。推动民政各项救助融合发展，构建大社会救助体系，在全省率先建立特殊困难群体巡访、监测、救助、关爱、应急救助一体化服务保障工作机制，突破户籍限制、困难群体类型限制，将可能存在风险的特殊困难群体纳入排查，强化各类救助政策灵活转介衔接和智慧化监测，这些得到省厅分管领导的充分肯定。

二是完善分层分类救助体系。"e 触而救"支出型贫困智慧救助模式获评省救助最佳案例；推广智慧大救助系统应用，实现社会救助"掌上办""网上办""省内通办"。全省率先印发《关于建立特困人员住院照料护理补贴制度的通知》，已有72名特困人员享受到了住院照料护理补贴。在全省率先出台《社会救助容错免责机制》，基层民政经办服务人员愿担当、敢担当、善担当情况明显改观。固化"社会救助+慈善帮扶"工作机制，联合市慈善总会为1.36万名困难对象中的大重病患者购买"医惠保"，筑牢防止因病致困保障；启动"慈善光伏照万家"专项救助项目；联动婚登机构和慈善资源，创新开展"幸福牵手助力夕阳红"等慈善项目，持续壮大慈善救助力量。

三是实施残疾人和流浪乞讨人员帮扶。按照统一部署实施了三大行动：全市残疾人两项补贴精准化发放、规范化管理三年行动；"精康融合行动"，创建7个省级精神障碍社区康复服务示范点，为有康复需求且符合条件的精神障碍患者提供社区康复服务；康复辅助器具"辅佑康健"行动，推进全市康复辅助器具社区租赁服务工作试点。创新建立流浪乞讨人员街面巡查自然启动工作机制，形成"公安+城管+民政"等多部门协同联动的常态化救助保护工作机制，省民政厅对此给予充分肯定。

四是深化儿童基本社会福利保障。巩固困境儿童主动发现机制，开展困境儿童保障专项治理行动。推动市儿童福利机构转型升级。常态化开展特殊困难情形中困境儿童的摸底排查工作，落实"一人一策"帮扶措施；以

"早期干预、多轮筛查、医疗辅助、分类帮扶"为特色，利用暑期对主城区困境未成年人的身心健康状况开展摸底排查，启动实施"苏童成长、绿扬心窗"困境儿童心理增能、综合赋能等早期心理干预帮扶项目。建成9家省级示范性未成年人保护工作站，率先实现市域未成年人保护工作站全覆盖。

（二）深化基层社会治理

一是总结提升社区工作经验。市政府研究出台《扬州市城乡社区服务体系建设行动方案》，改造提升和新建20个社区综合服务中心，推进社区服务走深走实。发布实施《村务公开工作规范》扬州地方标准，全面提升农村基层依法治理的能力和水平。依托入选民政部全国村级议事协商创新实验试点单位的"江都区邵伯镇高蓬村、邗江区甘泉街道双山村"，打造基层善治的"扬州样板"。

二是深化"五社联动"机制。2个县（市、区）、7个乡镇（街道）获得省创新试点，3个社会组织孵化基地被评为全省社会组织党建工作示范点，6个社会组织获评"江苏省先进社会组织"称号。新增省"社会工作领军人才"和"最美社工"各1人，省优秀社会工作案例及项目各1个，建设首批"社会工作名师工作室"4个，评选首批示范性乡镇（街道）社工站6个，首次开展社会工作服务重点项目征集活动，对16个重点项目给予资金扶持和优化辅导，强化社会工作专业人才培养，2023年社工考试通过人数再创历史新高。全市社区工作者11592人，持证社工5708人，省领军人才7人，通过高级社工师考试的有4人。

三是推动社会组织发展。扬州市承接民政部"完善社会组织退出机制"观察点任务。正向引导社会组织发挥公益影响力，开展第十一届公益创投和第二届党建微创投，重点聚焦养老、助残、帮困等领域，引导社会组织参与基层社会治理和提供基本社会服务，全市投入712.5万元购买专业社会组织的服务。开展打击整治非法社会组织专项行动，依法取缔劝散非法社会组织10个。

四是持续优化营商环境助力经济发展。在全省创新探索建立了行业协会商会挂包联系、"政商桥"营商环境协商服务机制，通过成立"行业协会商会之家"、聘任营商环境监督员、设立涉企行业公共服务平台等一系列创新举措为扬州市 410 家各类行业协会商会提供服务，发布行业协会商会营商满意度评价报告，推动全市各级行业协会商会深度参与营商环境建设。聚焦关注未就业困难大学生、新业态从业人员等特殊对象，通过发动社会组织帮扶、开发社区岗位等，在兜底困难人员基本生活的同时推进他们积极就业。围绕"高效办成一件事"，发布了 2024 年扬州民政政务服务"揭榜挂帅"任务清单，围绕 6 类民生领域，全面梳理民政与群众切身利益紧密、群众关心的事项，确定了 16 项民生榜单任务。

（三）优化基本服务供给

一是统筹谋划养老服务体系建设。市委、市政府制定出台《加快推进基本养老服务体系建设实施方案》，省人大授予扬州市首批"江苏省老龄文明实践基地"称号。完成《颐养社区建设指南》立项修订，完善颐养社区建设标准。联合扬州大学设立了扬州市养老服务高质量发展研究院。"扬州'三个聚焦'打造颐养幸福圈"项目获评"2023 民生示范工程"案例。以赛促学，扬州在全省养老护理员大赛中取得优异成绩。首届江苏"福彩杯"全民魔方大赛暨老年益智魔方邀请赛在扬州举行。扬州市福利中心被授予"全国养老服务先进单位"称号。联动国企扬子江文旅集团，研究实施养老服务高质量发展三年行动，引入苏州康养集团品牌业务。

二是持续扎实推进颐养社区建设。完成 30 个颐养社区、3 个街道综合性养老服务中心改造，3930 户适老化改造，33 个社区助餐点、83 个示范性村级互助养老睦邻点和 482 人次失能老年人家庭照护培训。聚力推进民政部居家和社区基本养老服务提升行动试点项目，超额完成项目任务，居家上门服务完成 8424 人次，家庭养老床位建设完成 4436 人。

三是提升殡葬服务质量。积极探索节地生态新葬式和旧墓扩容性改造，倡导殡葬文明新风；加速推动城市公益性骨灰存放设施项目建设，已有 2 个

县（市、区）完成建设任务，市本级及其余地区均已完成规划选址。市、县、乡三级均已设立身后"一件事"受理窗口。开展散坟乱葬治理，治理全市所有安葬在公墓（骨灰堂）以外的散葬坟墓，以及历史形成的农村传统安葬点。广陵区被列为第二批江苏省丧葬礼俗改革试点地区。

四是持续优化婚姻登记服务。持续做好婚姻登记"跨省通办"，深化婚姻登记"一件事一次办"，江都区被列为第三批江苏省婚俗改革实验区。

五是做好地名保护传承。率先开展廉政、档案、文旅、非遗类地名文化宣传。公布市级地名文化遗产93个、县级地名文化遗产199个，21个地名成功获评省级地名文化遗产。高邮市入选江苏省"深化乡村地名服务 点亮美好家园"试点地区，在试点工作基础上全面开展全市"乡村著名行动"工作。

六是守住民政领域发展底线。再次发放民营养老机构一次性纾困补贴，持续提振行业信心。联合住建、消防等部门部署开展全市民政服务机构燃气安全专项整治、养老机构消防安全标准化创建等工作，指导各地将民政服务机构及散居民政服务对象的住所纳入属地自建房安全专项整治范围，有序推动整改。在全省率先开展养老等民政服务机构消防安全演练，养老服务机构安全达标建设进度全省靠前。从源头解决信访问题的经验做法得到民政部办公厅调研组肯定。

七是夯实民政发展根基。"民小爱"形成品牌，2023年度"民小爱"品牌建设的经验做法再次在民政部交流推广。扬州民政题材微电影《始于初心忠于信仰——只为遇见更好的自己》荣获"中国民政"单元"优秀作品奖"，该微电影为全省民政系统唯一获奖作品。举办了8期民政月度大讲堂，持续提升基层业务经办能力。

二 扬州民政事业发展面临的问题

1. 社会救助方面存在的问题

一方面，临时救助的工作机制需要进一步完善。临时救助的程序比较复杂，救急难的时效性难以得到保证；申请临时救助家庭的困难程度和困难时限不好把握，救助标准难以统一，临时救助以小额救助为主，大额救助较少；临时救助区域之间不平衡，有的地方临时救助力度较大，有的地方临时救助力度较小；市级临时救助补助专项资金补助范围较窄，各地更倾向于使用慈善资金，补助资金使用执行率偏低；民政部门与医保部门关于支出型困难家庭救助的数据还不能实时共享，需要进行人工筛查，这影响救助质效；临时救助的大重病患者在享受医疗救助身份认定上还需要与医保部门进一步沟通。另一方面，基层经办人员主动救助的理念需要得到进一步强化。村（居）工作人员参与积极性不够，囿于纪检问责的担心，存在"不敢做"的心理；在奖惩激励方面还缺乏顶层设计，存在"不想做"的态度。村（居）工作人员对救助政策的掌握还有待提高，主动学习政策的意愿不强，习惯于用旧的理念和旧的思想看待新发生的问题；县、乡两级民政部门开展业务培训和指导的频次不够，村（居）工作人员兼职较多，无法集中精力学习救助政策。而且，压力传导和考核考评不够，乡镇（街道）分管负责人对社会救助工作不够重视，对上级开展的工作没有做到常抓长管；县级缺乏监管和考核考评机制，没有把压力传导到村（居），没有争先创优的抓手。

2.养老服务方面存在的问题

主城区老旧小区配建难。虽然前期已经采用闲置资产调剂、置换等形式解决了一部分老旧小区嵌入式养老服务设施配建问题，但在主城区尤其是人口密度较高的老旧小区，确实无闲置资产可用、无闲置地块可建，所以只能依靠街道综合性养老服务设施解决养老基本问题。机构运营发展动力不够。当前为老服务具有一定的公益性，因此相较于其他行业而言并无太多利益增长点，再加上老年人普遍消费意愿不高，对价格的接受程度也比较低，使很多养老服务机构在后续维持运营上存在较多困难。医养结合能力有待加强。医疗卫生服务是居家老年人最基本、最迫切的养老服务需求之一，特别是在高龄独居、失能失智、计划生育特殊家庭中的老年人中，这种需求体现得更加明显。专业化、年轻化护理人员不足。目前从事一线养老服务的工作人员普遍存在数量不足、文化程度低、年龄结构不合理等问题。同时，由于劳动

强度与职业认同度、收入水平不匹配等，养老服务领域人才难以聚集，具备康复护理等专业技能的养老服务人才缺口较大。

3.社会事务方面存在的问题

在婚姻登记管理上，婚姻登记工作的特色亮点不足，对婚姻登记工作中的风险防范意识还不强。在殡葬管理上，殡葬服务设施建设有待加强。城市公益性骨灰安放（葬）设施建设总体进度有待加强，个别地区进展偏慢；全市公益性骨灰安放设施依然存在设施老旧、土地手续不合规、管理和服务保障不到位等问题。恶风陋俗还须加强引导，在个别农村地区中，丧事活动讲排场、比阔气、撑门面的现象也偶有发生，孝道文化变味、公序良俗失效，这既影响了社会风气也加重了群众的治丧负担。在流浪乞讨救助管理上，部门协同仍须加强。由于工作思维惯性、沟通协调机制不畅等，各救助管理机构承担着主要的街面巡查任务，部门协作的工作合力亟待形成。

三　扬州民政事业发展的方向

（一）全方位兜牢基本民生

一是扩围增效兜底线。完善"扬善救助"品牌项目，健全完善大社会救助系统，强化低收入人口动态监测，加快推进分层分类的社会救助体系建设，构建一体化动态监测体系，确保兜住、兜准、兜好民生底线。持续深化社会救助扩围提质增效项目，确保在保对象稳中有升。将3.2万名低保、特困、低收入家庭对象与4万名残疾人两补对象和6000名困难儿童对象全部纳入常态化动态监测范围，精准落实救助措施，切实兜牢底线。进一步梳理分析困难家庭情形，常态化关爱巡访2万人以上。在做好物质保障和生活兜底的基础上，积极推进"物质+服务"的综合性救助，突出"服务+"，将服务对象分群锁定，将服务需求分级响应，调动社会各方力量积极参与，探索"分群分级"服务类救助的新路径。探索解决低保边缘家庭失能人员照护难的问题。

二是大力发展慈善事业。持续深化"大爱之城"建设的内涵和外延，制定推动慈善事业高质量发展的政策措施，引导支持企业、社会组织和个人积极参与公益慈善事业，彰显慈善在第三次分配中的重要作用。引导慈善组织助力为困难群众医惠保项目扩围，构筑因病返贫的第二道防线。引导市、县两级慈善机构募集救助资金 2000 万元以上，资助 2 万人次。支持和引导慈善资源下沉，结合"幸福家园"等项目，推动设立社区慈善基金。

三是加强未成年人保护工作。持续深化开展困境儿童早期心理干预帮扶项目，全面进行儿童心理健康状态排查，总结早期干预帮扶经验，跟踪关注儿童心理健康，谨防冲击道德底线事件发生。推动儿童福利机构规范化管理、精细化服务，抓好扬州市儿童福利机构转型升级发展。提升专业能力，持续增强儿童福利服务队伍、阵地、手段的专业性，畅通基层服务"最后一公里"，改造提升 9 个省级示范性未成年人保护工作站（关爱之家），推进儿童福利机构转型升级发展。规范收养登记程序，加强收养政策宣传解读，普及收养相关法律政策，提高依法收养、规范登记的规范性与自觉性。

四是关心关爱残疾群体。不断完善残疾人"两项补贴"制度，提升管理服务规范化、精准化水平；深化"精康融合行动"，探索建立"医院+社区+家庭+社会组织"精神障碍社区康复模式，新建 9 个精神障碍患者社区康复中心，加快规范化、专业化、多样化、多元化发展；加快发展康复辅具产业，努力让广大残疾人过上幸福美好生活。

五是提升救助管理服务水平。积极推动全市救助管理机构转型升级，拓展服务功能，规范提升街面巡查、甄别寻亲、站外寄养等服务水平。

（二）全周期推进公共服务

一是夯实养老服务事业发展基础。以实施养老服务高质量发展三年行动为契机，分层分类打造服务于困难老人、城乡社区老人、失能老人、中高端服务需求老人的四大养老服务体系，持续深化"颐养社区"品牌项目。新建 37 个颐养社区，对已建成的 195 个颐养社区"回头看"。对扬州市困难老人进行全面摸底和动态评估，推动每个县（市）都建成一个失能失智特

困人员集中供养机构，积极探索将特殊困难老年人优先纳入机构供养范围，优化特殊困难老年人探访关爱制度，落实社区居家精准照护支持。

二是主动谋划老龄事业与养老事业的协同发展。要积极承担统筹推进老龄事业工作职能，凝聚部门合力，统筹推进养老事业产业协同发展。要做实"社区养老"，做强"机构养老"，完善老年助餐服务网络，发展护理型养老机构，形成符合扬州市市情的"银发经济"。加快推进普惠养老机构等级认定及支持等工作，增加面向全体老年人的基础性、普惠性服务供给。不断健全县、乡、村三级养老服务机构（场所）网络，提升农村养老服务能力。加强对机构入住率情况的调研，探索候鸟式养老。

三是大力推动助餐服务体系建设。全面完善养老、综合服务型社区嵌入式服务设施建设，建立"中央厨房+老年食堂+助餐服务点+配送入户"多层次城乡助餐服务体系，改造提升35个城市社区助餐点，改造提升80个示范性乡村级互助养老睦邻点，争取开展社区嵌入式服务设施建设国家试点。

四是持续推进婚姻和殡葬改革。探索开展婚恋文化主题大赛，加强婚姻登记信用体系建设。以"和谐"为追求，加强婚姻登记规范管理，开展婚姻家庭辅导。以"文明"为愿景，倡导婚事新办、丧事简办，推广绿色殡葬理念，推进"互联网+殡葬服务"，宣传倡导优秀殡葬文化。以"惠民"为目标，进一步深化殡葬领域改革，加大公益性殡葬服务设施建设，鼓励各地进一步拓展惠民殡葬范围和内容，持续推进殡葬领域突出问题整治。全面启动城市公益性骨灰安放（葬）设施建设，新（改、扩）建8个城乡公益性骨灰安放（葬）设施。

五是强化地名规范管理。持续推进不规范地名、临时路名整治，做好乡村未命名道路命名，提升地名公共服务水平；加大红色地名、地名文化遗产的保护和宣传力度，出版地名文化书籍《清风扬州路》；推进全市"乡村著名行动"工作取得实效，探索推进地名非物质文化遗产保护工作。

（三）全方位提升治理水平

一是开展好"五社联动"机制试点工作。提升乡镇服务能力，起草制定《城乡社区协商民主工作规范》扬州地方标准，申报省级示范性标准项目。根据机构改革部署安排，积极探索民政工作与社区工作对接机制。

二是推进社会组织高质量发展。引导社会组织积极参与乡村振兴、稳岗就业等经济社会发展大局，重点培育100个公益社会组织，实施200个公益项目，服务乡村振兴建设，常态化打击整治非法社会组织；认真做好民政部"完善社会组织退出机制"观察点等创新探索试点工作。发挥民政服务基层治理优势，支持具备条件的社会组织建设党组织活动场所，依托社会组织孵化基地持续打造省、市级社会组织党建工作示范点。

三是继续优化营商环境。创新开展行业协会商会"政商桥"三联机制，设立"行业协会商会之家"，收集发布惠企政策，搭建涉企惠企政策服务平台，推进全市各级行业协会、商会深度参与营商环境建设，省厅对扬州经验做法予以推广并印发通报。

（四）全要素夯实工作基础

一是加快建设"创新民政"。加快推进"高效办成一件事"，民政政务服务"揭榜挂帅"的创新试点项目要按要求在2024年上半年完成，及时总结经验，发挥引领示范作用。

二是加快建设"安全民政"。深化安委会、专委会和各地民政"1+1+X"组织体系建设，发挥好专委会作用，上下同步联动推进安全生产工作；落实好各类民政服务机构的安全工作规范，解决"安全检查查不出问题"的现象。

三是加快建设"文化民政"。通过开展"最美"系列民政人选树、民政干部与困难群众结对帮扶等活动，立德树人、以文化人，引导广大干部职工践行"民政为民、民政爱民"理念。

四是加快建设"智慧民政"。试点"区块链+民政"，构建"智慧救助""智慧养老"等民政服务生态链，为现代民政提供有力支撑。

五是加快建设"法治民政"。注重运用法治思维和法治方式部署推动民政工作，加快重点领域立法进度，加大重点工作政策创制力度，全面

提升依法行政水平，着力从完善法规制度方面解决民政领域人民群众的急难愁盼问题，更好发挥法治民政建设固根本、稳预期、利长远的保障作用。

参考文献

［1］柴晓梅：《民政救助资金发放管理中的问题及对策思考》，《审计与理财》2022年第12期。

［2］陈臻奕：《温州市民办养老机构发展困境与政策支持研究》，浙江中医药大学硕士学位论文，2023。

［3］程龙：《徐州市临时救助问题与对策研究》，中国矿业大学硕士学位论文，2023。

［4］韩彻驹、张向前：《我国民政事业发展不平衡不充分问题研究》，《安徽农业大学学报》（社会科学版）2023年第1期。

［5］吕燕：《S市政府购买公共服务问题与对策研究——以街道社会工作服务站项目为例》，中国矿业大学硕士学位论文，2023。

［6］马华丽：《浅议婚姻登记档案管理工作中存在的问题和应对策略》，《兰台内外》2023年第22期。

［7］王玉福、闫艳：《改革开放40年扶贫开发：历程·成就·经验》，《理论导刊》2018年第11期。

B.18
2023年度扬州特色文化产业
集聚区发展研究报告

扬州市统计局课题组*

摘　要： 特色文化产业统计是江苏省委宣传部和省统计局共同部署推动文化产业发展的一项重要工作，既是全面反映我省特色文化产业发展状况的重要抓手，也是准确测算各地文化产业增加值的重要依据。以特色文化产业统计工作为契机，扬州市拓展文化产业统计工作范畴，深入了解各地区特色文化产业发展情况，以期为物质文化遗产的保护及发展提供数据参考、为探索扬州市文化统计新方法新思路提供依据，力争全面提升特色文化产业发展质效。

关键词： 特色文化产业　物质文化遗产　扬州

一　扬州市文化产业发展情况

近年来，扬州市不断加强文化产业基地和区域性特色文化产业群建设，建立特色文化产业集聚区，以形成产业集聚效应，有必要对特色文化产业集聚区发展问题进行研究，从而提出促进特色文化产业有效发展并使之与地方经济发展形成良性互动的建议。本研究在对扬州市特色文化产业发展现状进行总体把握的基础上，通过研究提出扬州市特色文化产业集聚区发展的对策建

* 课题组负责人：王梅峰，扬州市统计局副局长。课题组成员：石火培，扬州市统计局社科文和人口就业处处长（执笔人）；孟召鹏，扬州市统计局社科文和人口就业处科员（执笔人）。

议。这不仅可以丰富文化产业相关理论，为发展扬州市特色文化产业提供借鉴，而且对特色文化产业的经营主体具有指导意义，助力文化名城高质量发展。

《扬州市"十四五"文化发展规划》中明确"十四五"末，扬州文化产业增加值占GDP比重达6%。截至2022年，扬州市文化产业增加值占GDP比重为5.02%，比2021年提升0.14个百分点，位列全省第6。

全市文化产业发展态势向好。自2016年制定了《市政府关于促进文化产业发展的实施意见》以来，扬州市文化产业发展持续向好，规上文化企业数量由2016年的326家增加至2022年的810家，文化产业增加值占比由4.26%提升至5.02%，占比提高了0.76个百分点，全市文化产业稳步发展。2018~2022年规上文化企业规模变动情况见图1。

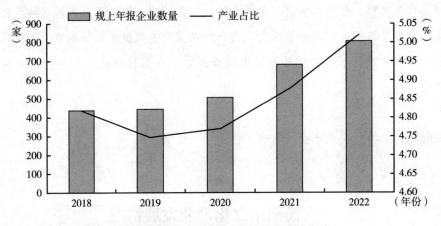

图1　2018~2022年规上文化企业规模变动

资料来源：扬州市统计局课题组。下同。

居民消费需求总体提升。2022年扬州市全体居民人均教育文化娱乐支出3904元，同比提升0.2个百分点，占生活性消费支出的14.15%，其中城镇常住居民人均教育文化娱乐支出4466元，同比下降1.3个百分点；农村常住居民人均教育文化娱乐支出2919元，同比提升4个百分点。与2016年相比，城镇居民人均教育文化娱乐支出增长了34.19%，居民正常文化消费需求呈现总体增长态势（见图2）。

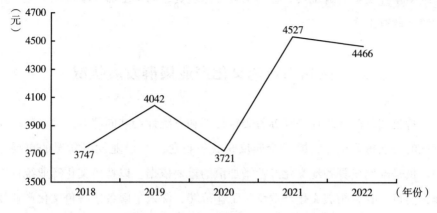

图2 2018~2022年扬州市城镇居民人均教育文化娱乐支出

2023年产业发展趋势总体向好。截至目前，全市2023年前三季度规模以上文化企业总计852家，营收总计287.94亿元、同比增长4.50%，解决就业42051人，实现利润总额13.37亿元，全市文化产业稳步发展。分文化产业类别看，全市规模以上文化服务业企业269家，营收共计69.21亿元、同比增长21%；文化批零业企业299家，营收共计53.56亿元、同比增长16.5%；文化制造业企业284家，营收共计165.18亿元、同比下降4.2%。分文化产业行业大类看，重点关注文化消费终端生产行业，相关规上文化企业共计275家，营业收入合计103.61亿元、占全部规上文化企业总营收的35.98%，2023年前三季度营收同比下降2.5%。

部分特色产业发展态势良好。2023年前三季度，全市规模以上玩具制造业企业67家，营业收入合计30.71亿元；工艺美术品制造、销售企业共计181家，营业收入合计55.04亿元；文具制造及销售企业75家，营业收入合计10.82亿元。具有扬州特色的文化产业相关行业2023年发展态势向好，占到全市规模以上文化产业总营收的33.54%，带动全市文化产业持续向好。

长期开展特色文化产业统计工作。扬州市根据《关于进一步做好文化产业统计工作的通知》和《关于发布特色文化产业统计项目的通知》要求，

连续多年开展了毛绒玩具、曹甸文教文体玩具、湾头玉器3项特色文化产业的统计调查工作。

二 扬州市特色文化产业集群发展状况

特色文化产业统计是江苏省委宣传部和省统计局共同部署推动文化产业发展的一项重要工作，既是全面反映我省特色文化产业发展状况的重要抓手，也是准确测算各地文化产业增加值的重要依据。以特色文化产业统计工作为契机，我省拓展文化产业统计工作范畴，深入了解各地特色文化产业发展情况，以期为物质文化遗产的保护及发展提供数据参考、为探索江苏省文化统计新方法新思路提供依据，力争全面提升江苏特色文化产业发展质效。

1. 玩具制造业

2023年前三季度，在扬州市规模以上文化企业中，玩具制造业企业67家，营业收入合计30.71亿元，解决就业6481人，利润总额1.44亿元，产生研发费用0.95亿元。从扬州市规模以上玩具制造业财务指标占全市规模以上文化企业的比重来看，玩具制造业企业数量占比为7.86%，营业收入占比为10.66%，就业人数占比为15.41%，利润总额占比为10.76%，从占比角度看，扬州市规模以上玩具制造业户均规模明显高于全市平均水平，对于解决全市就业、推动文化产业发展有重要作用，同时，毛绒玩具作为地方传统产业和文化名牌，每年坚持对特色文化产业维扬开发区的毛绒玩具产业开展专项调查。2023年，经摸排，核实邗江区毛绒玩具产业经济体非联网直报单位及个体户3077家，根据抽样调查统计推算，推算出全区毛绒玩具特色文化产业主营业务收入在58.16亿元左右，实现增加值在10.34亿元左右。目前毛绒玩具企业正不断创新，寻找产业升级的突破路径。毛绒玩具产业的边界也在不断拓展，除了儿童玩具、成人玩具，扬州毛绒玩具正向宠物玩具、家居饰品、婚庆市场挺进。

2. 工艺美术业

扬州非遗有着鲜明的特征、悠久的历史、多样的品种、较高的价值。截至目前，扬州市开展非遗保护工作已有十余年的时间。特别是近几年，扬州以保护非遗传承人为重点，增加了在非遗保护方面的投入，使得非遗保护工作取得了较为显著的成效，其非遗保护工作已在江苏省名列前茅。如今，已有茶点制作技艺、盆景技艺、金银细工制作技艺、弹词、木偶戏、邵伯锣鼓小牌子、广陵琴派、高邮民歌、雕版印刷技艺、扬州漆器髹饰技艺、扬州玉雕、扬州剪纸、扬州清曲、扬州评话、扬剧、扬州毛笔制作技艺16个项目入选国家级非物质文化遗产名录，扬派盆景技艺、扬州刺绣、谢馥春"香、粉、油"制作技艺等26项入选省级名录，另外扬州共有联合国教科文组织"人类非物质文化遗产代表作"3项、入选国家级非物质文化遗产名录19项（在江苏省名列第二）、入选江苏省非物质文化遗产名录60项、入选扬州市非物质文化遗产名录226项。"天下玉，扬州工"是对当今扬州玉器的最高褒奖，作为扬州玉器代表性企业，扬州玉器厂有限责任公司是中国工艺美术协会玉器专业委员会主任委员单位、《玉器雕琢通用技术要求》国家标准主要起草单位，是国家商务部命名的首批"中华老字号"企业，也是国家旅游局（现"文化和旅游部"）认定的玉器行业首家全国工业旅游示范点。现有中国工艺美术大师5人，省、市工艺美术大师、名人16人。从全市2023年前三季度文化产业数据看，全市工艺美术品制造、销售行业共有规模以上企业181家，占全市规模及以上文化企业数量的22.77%，营业收入合计55.04亿元，为9108人解决就业，利润总额1.89亿元。

3. 乐器制造业

琴筝是扬州产业的重要文化符号，具有深厚的历史底蕴，在连接市场、吸引工人以及便于模仿和学习、进入门槛不高等方面表现出较强活力，目前已形成比较成熟的体系，涵盖研发制造、销售贸易、艺术培训、文艺展演等全产业链，邗江琴筝行业有着相对厚实的"家底"。2010年8月，邗江区被省文化厅授予"第四批江苏省特色文化之乡（古筝）"称号。2011年，获评"江苏省特色文化之乡（琴筝）之乡"称号。2015年，扬州被中国轻工业联合会、中国乐器协会评为"中国琴筝产业之都"，2021年5月通过复评。2020年7月，邗江被中国曲艺家协会授予"中国曲艺之乡"称号。

2021年，邗江（琴筝）被文化和旅游部命名为"中国民间文化艺术之乡"。在提升琴筝研发制作工艺的同时，邗江还创办了全国首座琴筝艺术博物馆，开展了丰富多彩的琴筝文化交流活动。目前，邗江区统计调查工作已初步完成，经数据处理、数据审核、质量评估等程序，形成了综合统计表。非联网直报法人情况：全区共有553家非联网直报琴筝行业法人企业，本次抽样调查了17家企业。调查显示，17家企业有从业人员132人，实现营业收入4560万元，户均268万元；实现增加值1506万元，户均89万元。根据调查样本户均数据推算，全区553家非联网直报琴筝法人企业预计可实现营业收入148204万元，实现增加值34351万元。个体经营户情况：全区有近1700家琴筝行业个体经营户，本次抽样调查了50户个体户，50个样本中有13家是制造业，其余37家进行琴筝零售、琴筝培训。50户调查样本中从业人员有121人，共实现营业收入4368万元，户均87万元；实现增加值1633万元，户均33万元。根据调查样本户均数据推算，全区1667家个体经营户预计可实现营业收入145029万元，实现增加值55011万元。琴筝特色文化产业总体情况：根据以上非联网直报法人和个体经营户相关调查样本数据计算出户均数据，进而推算相关类别的总体数据，可以推算出全区琴筝特色文化产业2023年主营业务收入（产值）大概在293233万元，实现的增加值大约在104228万元。

三　扬州市特色文化产业集聚区发展问题研究

经调查研究发现，扬州市特色文化产业发展虽整体呈现上升趋势，但在过程中仍存在"模式老旧""流于形式""照搬照抄"等多方面问题，在集聚区的发展过程中，文化传承和产品经营不协调、产业集聚效应不显著等多方面问题较为突出。

1. 集聚区建设滞后，产业经营情况不佳

从最新公布的《2023年关于公布江苏省文化产业示范基地创建单位和培育对象名单的通知》中可知，全省共22家通过江苏省文化产业示范基地创建单位认定，扬州仅有1家单位（江苏笛莎公主文化产业股份有限公司）入选，其余地级市中，苏州入选4家，南京、无锡、常州各3家，南通、淮安各2家，徐州、连云港、泰州、宿迁各1家，对比全省名单，扬州的文化产业园区、基地建设仍有较大的发展空间（见表1）。另外，全市特色文化产业集聚区建设不完善，从2022年全市省级以上文旅产业园区情况来看，全市共有6个省级园区，其中扬州影视基地在建，扬州486非物质文化遗产集聚区暂无财务数据，古籍线装文化有限公司规模较小（公司人员不足50人）、营收同比下滑超10个百分点，信息产业服务基地（扬州江广智慧新城）集聚企业个数逐年下滑、预计全年单位数同比下降5.9%，就目前来看，扬州集聚区规模小且运营欠佳，大部分未能形成具有影响力的集群效应，聚集区建设相对滞后。

表1 江苏省文化产业示范基地创建单位名单

单位名称	地区
江苏原力数字科技股份有限公司	南京
江苏省舜禹信息技术有限公司	南京
南京一九一二投资集团有限公司	南京
江苏新广联科技股份有限公司	无锡
无锡拈花湾文化投资发展有限公司	无锡
江苏凤凰画材科技股份有限公司	无锡
徐州市文化旅游集团有限公司	徐州
灵通展览系统股份有限公司	常州
吟飞科技（江苏）有限公司	常州
江苏天目湖旅游股份有限公司	常州
友谊时光科技股份有限公司	苏州
同程网络科技股份有限公司	苏州
好孩子儿童用品有限公司	苏州
苏州太湖雪丝绸股份有限公司	苏州
南通市久正人体工学股份有限公司	南通
凯盛家纺股份有限公司	南通
江苏鸿奥信息科技有限公司	连云港
淮安西游产业集团有限公司	淮安

续表

单位名称	地区
江苏科学梦创展科技有限公司	淮安
江苏笛莎公主文化产业股份有限公司	扬州
江苏时代演艺设备有限公司	泰州
江苏机器时代文化创意有限公司	宿迁

资料来源：扬州市统计局课题组。下同。

2. 特色产业创新意识不足，产业只集不聚

以乐器制造行业为例，扬州作为琴筝产业集聚度较高的地区，拥有琴筝企业280余家，2023年前三季度扬州市规模以上文化制造行业企业仅有8家，营收合计3473万元，多数小型乐器厂以代工为主，产业只集不聚、宣传力度偏小，未能对全市文化产业发展、文化名牌传播带来应有的推动作用。另外，扬州市在库的规模以上文化产业企业多以进行中低端制造供给为主，而智能设备、设计研发类高端文化制造业发展主要依靠几家企业拉动，早期扬州市工业企业由于技术水平低、基础薄弱，为了提高工业的基本实力，把主要力量放在外延扩大再生产上。但当我们的工业有了一个初步基础后，就应及时扩大再生产，将主要投资放在发展科技生产力上，尤其是具有扬州特色的玉器、剪纸、毛绒玩具等企业的科技投入小，产能有限，代工利润偏低，企业发展受上游订单影响严重、难以控制行业走势。以上问题一方面使部分企业一直处于周转资金的过程中难以脱身，另一方面使本土企业难以加入特色产业集聚圈。

3. 集聚区重"品牌"轻经营，文化特色未有效转化为经济增长点

扬州非遗集聚区内聚集玉器、漆器、剪纸、刺绣等多项文化传承，是扬州市重点投资的文化产业项目，而近年来，以486非遗集聚区为代表的集聚区经营效益欠佳，巨额投入并没有带来产业的突飞猛进，定位很高但贡献较小，据了解，目前486非遗集聚区内多数为培训机构等常规性经营商户，创意型企业等则经营不佳且规模较小，相关文化传承以及经营宣传未能破圈、总体中规中矩，目前计划将486非遗集聚区从景区迁址广陵，因此，仅仅坚持传统大师发展路线远远不够，亟须进行现代创意元素、经营手段的融合，提高文化产品的可消费性及传播性。

四 扬州市特色文化产业集聚区提档升级的对策建议

1. 激发产业活力，推动特色文化向外传播

以跨江融合为契机，做大做强传统产业集聚，在跨江融合发展"一市一试点"的背景下，在交通全面接轨南京"半小时都市圈"和长三角"一小时经济圈"的条件下，扬州积极融入华东市场，打造扬城特色文化品牌，进一步锁定更多文化消费产品。围绕扬城特色继续举办"烟花三月"国际经贸旅游节、世界运河名城博览会等节庆活动，广泛举办城市宣传、品牌推介等活动，利用各类经贸、文化、体育、会展等平台宣传扬州文化品牌；创新宣传营销手段，运用网络等媒介和微博、微信等移动新媒体，采取纪录片、主题歌、微电影等多种形式推广扬州文化品牌，吸引更多游客，从而带动玩具、漆器、乐器等带有地区特色的集聚型产业的发展。

2. 提升本土企业创新热情，以多行业融合发展推动新时代集聚区形成

创新资金是在企业能力提升过程中的重要投入，扬州应为企业提供良好的财政政策和税收政策，实行税收优惠补贴，为企业创新成果转化提供资金支持。在加快科技成果转化的同时，向社会释放了鼓励企业家创新的政策信号；探索文化+科技、文化+创新等形式的产品产出，通过设立相关评审会、举办文化项目比赛等多种形式推动本土特色产品产出，推动项目研究并使成果在扬州市落地转化，为企业文化+创新驱动、文化+科技引领发展厚植沃土，同时，行业+的发展模式必然带来相关企业的合作发展，从而以多行业融合发展的模式推动新时代集聚区的形成。

3. 优化集聚区产业配套，形成板块融合的特色消费模式

行业发展的重要基础是经营，为改变扬州文化产业传承与经营不协调的发展现状，集聚区须统筹产业链全流程，从前期产业设计、宣传到后期产品销售、维护，以及周边服务的开发涉及多流程多行业，须发挥企业联盟作

用，通过搭建公共服务平台或协调管理公司等多种模式推动集聚区内多企业联动，完善传统文化生产和传播模式，培育新的文化业态，以各产业区特色为依据，培育、招引一批配套性服务商户，优化集聚区产业配套，形成板块融合的特色消费模式，推进文化产业升级，延伸文化产业链，提高文化产业整体技术水平和核心竞争力。

B.19

2023年度扬州放大"世界美食之都"
品牌建设发展报告

扬州市商务局课题组*

摘　要：　2019年，扬州入选联合国教科文组织创意城市网络，成为中国第4个"世界美食之都"。作为"三都"国际名片之一，扬州对"世界美食之都"的名片高度重视，将"世界美食之都"建设置于城市发展战略体系中，推动产业提质增效，加强对外交流合作，系统打造扬州美食文化品牌，多角度展现扬州美食文化魅力，全面擦亮"世界美食之都"金字招牌，为推动城市高质量发展、提升城市国内外影响力、建设"强富美高"新扬州增添了新动能。

关键词：　扬州　世界美食之都　品牌建设

美食是扬州的显著标识和闪亮名片。近年来，扬州以美食为媒介，积极为"世界美食之都"建设营造良好发展环境，深耕产业谋创新，厚植优势促发展，大力弘扬淮扬美食文化，全力打造扬州"世界美食之都"品牌，助推美食产业发展迈上了新的台阶、取得了新的成绩。

---

*　课题组负责人：赵欣仪，扬州市商务局党委委员、口岸办副主任。课题组成员：李冉冉，扬州市商务局商贸流通处处长；褚哲源，扬州市商务局商贸流通处二级主任科员（执笔人）；胡翔宇，世界美食之都建设促进中心管理岗九级；朱妍彦，世界美食之都建设促进中心管理岗九级。

一　扬州"世界美食之都"建设情况①

1.美食产业品牌发展初具规模

（1）餐饮业复苏迅速。2023 年，全市餐饮营业额实现 236 亿元，同比增长 20.4%，增幅排名为全省第 2；限上餐饮企业 686 家，全年实现营业额 57.4 亿元，同比增长 56.1%；全市餐饮企业 1.5 万余家，带动近 24 万人就业，全市接待过夜游客数比 2019 年增长 18%。大力推进扬州餐饮品牌化、特色化、国际化发展，趣园茶社、山·餐厅分别荣膺"黑珍珠"二钻、一钻餐厅，冶春、扬城一味、富春等本土企业实现北京、南京、新疆等地连锁布局。

（2）食品工业量质齐升。形成传统食品业、饮料制造业、油米加工业、水产加工业和生物科技业五大优势产业，2023 年，全市食品生产企业实现开票销售额 216 亿元，同比增长 32%；全市规模以上食品企业共 117 家，其中年开票销售额过 5000 万元企业达 50 家，规模以上食品企业数量逐年增长。特色食品扬州包子年销售额近 10 亿元，远销欧洲、美国、日本等 20 多个国家和地区；扬州鹅、酱菜、莲藕、茶食、高邮鸭蛋等传统产品实现工业化生产。

（3）特色农业稳中向好。发挥全国重要商品粮基地和水禽水产主产区优势，累计创成县级以上龙头企业 515 家，其中国家级 5 家、省级 71 家，省级以上龙头企业年销售额达 260 亿元；宝应荷仙集团入选中国农业企业 500 强。集中力量打造宝应湖农产品加工集中区、高邮鸭业园区等 4 个省级农产品加工集中区，入驻企业 78 家，年销售额达 152 亿元。"两品一标"（绿色食品、有机食品、地理标志农产品）总数达 416 个，绿色优质农产品比重超 80%，居全省前列。"高邮鸭蛋"品牌入选 2023 年农业品牌精品培

---

① 本报告数据来源于扬州市统计局、商务局、工信局、农业农村局、市场监管局、文广旅局、人社局、民政局、总工会、外办等部门，江苏扬州食品产业园，以及扬州市餐饮烹饪行业协会、扬州市淮扬菜厨师协会等行业协会。

育名单，品牌价值达 265 亿元。

2. 美食载体品牌构建取得突破

（1）打造节庆品牌。持续举办中国（扬州）国际创意美食博览会、中国扬州淮扬菜美食节、中国早茶文化节等活动，开展早茶品鉴周、东南亚美食品鉴周等系列活动。推动各地开展宝应荷藕节、高邮大虾节、高邮双黄鸭蛋节、仪征"绿杨春早"茶文化节、黑莓文化节、邵伯湖龙虾节、宜陵螺蛳节、邗江沿湖村渔文化节、蒋王果蔬采摘节、万福烟火夜市等地方节庆和餐饮促消费活动 20 余场，进一步打响扬州特色消费节庆品牌。

（2）打造美食载体。形成以美食街区、商业综合体美食广场、美食展示场馆、代表性美食体验店为主体的空间布局，认定东关街、皮市街、邵伯龙虾一条街等"世界美食之都"示范街区 3 条、"世界美食之都"示范店 36 个，建成"世界美食之都"展示馆、中国淮扬菜博物馆，融合扬州扬剧、评话、清曲等传统文化，推出一批淮扬美食书场，打造喜马拉雅美食书房。推动东关街、北护城河街区、扬州三把刀特色步行街等优化餐饮业态布局，进一步推动美食与旅游创新融合发展。

（3）打造产业园区。形成"1 个食品专业园区"（扬州食品产业园），"2 个特色农副产品加工集聚区"（沿宝应湖及丹宝明公路沿线粮油及藕制品加工集聚区、沿高邮湖禽蛋及水产品加工集聚区），"3 大农业产业示范园"（广陵区现代农业产业示范园、高邮八桥现代农业产业示范园、宝应县现代农业产业园）的食品产业集聚格局。扬州食品产业园围绕食品加工制造、冷链物流、工业旅游三大板块加快基础设施建设，入驻企业 148 家，2023 年实现开票销售额 70 亿元、冷冻市场交易额超 40 亿元。

3. 美食共享品牌打造成效显著

（1）推动美食惠民。持续关注青少年群体、特殊群体，为老年和残疾群体提供家门口的暖心饭，建设"颐食无忧"助餐点 30 余家。强力保障食品安全，在全市建成 500 家餐饮质量安全示范店、100 家放心肉菜超市、30 条餐饮质量安全示范街区、10 家"营养健康餐厅"。全市建成"职工好食堂"300 余家，覆盖职工就餐人数约 30 万人。开设淮扬菜厨师大讲堂、成立江苏省中小学生职业体验中心，面向市民、游客提供健康食谱教学等，参与人次达 3 万余人。

（2）开展全民食育。认定扬大旅游烹饪学院、扬州市淮扬菜厨师协会等食育基地 5 家，加快"非遗传承人研培基地""中国烹饪大师培训基地"建设步伐，2023 年认定发放烹调师、面点师行业资格证书 2000 多张。在全国、全省率先推行企校双师培养、工学一体的企业新型学徒制人才培养模式，培育餐饮类企业新型学徒 2000 余名。举办中国淮扬菜（扬州狮子头）制作技艺大赛、扬州市"职工好食堂"厨师技能竞赛、淮安·扬州淮扬菜美食名店名匠挑战赛等竞赛活动，促进行业交流提升。

（3）强化传承创新。拥有饮食类 75 项非遗项目、34 个中国地理标志商标、4 个"中华老字号"，"扬州富春茶点制作技艺"被列入联合国教科文组织人类非遗代表作名录，出版《中国淮扬菜志·扬州》《非遗美食品鉴指南》等书籍；共制定省级地方标准《淮扬菜通用规范》1 项，市级地方标准 21 项（淮扬菜系列菜品标准 11 项、淮扬菜系列宴席标准 7 项和淮扬菜系列品鉴与服务标准 3 项），团体标准 13 项，联合扬州大学建设淮扬菜质量安全研究中心，在淮扬菜标准化、工业化等方面实现新突破。

4. 美食宣传品牌塑造日益多元

（1）加强对外交流。面向南京大学生推出"青享码"美食优惠推广套餐，赴澳门、顺德、成都、潮州、淮安等地开展国内"世界美食之都"交流活动。举办海外惠侨工程"中餐繁荣工作"研讨暨海外推广活动。冶春、扬城一味等扬州餐饮企业赴迪拜世界博览会、江苏国际文化贸易展览会进行展览展销，向全世界展示来自东方的扬州味道。实施"经典淮扬菜海外推广计划"，建设中餐海外推广中心、扬大旅烹学院中餐繁荣基地，推动国内外中餐业联动发展。

（2）深化国际合作。参加联合国"文化与可持续发展"高级别会议，联合国教科文组织水资源、特大城市和全球变化国际会议，教科文组织支持非洲优先高级别对话会等；与法国奥尔良市联合发布首个国际城市间合作制定的地方标准——《国际游客淮扬美食品鉴与服务指南》。有力推动中意

（扬州）美食产业园项目建设，举办中意（扬州）美食产业交流活动、中意（扬州）美食文化展等活动，签约星迪蓝连锁集团冰淇淋加工项目、意大利Bella Vita 餐厅项目等 4 个项目。

（3）强化宣传推广。强化扬州"世界美食之都"logo、扬州美食 IP 形象——绣虎、扬州美食地图、早茶地图、扬州美食数字藏品等 IP 应用，持续建设扬州"世界美食之都"微信公众号、抖音号、小红书号。打造 Find China in Yangzhou 国际传播新媒体矩阵，与《中国日报》、新华社各类主流媒体加强合作，在海外华文媒体开设扬州"世界美食之都"专版，邀请外籍友人参加"发现江苏·寻味美食之都扬州""外国友人品味扬州"等系列活动。

二 扬州"世界美食之都"建设存在的主要问题

目前，虽然扬州市"世界美食之都"建设成效显著，美食产业呈现良好局面，城市影响力日益提升，但与其他先进地区相比，"世界美食之都"建设在一些方面还存在明显的短板弱项。

1. 产业规模效应还未成型

扬州市美食产业龙头数量偏少、规模总量偏小，难以形成产业集聚、企业"抱团"的规模效应。以食品企业和餐饮企业为例，同为"世界美食之都"的淮安食品产业发展迅速，初步形成"县县有特色、区区有招牌"的独特美食格局，而扬州市无论是规模以上食品企业数量还是食品企业开票销售额在省内均没有优势；全市餐饮企业数量偏少，中央厨房企业仅 10 余家，且存在"小而散"特征，与国内知名江浙菜餐饮公司相比，餐饮企业规模、盈利能力、管理水平存在较大差距。

2. 产业链条有待拉长完善

产业融合发展不够，农产品种养、现代化活禽屠宰、水产品批发市场对扬州美食产业的衔接度不高、支撑力不强。大多数企业的上游研发设计环节薄弱，也没有向产业链下游的渠道与服务环节延伸，商超等市场渠道没有充分打开，市场渠道瓶颈明显。在规上食品企业中粮油加工、其他农副产品加工等初加工企业数占比近七成，企业产品结构单一，大多为粗加工产品，缺少像漯河双汇、嘉兴五芳斋、镇江恒顺醋业等"链主型"核心企业，资源整合能力弱。

3. 特色品牌打造不够充分

与中国（成都）国际美食旅游节、《寻味顺德》、澳门美食节等其他城市知名美食节庆、品牌宣传相比，扬州还缺少在国内外有较大影响力的宣传推广载体，现有的城市节庆活动与美食关联度不够高、叠加效应还不够强，美食产业缺乏整体营销推广，打造新兴消费热点能力有待提高，在运用互联网和新媒体平台加大宣传方面还显不足。对高端美食精品如红楼宴、乾隆御宴、三头宴等的推广力度较弱，美食单品、精品、组合的系统研发和推广营销亟须发力。

三 扬州"世界美食之都"建设的对策及建议

"世界美食之都"建设工作是一项长期、艰巨的系统性工程，是推动扬州文化建设、旅游发展、消费促进的重要依托，要找准扬州的发展方位，明确发展定位，进一步彰显以美食文化为代表的特色优势，夯实产业发展基础，不断培育壮大市场主体，擦亮"世界美食之都"金字招牌。

1. 强化系统谋划，健全工作推进体系

（1）加强组织领导。充分发挥全市"世界美食之都"建设领导小组作用，建立健全联席会议制度，统筹推进各项工作。强化工作联动，形成市商务局牵头，市各相关部门积极配合，各县（市、区）、功能区主动参与的工作格局。

（2）加强规划布局。在扬州全市域确定均衡布局、点面结合、功能综合、体系整合的空间布局目标，对目前主要集聚在中心城区呈单核心的布局模式进行优化，与大运河文化带扬州段充分衔接，形成"一核一带、四片区、多点辐射"的餐饮业空间结构。

（3）推动政策落地。加快落实扬州"世界美食之都"建设"十四五"规划、推进"世界美食之都"建设若干意见，将"世界美食之都"建设目标任务具体化、条目化、项目化，通过分解落实、督察考核、严格奖惩，确保各项任务落到实处，让广大市民和游客切实享受到"世界美食之都"建设成果。

（4）招引重点项目。聚焦预制菜、健康食品、新式餐饮等热门产业风口，瞄准国内食品行业龙头企业，围绕食品加工、科技研发项目等重点进行美食主题招商推介和专题拜访，推动食品产业扩能增效，实现产值、利税和就业同步增长。

2. 培育市场主体，做强美食产业链条

（1）扶持龙头企业。积极招引国内外知名企业与扬州市企业合作，打造一批销售额过亿元食品企业。支持国有企业、老字号企业建立现代管理制度，采取集中采购、统一配送、网络营销等经营模式。鼓励有实力的食品生产和餐饮企业通过兼并、收购、参股等方式大力开拓市外市场。

（2）建强产业园区。推动扬州食品产业园完善软硬件设施，围绕新式餐饮、食品制造、冷链物流、研发平台前瞻布局，探索"基地+餐饮加工集中区+门店"产业化联合模式，持续引进科研、进出口、检测、流通、培训、餐饮等各类食品产业配套项目。支持扬州国家农业科技园、扬州大学现代农业科教示范园区、宝应现代农业产业示范园等园区招引有实力的企业落户发展，加快建设华东地区"中央厨房"，进一步开拓扬州特色美食产品的市场。

（3）创新产业体系。鼓励企业自主创新，深化新一代信息技术与先进食品制造技术集成应用，加快拓展鲜切净菜、冷冻食品、调理食品、健康轻食等多种产品类型，大力推动狮子头、扬州老鹅等本土特色食品向预制菜品类转型升级，推动开发淮扬美食特产文创食品；提升知名淮扬小吃、经典菜品和特色原辅料标准化水平，鼓励各地将地方农副产品进行深加工后进入市场。

3. 实施重点项目，打造特色美食载体

（1）打造特色名品。深入推进"两品一标"（绿色食品、有机农产品和农产品地理标志）美食品牌培育工程，积极推进水生蔬菜、水产、禽蛋等扬州特色品种培优、品质提升、品牌打造和标准化生产，积极打造"高邮鸭蛋""宝应荷藕""绿杨春茶""扬州包子""扬州炒饭""扬州酱菜"等一批叫响全国的美食名片。

（2）打造扬州名店。持续评选、培育一批扬州"世界美食之都"示范店；支持餐饮企业不断提高经营服务水平，争创"中华老字号""中华餐饮名店"；鼓励支持有实力的餐饮企业连锁经营，大力招引米其林、"黑珍珠"，以及鲁、川、粤等菜系知名品牌落户扬州。

（3）打造美食名街。打造康山园主题街区，重点依托中国淮扬菜博物馆展示区和体验区，丰富沉浸式文旅餐饮消费体验；打造长春路高端美食集聚区，用好趣园、扬州宴、山餐厅等本土品牌优势，培育招引高端餐饮项目，树立区域美食新标杆；打造北护城河集聚区，重点依托虹桥坊、红园等北护城河沿岸餐饮业态，推动美食消费和夜经济集聚发展。

（4）打造特色体验。推广淮扬美食品鉴中心、美食书场、喜马拉雅美食书房等特色项目，推出精品热门美食旅游线路，丰富"夜品扬味"体验，将扬州美食文化变为可视、可听、可触、可取的"四可"实物，促进美食与旅游、文化等产业融合发展。

4. 做强教育培训，促进美食文化传播

（1）加强文化保护。强化美食非遗技艺传承保护和活态应用，推动淮扬菜烹饪技能大师工作室、名师工作室等建设。支持协会和企业制定淮扬菜国家标准、地方标准，鼓励餐饮企业创新制作技艺、研发新菜品，从而提高美食品质。

（2）加强人才培养。整合扬州现有高校科教资源，加快培育食品产业经营管理人才、科技领军人才和生产研发人才。推行企校双师培养、工学一体的人才培养新模式。支持扬州大学等高校的中餐繁荣基地、中国非遗传承人群研培基地、中国烹饪大师培训基地建设，推动优质教育资源和高层次人才对外输出。

（3）加强赛事交流。充分发挥工会、行业协会等社会团体作用，积极参加并招引中国烹饪世界大赛等各类国际国内顶级餐饮赛事，组织开展餐饮职业技能评定、竞赛交流、技能比武等各类专业活动，进一步提升行业人员职业水平，促进美食文化交融互鉴，宣传展示扬州特色饮食文化。

5. 打造宣传矩阵，提高扬州品牌影响力

（1）培育品牌活动。进一步提高中国早茶文化节、中国扬州淮扬菜美食节等节庆的影响力，努力打造具有较高知名度、影响力和吸引力的品牌节庆会展。鼓励县（市、区）策划有亮点、参与性强的美食活动，充分利用地标性食材展示本地名宴名菜。创新媒体宣传，组建主流媒体、商业媒体、自媒体和 Find China in Yangzhou 国际新媒体矩阵，多角度报道扬州美食，学习借鉴《寻味顺德》《川味》等美食纪录片，拍摄展示扬州历史文化和特色美食的专题宣传片，在海外华文媒体和大运河传媒等外宣新媒体策划展开一系列专题报道，打造"网红"美食城市。

（2）强化海外推广。依托中国—东盟教育培训中心、烹饪艺术培训基地等，与驻外使领馆、国际机构合作，深入欧美、中东、东南亚、日韩等国家和地区开展"美食扬州世界行"活动。将美食展示融入招商引资活动，服务全市招商引资和项目建设，彰显美食对经济发展的推动作用。

公共服务篇

B.20
2023年度扬州市经营主体发展报告[*]

扬州市市场监督管理局课题组[**]

摘　要： 经营主体是经营活动的重要参与者，也是推动经济持续发展的主要力量。经营主体的活力代表着经济发展的活力。2023年，扬州市市场监督管理局始终坚持"两个毫不动摇"，积极为经营主体创造良好的营商环境，进一步激发经营主体发展活力，促进社会主义市场经济健康发展。下一步，将继续推动经营主体扩量提质、做大做强，为经济社会高质量发展注入强劲动力。

关键词： 经营主体　营商环境　扬州

---

* 本文涉及的经营主体数据均基于原始数据（小数点后四位），其中期末实有、新登记及注销等基础数据对应保留后两位小数点的原始数据，同比、占比及注销比等计算数据是由原始数据根据对应公式计算后得到的数据保留后两位小数点。

** 课题组负责人：黄俊华，扬州市市场监管局党组书记、局长。课题组成员：夏增忠，扬州市市场监管局党组成员、副局长；卞德勇，扬州市市场监管局综合规划处（研究室）处长（主任）；冯蔚，扬州市市场监管局综合规划处（研究室）副处长（副主任）（执笔人）；曹萌，扬州市市场监管局综合规划处（研究室）副处长（副主任）。

一 2023年扬州市经营主体发展情况

2023年，扬州市市场监管部门全面贯彻党的二十大精神，紧紧围绕市委"发力奋进年"总体要求，以服务高质量发展为导向，坚持"拉高线、求突破、争一流"，持续营造良好的营商环境，不断激发经营主体发展活力，全力促进经营主体健康发展，进一步推动经营主体扩量提质。2023年扬州市经营主体发展现状主要呈现以下特点。

1.经营主体总量增速放缓

截至2023年12月22日，扬州市实有经营主体70.16万户，比2022年同期增长1.13%。其中，国有、集体及其控股企业1.60万户，占比2.27%，较2022年同期增长1.11%；私营企业21.04万户，占比30.00%，较2022年同期增长6.20%；外商投资企业0.22万户，占比0.32%，较2022年同期下降0.44%；个体工商户47.07万户，占比67.09%，较2022年同期下降0.97%；农民专业合作社0.23万户，占比0.32%，较2022年同期增长0.35%。由表1可以看出，2023年扬州市经营主体总数与2022年相比增幅不大，同比增长率更是远低于2022年。其中，从期末实有数来看，国有、集体及其控股企业，外商投资企业和农民专业合作社经营主体总数与2022年相比基本持平。从同比增幅来看，在经营主体总数中占比最高的个体工商户的增长率为负值，远低于2022年；占比居第二的私营企业的增长率较2022年稍有提高。

表1 2023年扬州市经营主体总数增量一览

经营主体类型	截至2023年12月			截至2022年12月		
	期末实有数（万户）	占比（%）	比2022年同期增幅（%）	期末实有数（万户）	占比（%）	比2021年同期增幅（%）
合　计	70.16	—	1.13	69.38	—	11.78
国有、集体及其控股企业	1.60	2.27	1.11	1.58	2.28	-1.13
私营企业	21.04	30.00	6.20	19.82	28.56	5.82

经营主体类型	截至 2023 年 12 月			截至 2022 年 12 月		
	期末实有数（万户）	占比（%）	比 2022 年同期增幅（%）	期末实有数（万户）	占比（%）	比 2021 年同期增幅（%）
外商投资企业	0.22	0.32	−0.44	0.23	0.33	−0.09
个体工商户	47.07	67.09	−0.97	47.53	68.51	15.13
农民专业合作社	0.23	0.32	0.35	0.22	0.32	−2.25

资料来源：扬州市市场监督管理局。

2. 新登记经营主体增幅稍有回落

2023 年扬州市新登记经营主体 10.40 万户，同比下降 10.16%。其中，国有、集体及其控股企业 0.18 万户，占比 1.72%，同比下降 23.14%；私营企业 2.78 万户，占比 26.77%，同比下降 7.95%；外商投资企业 0.02 万户，占比 0.16%，同比增长 33.33%；个体工商户 7.40 万户，占比 71.19%，同比下降 10.76%；农民专业合作社 0.02 万户，占比 0.17%，同比增长 63.81%。2023 年新登记经营主体总数较 2022 年有所回落，如图 1 所示，主要是因为占比最高的个体工商户新登记数较 2022 年稍有下降，同时国有、集体及其控股企业和私营企业新登记数从 2021 年到 2023 年逐年下降。从同比数据来看，2023 年新登记外商投资企业和农民专业合作社同比增长率远高于 2021 年、2022 年，2023 年国有、集体及其控股企业和私营企业新登记同比增长率则是 2021~2023 年最低。

3. 个体工商户注销数量激增

2023 年扬州市注销各类经营主体 9.59 万户，同比增长 126.06%。其中，注销国有、集体及其控股企业 0.16 万户，同比下降 36.43%；注销私营企业 1.55 万户，同比下降 18.95%；注销个体工商户 7.86 万户，同比增长 281.99%。从注销同比数据来看，国有、集体及其控股企业和私营企业 2023 年新注销同比数据是 2021~2023 年最低的。从新注销数量来看，2023 年扬州市经营主体合计的注销户数超出 2021 年与 2022 年的累计值，其中，注销个体工商户数量已达到 2022 年的 3 倍多，如图 2 所示。

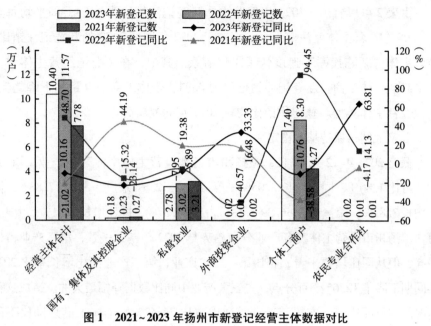

图1　2021~2023年扬州市新登记经营主体数据对比

资料来源：扬州市市场监督管理局。

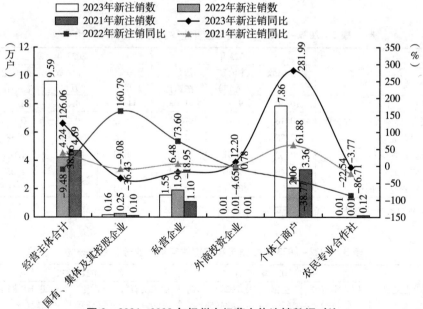

图2　2021~2023年扬州市经营主体注销数据对比

资料来源：扬州市市场监督管理局。

由表2可以看出，2023年经营主体新登记注销比为1.08，即平均每登记1.08个经营主体就注销1个，相较于2022年同期2.73的新登记注销比，经营主体"新陈代谢"速度快了1倍有余。其中，在新登记经营主体中占比最高的个体工商户新登记注销比仅为0.94，个体工商户存量呈下降趋势，其他经营主体类型新登记注销比均较2022年同期略高。

4. 产业结构保持基本稳定

截至2023年12月22日，在扬州市各类经营主体中，第一产业1.26万户，占比1.80%，同比增长3.05%；第二产业12.51万户，占比17.83%，同比增长3.82%；第三产业56.39万户，占比80.37%，同比增长0.51%。由表3可知，扬州市经营主体实有产业分布趋势与2022年基本一致，第三产业占比最高，但从同比增幅来看，相比第一、二产业，第三产业同比增长率比2022年同期下降了12.65个百分点，是三大产业中同比数据降幅最大的。造成这种情况的主要原因是，在第三产业总数中占比74.42%的个体工商户同比下降1.53%，增速比2022年同期（15.71%）下降17.24个百分点。

表2　2022～2023年扬州市经营主体新登记注销数对比

经营主体类型	2023年			2022年		
	新登记数（万户）	注销数（万户）	新登记注销比	新登记数（万户）	注销数（万户）	新登记注销比
合　计	10.40	9.59	1.08	11.57	4.24	2.73
国有、集体及其控股企业	0.18	0.16	1.14	0.23	0.25	0.95
私营企业	2.78	1.55	1.79	3.02	1.91	1.58
外商投资企业	0.02	0.01	1.22	0.01	0.01	1.02
个体工商户	7.40	7.86	0.94	8.30	2.06	4.03
农民专业合作社	0.02	0.01	1.12	0.01	0.01	0.66

资料来源：扬州市市场监督管理局。

表3　2022～2023年扬州市经营主体实有产业分布数据一览

产业类型	截至2023年12月			截至2022年12月		
	期末实有数（万户）	占比（%）	比2022年同期增幅（%）	期末实有数（万户）	占比（%）	比2021年同期增幅（%）
合　计	70.16	—	1.13	69.38	—	11.78
第一产业	1.26	1.80	3.05	1.23	1.76	14.35

产业类型	截至 2023 年 12 月			截至 2022 年 12 月		
	期末实有数（万户）	占比（%）	比 2022 年同期增幅(%)	期末实有数（万户）	占比（%）	比 2021 年同期增幅(%)
第二产业	12.51	17.83	3.82	12.05	17.37	5.55
第三产业	56.39	80.37	0.51	56.10	80.87	13.16

资料来源：扬州市市场监督管理局。

　　在 2023 年扬州市新登记各类经营主体中，三大产业结构分布与 2022 年相比变动不大。第三产业 8.75 万户，在三大产业的新登记经营主体数中排在首位，占比 84.11%，同比下降 12.57%。其中，个体工商户 6.57 万户，占新登记第三产业户数的 75.12%，同比下降 14.44%，远低于 2022 年同期数据；外商投资企业 128 户，占比 0.15%，同比增长 37.63%，增速比 2022 年同期（-38.41%）提高 76.04 个百分点（见图 3）。在三大产业中排名第二的是第二产业，新登记 1.42 万户，占比 13.67%，同比增长 3.54%。处于末位的是第一产业 0.23 万户，占比 2.22%，同比增长 16.84%。

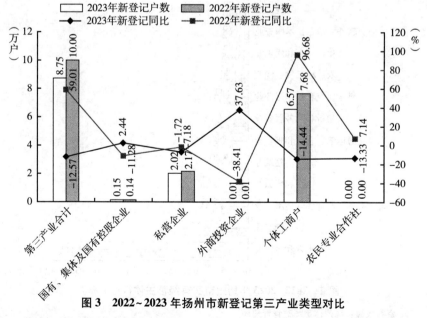

图 3　2022~2023 年扬州市新登记第三产业类型对比

资料来源：扬州市市场监督管理局。

5. 批发和零售业存量有所下降

截至 2023 年 12 月 22 日, 在扬州市实有经营主体总数中, 从所属行业类别看, 实有经营主体数量排名前三的行业是: 批发和零售业 (32.93 万户), 制造业 (8.77 万户), 居民服务、修理和其他服务业 (5.39 万户), 分别占经营主体总数的 46.93%、12.50%、7.68%, 同比增长率分别为 −3.20%、1.04%、2.31%。其中, 批发和零售业实有户数比 2022 年有所下降, 其他行业经营主体总户数基本稳步发展。2022 年与 2023 年实有经营主体行业具体数据对比见图 4。

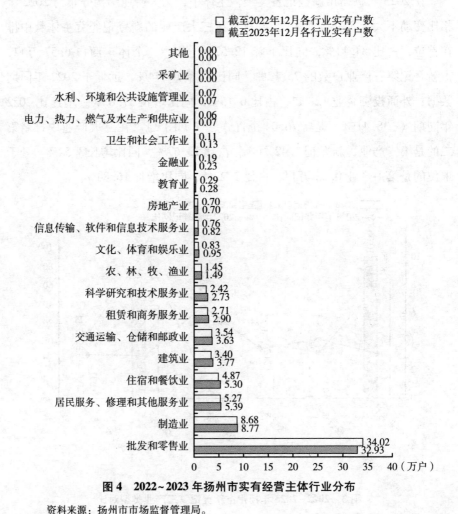

图 4　2022~2023 年扬州市实有经营主体行业分布

资料来源: 扬州市市场监督管理局。

在 2023 年扬州市新登记经营主体中，数量位居首位的行业是批发和零售业，5.39 万户，占比 51.84%，同比下降 20.48%；排名第二的是住宿和餐饮业，0.86 万户，占比 8.27%，同比增长 19.50%；排名第三的是制造业，0.82 万户，占比 7.85%，同比增长 7.18%。在 2023 年新注销经营主体中，排名前三的行业是批发和零售业，制造业，居民服务、修理和其他服务业，占比分别为 67.32%、7.79%、5.56%。如图 5 所示，从经营主体新登记注销比来看，金融业（5.06），卫生和社会工作业（3.23），文化、体育和娱乐业（2.77），科学研究和技术服务业（2.56）这四个行业新登记注销比大于 2.5，经营主体存活度较高。批发和零售业、教育业、采矿业这三个行业新登记注销比分别仅有 0.83、0.69、0.20，经营主体存量下降趋势明显。

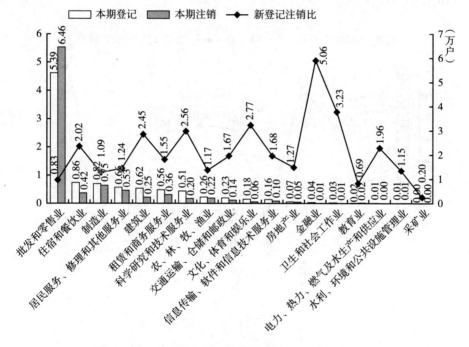

图5 2023 年扬州市新登记、注销经营主体行业数据对比

资料来源：扬州市市场监督管理局。

6. 区域发展存在较大差距

截至 2023 年 12 月 22 日，扬州市实有经营主体总数排名前三的地区分别是邗江区（13.14 万户）、江都区（12.25 万户）、高邮市（10.87 万户），占比分别为 18.73%、17.46%、15.49%。位于末三位的地区分别是经济技术开发区、蜀冈—瘦西湖风景名胜区、生态科技新城，这三个地区的实有经营主体总数共占全市的 9.73%。从经营主体发展速度来看，与 2022 年同期相比，经济技术开发区、蜀冈—瘦西湖风景名胜区、宝应县这三个地区实有经营主体总数增长较快，同比增幅分别为 8.91%、7.14%、4.10%。实有经营主体数量减少的三个地区分别是：江都区、仪征市、高邮市，同比增幅分别为 −2.98%、−2.58%、−1.84%。2023 年扬州市期末实有经营主体区域分布情况如图 6 所示。

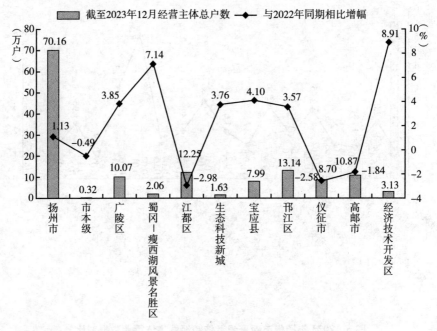

图 6　2023 年扬州市期末实有经营主体区域分布

资料来源：扬州市市场监督管理局。

在 2023 年扬州市新登记经营主体中，排名前三位的地区分别是：邗江区、仪征市、宝应县，分别是 2.15 万户、1.91 万户、1.34 万户，占比分别为 20.66%、18.32%、12.93%。由图 7 可以看出，2023 年经营主体注销数位于前三的地区分别是：仪征市、邗江区、高邮市，占比分别为 22.36%、17.70%、16.30%。经营主体新登记注销比小于 1、经营主体存量呈下降趋势的地区有仪征市（0.89）、高邮市（0.86）、江都区（0.78）。

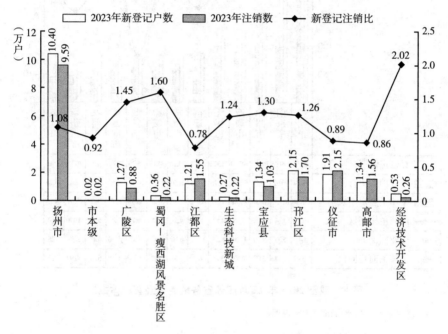

图 7　2023 年扬州市新登记、注销经营主体区域分布

资料来源：扬州市市场监督管理局。

7. 经营主体总量在全省排名靠后

截至 2023 年 12 月 22 日，扬州市实有经营主体 70.16 万户，列全省第 12 位。其中，实有企业 22.87 万户，列全省第 8 位；实有个体工商户 47.07 万户，列全省第 12 位。如图 8 所示，全省各市实有经营主体同比曲线与实有个体工商户同比曲线走向基本保持一致，也就是说，因为个体工商户占各类经营主体总数的比重很高，各地经营主体总量的增速与实有个体工商户的增长

率高度相关。虽然扬州市实有个体工商户总数同比增幅为负值，实有个体工商户存量有所下降，但由于实有企业数量同比增长 5.76%，实有经营主体总户数比 2022 年略有增加，同比增幅列全省 11 位。

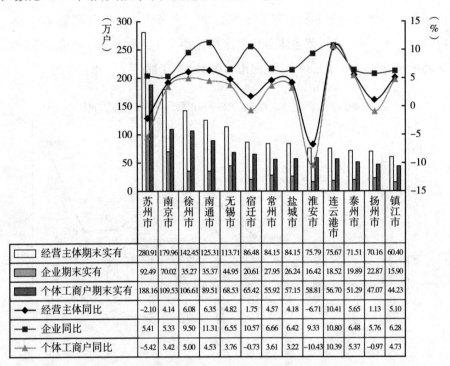

	苏州市	南京市	徐州市	南通市	无锡市	宿迁市	常州市	盐城市	淮安市	连云港市	泰州市	扬州市	镇江市
☐ 经营主体期末实有	280.91	179.96	142.45	125.31	113.71	86.48	84.15	84.15	75.79	75.67	71.51	70.16	60.40
▨ 企业期末实有	92.49	70.02	35.27	35.37	44.95	20.61	27.95	26.24	16.42	18.52	19.89	22.87	15.90
▓ 个体工商户期末实有	188.16	109.53	106.61	89.51	68.53	65.42	55.92	57.15	58.81	56.70	51.29	47.07	44.23
◆ 经营主体同比	-2.10	4.14	6.08	6.35	4.82	1.75	4.57	4.18	-6.71	10.41	5.65	1.13	5.10
■ 企业同比	5.41	5.33	9.50	11.31	6.55	10.57	6.66	6.42	9.33	10.80	6.48	5.76	6.28
▲ 个体工商户同比	-5.42	3.42	5.00	4.53	3.76	-0.73	3.61	3.22	-10.43	10.39	5.37	-0.97	4.73

图 8　截至 2023 年 12 月江苏省各地实有经营主体数据

资料来源：扬州市市场监督管理局。

2023 年扬州市新登记经营主体 10.40 万户，列全省第 8 位。其中，新登记企业 2.98 万户，列全省第 10 位；新登记个体工商户 7.40 万户，列全省第 8 位。如图 9 所示，2023 年全省有 6 个城市新登记经营主体同比增长率为负值，分别是：南京市、扬州市、常州市、淮安市、盐城市和镇江市，全省经营主体增速显现减缓态势，这一方面是受到经济下行压力影响，经营主体增速有所放缓；另一方面是省市场监管局为提高经营主体发展质量，对"僵尸户"等进行了全面清理。扬州市新登记经营主体、企业和个体工商户同比数据均为负值，即扬州市新登记企业和个体工商户的户数都小于 2022 年同期。

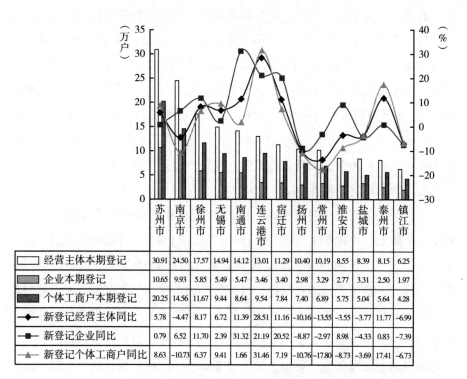

	苏州市	南京市	徐州市	无锡市	南通市	连云港市	宿迁市	扬州市	常州市	淮安市	盐城市	泰州市	镇江市
▢ 经营主体本期登记	30.91	24.50	17.57	14.94	14.12	13.01	11.29	10.40	10.19	8.55	8.39	8.15	6.25
▨ 企业本期登记	10.65	9.93	5.85	5.49	5.47	3.46	3.40	2.98	3.29	2.77	3.31	2.50	1.97
▩ 个体工商户本期登记	20.25	14.56	11.67	9.44	8.64	9.54	7.84	7.40	6.89	5.75	5.04	5.64	4.28
◆ 新登记经营主体同比	5.78	-4.47	8.17	6.72	11.39	28.51	11.16	-10.16	-13.55	-3.55	-3.77	11.77	-6.99
■ 新登记企业同比	0.79	6.52	11.70	2.39	31.32	21.19	20.52	-8.87	-2.97	8.98	-4.33	0.83	-7.39
▲ 新登记个体工商户同比	8.63	-10.73	6.37	9.41	1.66	31.46	7.19	-10.76	-17.80	-8.73	-3.69	17.41	-6.73

图9　2023年江苏省各地新登记经营主体数据

资料来源：扬州市市场监督管理局。

二　扬州市经营主体发展存在的主要问题

从2023年经营主体的发展情况来看，扬州市经营主体发展速度呈放缓态势，主要是受经营主体规模不大、抗风险能力不够、创新能力不足、龙头企业不强等因素的影响。特别是面对当前国内外复杂的经济形势，经营主体发展存在一些亟须解决的问题。

1. 经营主体规模有待扩张

截至2023年12月22日，扬州市实有经营主体总数70.16万户，列全省第12位，仅占全省经营主体总数的4.84%，与省平均水平相差41.46万

户。其中，企业22.87万户，列全省第8位，占全省企业总数的5.12%，与省平均水平相差11.51万户；个体工商户47.07万户，列全省第12位，占全省个体工商户总数的4.71%，与省平均水平相差29.77万户。扬州市实有经营主体总量同比增长1.13%，在全省排名第11位，仅为泰州市（5.65%）的1/5。扬州市每万人拥有企业500家，列全省第5位，比全省平均水平少26家；每万人拥有个体工商户1028户，列全省第11位，比全省平均水平少146户。从上述数据来看，现阶段，扬州市经营主体发展还很不充分。

2. 经营主体质量有待提高

一是个体工商户注销数过高。从2023年扬州市经营主体发展情况可以看出，个体工商户注销7.86万户，同比增长281.99%，注销数量增长太快，主要是因为个体工商户的抗风险能力很弱，加上2023年全球经济下行态势明显、收入不稳定导致消费低迷，以及各类成本过高、电商经济冲击等因素的影响，大量个体工商户抵不住现实压力，只能被淘汰。二是部分企业缺乏竞争力。传统型企业的规模小，业务品种较少且缺乏新意，无法在如今百花齐放的市场中脱颖而出，再加上销售渠道单一，产品销售状况并不佳，而原料、人工等各类成本逐年升高，企业的投入产出比逐年被压缩，甚至出现亏本。三是经营主体数据不够准确。受之前市场退出机制较烦琐、经营户法律和诚信意识淡薄等客观因素的影响，实有各类经营主体中尚存在领取营业执照后不营业、不年报的"空挂户"现象，这种"僵尸户"对经营主体数据的准确性造成影响，容易使数据分析偏离实际，误导相关决策。

3. 经营主体行业分布有待优化

目前扬州市经营主体以服务业为主，其中批发和零售业经营主体数量占比较高，在经营主体期末实有、新登记、注销数量中分别占比46.93%、51.84%、67.32%，均居于行业首位。由新登记和注销数据可以看出，批发和零售业门槛低、规模小、同类竞争严重、存活率不高，导致扬州市经营主体"新陈代谢"过快。同时根据2023年新登记行业分布数据来看，扬州市服务业主要以批发零售、住宿餐饮等传统领域为主，科技、信息等高附加值领域经营主体数量少且实力大多不强，2023年新登记信息传输、软件和信息技术服务业和科学研究和技术服务业的经营主体数量仅分别占比 1.55% 和 4.87%。

4. 经营主体创新能力有待提升

一是经营主体创新实力不强。创新需要人才、资源、平台及法律服务等，对于这些一般中小型经营主体都无法具备。扬州市高附加值领域的经营主体实力不够强大，特别是在互联网软件开发、核心技术、现代物流等方面，发展能级还不够突出。同时扬州企业的研发实力薄弱，缺乏有较大影响力的科技龙头企业，多数企业在扬州本地并无研发投入，科技成果转化效率不高，截至 2023 年 11 月，扬州市有效发明专利 15562 件，列江苏省第 10 位。二是经营主体创新动力不足。扬州市部分经营主体有着小富即安的思想，管理水平不高，发展态度偏保守，对当前涌现的新业态、新模式、新赛道有一定"恐慌"，缺乏追赶时代、驾驭市场的勇气。而创新计划投入多、周期长、风险高，一旦失败损失太大，也限制了经营主体的创新意愿。

5. 经营主体龙头企业有待发展

扬州市龙头企业数量偏少，规模实力相对较弱，能够起到带头作用的企业屈指可数。扬州市 1 家民营企业入围"2023 年中国民营企业 500 强"，这个入围数量在江苏省排名靠后。在江苏省工商联发布的"2023 江苏民营企业 200 强""2023 江苏民营企业制造业 100 强"排行榜上，扬州仅分别有 5 家、2 家企业上榜，与苏南先进地区的差距较大。

三 推进扬州市经营主体高质量发展的对策及建议

经济社会高质量发展离不开经营主体的支撑。针对当前扬州市经营主体发展现状，要宣传落实好相关政策，量质并举、多管齐下，进一步激发创业创新活力，推动经营主体加快发展，不断扩大经营主体规模、提升发展质量。

1. 在优化营商环境上久久为功，帮助经营主体"生得顺"

一是更大力度提升登记注册便利化水平。持续擦亮"好地方、事好办"营商环境品牌，进一步降低经营主体开办制度性成本，推动经营主体发展步入增长"快车道"。巩固开办企业"1 环节、0 费用、8 小时内办结"改革成效。推行变更登记全程电子化。全面实现企业登记"同城通办"、营业执照"同城通取"。进一步提升开办企业服务效能，将电力报装、医保办理等纳入开办企业范围。推进内、外资企业同要素管理、同标准办理。

二是更大力度推进住所（经营场所）改革。巩固经营主体住所与经营场所分离登记改革。继续完善经营主体住所标准化登记。深入推进住所（经营场所）在线核验，逐步扩大自主申报承诺制实施范围。健全住所（经营场所）"负面清单"管理制度，实现"负面清单"在登记系统动态调整，增强"负面清单"公众知晓度，充分发挥"负面清单"指引作用，为经营主体快速、有效进入市场提供便利。深化餐饮店、便利店开办"一件事"改革。

三是更大力度推广应用"电子营业执照"。积极引导各类经营主体下载、使用"电子营业执照"，新设经营主体电子营业执照下载率在 60% 以上，推动存量经营主体下载使用。积极拓展"电子营业执照"应用场景，推动"电子营业执照"在纳税、社保、金融、招投标等高频服务领域的应用，提升经营主体办事便利度。

2. 在强化惠企纾困上持续发力，帮助经营主体"站得稳"

一是完善助企常态化服务。认真贯彻落实《中共中央 国务院关于促进民营经济发展壮大的意见》，积极牵头或参与"扬州企业家日"系列活动，建立政企常态化沟通交流体系，实打实帮助经营主体排忧解难。联合相关部门共同建立"一群一链一顾问"服务民营企业工作机制，牵头开展好"个体工商户服务月"活动，积极主动为经营主体解难题、护权益、促发展。

二是着力帮助企业"减负开源"。加大产品质量检验、计量检测、玉器产品检验、特种设备定期检验等费用减免力度。推进涉企收费专项整治工作，重点对行政部门及下属单位、行业协会商会中介机构、金融机构、港口口岸、水电气等领域收费开展检查，为企业健康发展保驾护航。拓宽知识产权价值实现渠道，鼓励和引导企业通过专利、商标质押贷款，促进"知产"变"资产"。积极争取质量品牌、标准化等专项资金。

三是持续提振企业发展信心。深入贯彻习近平总书记关于民营经济发展的系列讲话精神，加强企业发展预期引导，定期召开全市民营经济高质量发展大会，对企业家"高看一眼、厚爱三分"，树立和宣传优秀企业家、创业典型，切实增强企业家的自豪感、责任感、使命感，让企业家有地位、有荣誉、受尊重。加强对民营企业家的培训与指导，提高企业家经营与管理能力，帮助企业更好应对市场挑战。

3. 在包容审慎监管上严格精准，帮助经营主体"活得好"

一是营造宽松发展环境。深化"六书制"导航式行政合规全过程指导，编制《扬州市场监管系统包容审慎监管政策汇编》，形成具有扬州特色的包容审慎监管政策体系。落实好对"四新经济"包容审慎监管的15条新政，支持新技术新产业新业态新模式健康发展。深化信用分级分类监管，对守法经营者"无事不扰"。针对新产业、新业态、新模式，探索采用"沙盒监管"、触发式监管等模式，为各类经营主体发展营造宽松环境。

二是全力维护公平竞争。完善公平竞争审查制度，全面清理废除各种妨碍统一市场和公平竞争的做法。树牢"打击违法就是保护守法"的监管理念，着力强化反垄断、反不正当竞争执法，让守法经营者更有底气、更加安心。严厉打击假冒伪劣违法行为，加大知识产权保护力度，打造对国企、民企、外企等所有经营主体一视同仁的监管环境，保障各类企业公平参与市场竞争。

三是健全完善信用修复。推动"国家企业信用信息公示系统"和"信用中国"网站信用修复结果共享互认，建立"一网通办、跨平台联动"机制，实现非市场监管部门行政处罚公示一次申请、跨平台修复，有效降低企业塑信成本，提升信用修复效率。鼓励和引导失信当事人主动纠正违法失信

行为,实现"能修尽修""应修必修",助力企业消除不良影响、重塑良好信用。

4. 在助力高质量发展上真抓实干,帮助经营主体"长得壮"

一是在统筹推进"三大战略"上再深化。一体推进质量强市、标准化、知识产权强市等战略,为全市经济高质量发展助力赋能。培育更多争创国家、省、市质量奖企业,优化"质量小哥"服务模式,实现集中上门、综合服务、一次解决。强化标准引领,加大企业标准总监培育指导力度,增强全市企业标准领域话语权。加大知识产权培育、运用和保护力度,推进知识产权强企升级工程,激发企业创新活力。

二是在助力各类主体提档升级上再突破。支持三大产业同步发展、大中小微企业梯次推进,引进与培育并举、增量与提质并重,分类施策、统筹推进,全力构建经营主体发展新格局。支持和引导符合条件的经营主体分类开展"个转企""企升规""规改股""股上市"等提档行动,进一步提升全市经营主体整体质态,推动经济社会发展能级跃升。

三是在扶持特色新兴产业发展上再发力。聚焦全市"613"重点产业体系,坚决扛起新型食品产业"链主"单位职责,做好稳存量、扩增量、提质量各项工作,力争在2024年全市规上食品企业产值增幅达到10%。针对重大食品产业项目开通审批"绿色通道",组织举办中国营养健康食品产业高峰论坛、2024年新型食品产业推介会;推动建立"淮扬菜"预制菜转化中心,助力传统食品产业转型升级。

参考文献

[1] 刘汉伟:《宁波市场主体培育发展存在的问题及对策建议》,《宁波经济(三江论坛)》2023年第3期。

[2] 王常君、张微:《培育和激发黑龙江省市场主体活力的对策研究》,《商业经济》2023年第1期。

[3] 谢丽萍、黄东、谭宇、李梅:《进一步激发市场主体活力 促进经济平稳健康

发展》,《中国市场监管研究》2022年第9期。

［4］吴鑫妮：《优化仪征市营商环境的对策建议》，扬州大学硕士学位论文，2023。

［5］王国明：《着力促进经营主体健康发展——基层市场监管干部谈贯彻落实全国市场监管工作会议精神》,《中国市场监管报》2024年1月5日，第4版。

B.21
2023年度扬州公共就业服务
体系建设发展报告

扬州市人力资源和社会保障局课题组*

摘　要：　党的二十大报告指出，就业是最基本的民生，健全就业公共服务体系，完善重点群体就业支持体系，加强困难群体就业兜底帮扶。人是城市发展的决定性因素之一，而留人的关键在就业，扬州市委八届六次全会提出要深入推进高质量充分就业城市建设，2023年，扬州人社部门围绕这一目标，以"家门口"就业服务站建设为抓手，深入了解基层就业服务现状、取得的成效以及面临的问题挑战，广泛征求各方意见建议，最终形成提升扬州就业公共服务水平、促进高质量充分就业的对策和路径。

关键词：　扬州　公共就业　服务体系

一　现状及成效

（一）总体情况

2023年，扬州市深入贯彻落实习近平总书记关于就业工作的重要指示批示精神，坚持就业优先战略，持续强化就业公共服务供给，着力抓好重点

---

* 课题组负责人：季培均，扬州市人社局党委书记、局长，二级巡视员。课题组成员：杨洋，扬州市人社局党委委员、副局长；张健，扬州市劳动就业服务中心主任；卞力，扬州市人社局办公室副主任（执笔人）。

群体就业帮扶，取得了积极成效。一是政策配套全。为推动《江苏省就业促进条例》落地落细，市就业创业工作领导小组积极实施《"一切为了就业、一切围绕就业、一切服务就业"行动方案》；2023年初，市人大在全省率先通过《关于促进高质量充分就业的决议》；5月，市政府印发《扬州市促进高质量充分就业总体方案（2023~2025年）》；11月，市政府办公室印发《关于优化调整稳就业政策措施 全力促发展惠民生的通知》，一系列政策文件的出台，为扬州健全就业公共服务体系、打造高质量充分就业城市奠定了政策基础。二是平台分布广。大力推进人社服务载体建设，截至2023年末，全市共建成基层人社服务站（中心）1488个（其中服务站1405个，服务中心83个），基本形成市、县、乡镇（街道）、村（社区）四级就业公共服务体系。鼓励引导银行等社会机构参与就业服务，社保卡合作金融机构扩大至19个，建成社银合作网点46个、社保卡服务网点412个，成功上线"社保卡服务网点电子地图"。三是经费保障实。2023年"促进就业创业专项"项目全年支出约1.84亿元，其中市级财政资金8000万元，中央、省级财政资金1.04亿元。市区公共就业服务机构的工作经费由市再就业资金安排，每年安排215万元，主要用于社区平台建设；劳动保障协理员工资纳入各区（功能区）地方财政预算，由各区（功能区）财政统筹安排。四是人员队伍优。重点加强劳动保障协理员队伍建设，开展业务能力培训班19期。全市乡镇（街道）劳动保障协理员共314人，每个乡镇（街道）配备4名劳动保障协理员，其中，大专以上学历272人，占比86.62%，比2020年末（占比78.75%）提高7.87个百分点；村（社区）劳动保障协理员1457人，每个村（社区）至少配备1名劳动保障协理员，大专以上学历1045人，占比71.72%，比2020年末（占比61.36%）提高10.36个百分点，队伍整体素质明显提升。五是经办服务好。按照"数据向上集中、服务向下延伸"的原则，实现"省、市、县（区）、街道（乡镇）、社区（村）"五级联网，信息数据畅通共享，基层公共就业服务事项全面下沉，涵盖就失业服务、就业援助、岗位采集推荐、技能培训、灵活就业社保补贴办理等事项，方便劳动者就近办、快速办、网上办。

（二）特色做法

为更好推进"家门口"就业服务站建设，打通就业公共服务"最后一米"，扬州人社部门通过先试点后推广的方式，创新实施"991"工作法（就就业、久就业、就久业）：促进劳动保障工作人员对辖区内"本地户籍劳动力、非户籍劳动力、登记失业人员、就业困难人员、灵活就业人员、城居保参保情况、老年人与新业态从业人员等新就业群体基本情况、用人单位基本情况、人社政策和服务事项"9个一口清，"就业、创业、人才、培训、社会保险、退休人员服务、新就业群体服务、劳动关系调处、人社服务企业"9项工作服务到家，以及拿出1个创新举措，进一步夯实就业公共服务基层基础。

一是围绕特色做文章，积极打造劳务品牌。各地立足自身实际，结合辖区内劳动力结构特点，积极推动特色产业发展，通过创建劳务品牌，带动当地群众就业增收。江都区商贸城社区牵头建成"都好麦"直播电商基地，帮助一批青年人创业，间接带动辖区制鞋企业发展，创造更多就业岗位；广陵区福成村、仪征市合心村分别依托花卉种植、黑莓种植等产业，采取"村集体+企业+农户种植"模式，带领群众增收致富。成功创成3个省级劳务品牌，涌现一批市级劳务品牌。

二是围绕帮扶聚合力，全力兜牢就业底线。坚持把年龄大、技能缺、学历低、家庭困难等的困难群体就业作为重点，与周边商业综合体、企业结成共建单位，依托辖区企业提供岗位，实现"家门口"就业。邗江区陈家湾社区针对禁捕退捕渔民，成立"渔家行"物业公司，使他们从事保安、保洁工作；开发区梅苑社区针对辖区失地农民，成立"农巧手"楼宇作坊，使他们负责玩具加工；宝应县七里社区针对"无业可就、无工可打、无业可扶"的脱贫劳动力，开发乡村保洁员、农房协管员、水利设施管理员等乡村公益性岗位来托底安置就业；广陵区琼花观社区积极开展社企联动，引入"小满助残"公益组织，开辟扶残助残新路径。

三是围绕服务下功夫，不断提升群众满意度。各地社区通过完善工作方法、创新服务举措持续提升服务质量和办事效率。仪征勤丰社区采用4色分类法，用蓝、黄、绿、红将高校毕业生、4050人员、残疾人、家庭困难人员分类标注，实施精准就业援助；高邮结合零工市场建设，在南苑社区、琵琶社区打造零工驿站，不仅为新就业形态从业人员提供多样化灵活就业岗位，还提供饮水充电、避暑取暖、歇脚休息等暖心服务；景区便益门社区创新打造"邻里e家"—三"暖"三"星"特色工作法，建立失业登记、职业指导、岗位推荐、生活保障联动机制。

截至2023年末，全市已建成石塔社区、文昌社区等16个村（社区）"家门口"就业服务站，便益门社区、龙川社区、康乐社区创成国家级充分就业社区，每年兜底帮扶"五类"困难群体2050人。2023年10月，省政协主要领导在实地考察扬州市"家门口"就业服务站建设情况时，对"991"工作法和基层就业服务工作给予了充分肯定。

二　问题及挑战

近年来，通过努力解决了"有没有"的问题，具备了稳的基础，但对照高质量发展要求，还存在一些短板。

1. 基层服务平台建设还须加强

在职能划分上，有的乡镇将人社职能归口在不同部门，导致经办人员接受多重管理、对应不同的上级机关，不利于规范管理。在队伍建设上，基层普遍反映工作人员大多身兼多职，且工资待遇较低、队伍稳定性差，2023年底扬州市劳动保障协理员共计1776人，持有原《劳动保障协理员国家职业资格证书》人数370人，占比20.83%，2017年持证人数占比91.28%，6年间劳动保障协理员离职或换岗率超过70%，导致部分人员存在情况生、知识缺、业务疏、能力弱等问题。在资金投入上，与城区各基层就业公共服务相比较，村级硬件设施不够完善，配套保障资金不足，除广陵、邗江外，其余县（市、区）均未配套相应资金。

2. 技能培训参与积极性还不高

一方面，企业虽然有提升员工技能素质的需求，但由于技能培训周期

长、成本高，部分企业员工流动性大，加之目前取消了用人单位组织培训的奖补资金，企业参培积极性受损；另一方面，由于劳动密集型企业对劳动者技能水平要求不高，薪资待遇与技能水平不同步挂钩，员工感受不到技能水平对工资待遇提升的积极影响，劳动者参与技能培训积极性不高。

3. 信息化建设水平还须提升

跨地区、跨层级、跨部门间信息共享还不够全面、数据壁垒没有被完全打通，业务协同、数据交换还不够畅通及时。部分街道（乡镇）、社区（村）配备了电子显示屏、自助查询机、高拍仪、读卡器等先进电子设备，但多数平台在电子设备和系统建设投入上还有待加强。

4. 就业政策宣传还不够到位

政策宣传形式不够多样和接地气，一些就业政策只有文字没有图形，讲的不是白话文，老百姓看不懂、听不懂的情况还存在，不能全部做到应知尽享。部分窗口和基层办事人员对政策还存在掌握滞后的现象，这在一定程度上影响了为群众提供有效服务。

三 对策及建议

（一）总体思路

全面贯彻落实党的二十大精神和习近平总书记关于就业工作的重要指示，围绕《江苏省就业促进条例》和市第九届人民代表大会第二次会议《关于促进高质量充分就业的决议》要求，以"四化"为牵引，打造"大数据+铁脚板"就业服务模式，推动扬州就业公共服务提质提标，为扬州被打造为高质量充分就业城市奠定良好基础。一是网格化，将服务阵地延伸至乡村社区、产业园区、楼宇商圈等各类便民便企载体，推动人社服务事项下沉网格，实现人社服务全域经办，满足企业群众"就近办、多点办、马上办"需求。二是标准化，持续推进充分就业示范社区培育，探索开展"标准化就业服务示范村"试点。统筹用好就业补助资金和失业保险基金，加大政府财政投入，配足配优人员队伍，确保基层就业服务"事有人干，责有人负"。三是人性化，在提升服务质量上下功夫，完善失业登记、职业指导、技能培训、岗位推荐、生活保障联动机制，开展"阳光就业"暖心行动和结对帮扶行动，确保城乡零就业家庭动态清零。四是数字化，统筹推进基层就业服务平台业务融合、技术融合、数据融合，加强就业数据采集比对，推进跨场景开发应用，实现"政策找人、精准推送"。加强社银合作，使它们联手打造"掌上社银"、共建"社银15分钟服务圈"。

（二）工作目标

以打造"扬州是个好地方、就业不用去远方"的就业服务品牌为引领，提升就业公共服务能力，健全覆盖城乡的就业公共服务体系。2024年培育充分就业示范社区105个，2025年力争实现市级"充分就业示范社区"全覆盖，打造10个"标准化就业服务示范村"。2024年全市帮扶约8000名就业困难人员实现就业，城镇新增就业3.3万人（新口径），新增在扬就业创业大学生2.8万人以上，吸引更多适龄劳动力和人才来扬留扬返扬，城镇调查失业率控制在5.5%左右。

（三）实施路径

1. 在"融"字上着力，打造功能强大就业服务平台

积极打造一站多能、形式多样的"家门口"就业服务站，从而为企业和群众提供优质高效就业公共服务。一是以"靠近建"满足群众"就近办"。开拓第三方运营、社银合作、社企合作等渠道，充分利用核酸小屋、企业、产业园等场所，推广就业小店、就业小屋、就业小站等创新经验，增加网点布点，形成"站点结合、多点联动"格局。按照"两完善、四加强"（完善场地设施支撑、完善秩序维护、强化信息服务、强化零工快速对接服务、强化就业创业培训服务、强化困难零工帮扶服务）要求，加快推进标准化零工市场建设，2025年实现全市所有县（市、区）全覆盖。二是以"一件事"满足群众"一次办"。大力推进综合柜员制改革，进一步完善推

广"就业一件事",设立"一件事"专窗,通过整合部门资源、精简办事材料、再造审批流程、同步共享数据等举措实现就业登记、补贴申领、创业孵化等业务办理的集中集约,从而全面提升人民群众对就业服务的体验感、满意度。三是以"大数据"满足群众"网上办"的需求。依托省人社网办大厅、"扬州人社"微信公众号等线上服务渠道,实现"智能找岗、智慧荐岗",推动"有形站点"向"无形站点"转型。开发就业大数据分析管理系统,强化失业监测预警,开展服务对象画像分析和满意度调查,为科学研判就业形势、有效防范规模性失业风险、开展精细化就业服务以及优化调整就业政策提供信息支撑。

2. 在"培"字上用力,构建终身职业技能培训体系

以"政府引导、社会参与、多元培养"为路径,全面构建就业培训、创业培训、职工培训"三合一"大培训格局。一是突出分层分类。摸清摸实企业、院校以及各类群体培训意愿,进一步统计细化培训工种,分类制定就业技能培训、企业职工岗前培训、岗位技能提升培训、创业培训等计划,创新开发培训课包,分层次、分阶段开展精准培训。建立职业技能培训市场化社会化发展机制,由政府补贴的职业技能培训项目全部向具备资质的职业院校和培训机构开放,大力开展民办职业技能培训,提高培训供给能力。二是突出校企合作。通过校企联合、双师培养、工学一体方式,引校入企,把培训开到企业车间,有效提升培训针对性。适应培训需要,构建多主体的职业技能培训供给格局,制定职业(技工)院校开展有偿性社会培训实施办法,鼓励企业建设培训中心、职业院校、企业大学,进行职业训练院试点,未来三年,全市社会性培训18万人次。三是突出以赛促训。围绕先进制造业、数字经济产业发展,开展扬州市"十万职工大比武"技能竞赛,每年举办引领性劳动和技能竞赛100场。加强技能人才服务产业园、技能大师工作室等载体建设,支持企业、院校、社会团体建设竞赛集训基地。在驻扬职业技术类院校和汽车、玉雕、医药化工等重点产业(行业)成立10家工匠学院。

3. 在"准"字上发力,完善重点群体就业帮扶体制

靠前服务、精准施策,不断推进就业失业登记、职业指导、创业贷款等

服务覆盖城乡各类劳动者。一是加大高校毕业生就业扶持力度。抢抓高校毕业生求职应聘关键期和窗口期，开展"才聚扬城"系列招聘活动，每年组织 2500 名青年参加就业见习，做好"三进三看"等市企参访，逐年提升在扬实习学生比例。利用社区网格优势，对特殊群体学生开展"一生一策"就业帮扶，用好求职补贴等，确保服务率 100%。二是稳定扩大农民工就业规模。加大乡村公益性岗位开发安置力度，在重大工程项目中实施以工代赈。实施就业公共服务城乡一体化建设行动，实现公共就业服务工作体系、信息网络、扶持政策等全面覆盖乡村。结合扬州产业特色，加强劳务品牌发现培育，加快劳务品牌发展提升，加速劳务品牌壮大升级，培育龙头企业，发展产业园区，开展选树推介活动，打造一批叫得响的劳务品牌。三是做好困难人员就业援助。进一步健全就业援助制度，畅通线上线下失业登记渠道，及时将就业困难人员纳入援助范围，实行实名制动态管理和分类帮扶。加大公益性岗位开发力度，落实岗位补贴和社会保险补贴等政策，利用公益性岗位兜底安置。加强大龄劳动者就业帮扶和权益维护，扎实做好长江流域重点水域退捕渔民安置保障工作等，确保困难群众就业有出路、生活有保障。四是推动多渠道灵活就业和创业扶持。开展创业型城市创建工作，加大初创实体支持力度，举办创业大赛、建设创业基地、组织创业沙龙、营造创业氛围，每年扶持成功创业人员 1 万人。建立创业指导专家、就业指导专家等服务团队，为服务对象提供专业化服务。适应新就业形态、平台经济发展，积极开发家用电子维修工、音响调音员等的技能等级评价资源，为灵活就业、自主择业的青年提升就业能力提供标准。

B.22
2023年度扬州文旅项目发展研究报告

扬州市文化广电和旅游局课题组*

摘 要： 2023年，扬州市坚持"重大文旅项目示范带动战略"，以高质量项目引领文旅产业高质量发展。文旅项目推进制度逐步健全，项目投资增长较快，文旅融合不断加深，带动效应愈发明显；但同时面临内生动力支撑不足、资源制约日益突出、横向对比压力倍增等严峻挑战。当前，扬州市应紧紧抓住"文化旅游名城建设"重要机遇期，进一步更新发展理念、优化产业结构、盘活存量项目、强化要素保障、完善推进机制，为产业兴旺、文旅共兴的"好地方"提升贡献度。

关键词： 文化旅游 重点项目 扬州

2023年，市文广旅局自觉践行新发展理念，紧扣市委、市政府"发力奋进年"部署要求，深入实施文化和旅游业供给侧结构性改革，狠抓文旅项目招引落地建设，全市文旅投资保持高位增长，一批重点重大项目有序推进，为发挥"三都"品牌效应、加快文旅名城建设奠定了坚实基础。

一 2023年扬州文旅项目发展总体情况

2023年，全市文旅项目发展情况可以用"引导有力、稳中有进、融合

---

* 课题组负责人：陈玲春，扬州市文化广电和旅游局党委书记、局长。课题组成员：周志钧，扬州市文化广电和旅游局党委委员、总工程师；魏昕，扬州市文化广电和旅游局产业发展处处长（执笔人）。

创新、带动显著"这 16 个字来概括。

"引导有力",是指引导文旅项目发展的各项机制不断健全。

建立文旅重点项目库制度,以文旅类列省列市项目为基础,综合发改、商务、宣传等部门和县(市、区)项目源,构建文旅重点项目库。截至 2023 年 12 月末,共有在库重点文旅项目 103 个,其中竣工 20 个、在建 44 个、筹建 39 个,计划总投资 854.93 亿元、累计完成投资 255.16 亿元。建立会商会办制度,充分发挥扬州市旅游发展委员会职能,2023 年提请市领导牵头召开文旅项目推进会、过堂会、督办会 5 次,协调症结问题 46 项,涉及市级相关部门 31 家。建立督察通报制度,以市政府办公室名义下发《下达 2023 年度全市文旅产业重大项目招引及建设任务的通知》,将文旅项目招引建设指标分解到各地各部门;每月由市文广旅局牵头汇总重点项目进展并上报市委、市政府,不定期开展情况通报。

"稳中有进",是指文旅项目投资总体呈平稳较快增长态势。

从实际完成投资来看,重点项目全年实际完成投资 120.98 亿元,超额完成 110.04 亿元的年度目标,同比增长 16.2%;其中,扬州影视基地、486 街区改造提升项目年度分别完成投资 10.15 亿元、8.34 亿元。从新增项目来看,以 2023 世界运河城市论坛等活动为契机,开展文旅专题推介活动 10 次、招商活动 69 次,全市新签约文旅项目 58 个,其中实体型亿元以上正式合同项目 25 个,新开工项目 32 个,项目的"量""质"均高于往年。从资金来源上看,在 103 个重点文旅项目中,民企参与投资项目 38 个、占全部项目的比例达 37.85%,文旅项目市场化程度较 2022 年有所提升。

"融合创新",是文旅项目呈现多业态融合、新业态迸发的蓬勃趋势。

聚焦"江河交汇",中国大运河原点公园建成开放,三湾核心展示园、北护城河集聚区等重点项目稳步推进,规划建设瓜洲"千年古渡"、十二圩"江上盐都"。促进古城更新,实施京杭大运河(广陵段)文化带暨明清古城保护综合开发项目,广陵"有盐"街区成为古城新地标;小秦淮河保护更新二期项目设计方案已通过市更新工作领导小组审议;"十里外滩"运河文旅提升项目成功签约,总投资额超过 80 亿元。拓展全域格局,依托县域"江""湖"

"山"资源，培育射阳湖大运河荷荡温泉项目、高邮滨湖移步易景生态长廊项目、邵伯运河遗产保护及文旅开发项目、沿湖村渔文化休闲体验基地、红山亲子运动主题公园等一批"魅力乡村"项目。深化产业融合，以"文旅+美食"为重点，中国淮扬菜博物馆、冶春御马头店全新开放；维扬乳业工业旅游区获评"省工业旅游区"。嫁接体育与旅游，邗江区玩湃新体育项目竣工运营；江苏省水上运动赛训基地完成深潜大运河扩容改造、太平河垂钓基地等节点项目。

"带动显著"，是指重点文旅项目对扬州文旅行业高质量发展的带动作用明显。

主要体现在以下三个方面。一是促进文旅业全面回暖。广陵"有盐"街区等新地标项目的建成开放，使扬州市对外地游客的吸引力进一步提高。结合重大文旅项目的示范带动作用和各类政策"组合拳"积极影响，2023年全市游客接待量突破1亿人次，位列全省第4；其中，57家A级旅游景区累计接待游客6149.31万人次、累计接待过夜游客1109.36万人次，分别比2019年同期增长33.4%、18.4%；游客满意度位列全省第4。二是带动相关行业长足发展。据统计，旅游业每创造1元收入，可间接创造7元社会财富；旅游业每增加1万元投资，能够拉动全社会投资10万元。在文旅业的带动下，餐饮、住宿等人气火爆；2023年全市社会消费品零售总额同比增长9%、增幅连续19个月全省第一。三是有效提升城市品牌形象。扬州文旅项目数量多、质态好，为"文化旅游名城"建设提供了支撑。2023年，全市文旅项目争取省级以上资金（基金）2.92亿元；争取"国家旅游休闲街区"等国家级表彰荣誉20项，新创成省级以上文旅品牌近120项；扬州文旅工作获评江苏省文化产业和旅游产业工作督察激励；扬州被央视评为"十大旅游向往之城"，被中国旅游研究院评为"2023夜间经济新锐十城""大众旅游·美食系列·十城"。

二　当前扬州市文旅项目发展存在的问题

总的来说，在市委、市政府的大力推动下，扬州市在文旅方面取得的成绩亮点频出、有目共睹。但是，我们也要清醒看到，与国内发达旅游城市相比、与新时代人民群众的旅游美好生活需要相比、与"国际文化旅游名城"的定位相比，扬州文旅项目在发展中还存在一些不容忽视的挑战。

一是内生动力支撑不足。区域发展不均衡。扬州文旅的优势在城区、劣势在县市，县域区域广阔、资源丰富、空间巨大，但旅游化改造不足、变现不够、项目推进力度不大。宝应、高邮、仪征国土面积占全市域的65%，但2023年重点文旅项目数量和年度完成投资额仅占全市总数的20%。产业链条不够长。当前扬州市旅游产品类型大多集中在简单的吃、住、行等少数主要环节，而游、购、娱以及深层次环节产业严重缺乏，尤其缺少高品质的演出演艺项目，难以吸引游客"停下来、留下来、住下来"，游客回头消费率偏低。项目业态较陈旧。扬州市文旅项目仍然以景点游、观光游为主，且大多属于服务本地市民的"小打小闹"，面向年轻游客和商务高端群体等重点客源的沉浸游、体验游、度假游类项目开发不足。管理机制不顺畅。扬州市城区众多的文旅资源由景区管委会、文旅、宗教、住建等多个部门管理，明清古城等重点项目的资源产权性质错综复杂，运营管理中缺乏整体统筹、协调成本高。

二是资源制约日益突出。要素资源已成为文旅行业高质量发展的竞争焦点，扬州市文旅面临的土地、项目、环境等资源制约愈加明显。用地指标日益匮乏。重大旅游项目通常需要较大面积用地，但在城市的用地指标都不能得到满足的当下，文旅项目获取合法的建设用地指标越发困难，部分项目需要地块调规才能真正落地。融资渠道较为单一。省内大多数城市都有支持文旅项目的专项资金，南京、苏州等设立文旅产业基金，淮安设立1100万元风险补偿金；而扬州市级层面尚无支持文旅项目的资金政策，重点文旅项目资金82.36%来源于自筹，融资渠道较窄。运营人才严重不足。部分项目硬件建设思维根深蒂固，对于项目打造总成本与未来收益的构成比例没有整体概念，导致"一投资就亏、一开业就死"。外部约束更加严格。部分景区类项目涉及生态红线或行洪区域，部分项目涉及消防问题；"瓜洲游轮母港"等重大项目手续复杂、较难推进。

三是横向对比压力倍增。扬州市是底蕴深厚的历史文化名城，但文旅业实力在全省还不够突出。从综合实力上看，全省第一方阵为苏州、南京、无锡3市，扬州、常州均处于第二方阵。扬州2023年游客接待量高于常州50万人次，但旅游总收入比常州少200亿元。从项目储备来看，扬州投资高、前景好、效益高的文旅储备项目不足，而扬州周边已有无锡拈花湾、南京牛首山、常州东方侏罗纪旅游度假区、南通洲际梦幻岛动植物园、淮安"熊出没"主题乐园等多个休闲度假型项目竣工或开建，扬州在下一轮区域竞争中缺少优势。从市场主体上看，扬州市文旅项目基本以政府引导为主，市场化程度不高；此外，相比南京文投集团、南京金陵饭店集团、无锡灵山文化旅游集团、常州恐龙园文化旅游集团等，扬州市几乎没有具有区域竞争力的龙头企业。

三 下阶段推动扬州文旅项目发展的对策建议

今天的项目决定明天的产业，现在的投资决定未来的发展。随着扬州营商环境的改善、基础设施条件的完善、开放程度的提高、城市品牌的彰显，大力发展文旅产业、狠抓文旅重点项目正当其时、贵在行动。结合扬州文旅项目实际情况，提出如下对策建议。

（一）提高站位，更新发展理念

将"产城融合""需求至上""运营前置"理念贯穿项目的始终，以科学务实的发展理念指导项目招引建设。在宏观战略方面，坚持产城融合理念。将"文化旅游名城"建设作为城市发展的重要战略，以发展文旅为抓手，为城市集聚人才、资本、企业、消费。重点关注两大赛道项目。一是城市大休闲项目，结合"1+8"古城保护和有机更新行动，推动文旅产业赋能明清古城、瘦西湖片区，让古城焕发新活力。二是乡村微度假项目，推动县域一二三产业融合发展，开发休闲度假、非遗体验及公共配套项目，助力建设新时代宜居宜业和美乡村。在中观行业方面，把握需求至上理念。《中国休闲发展年度报告（2022~2023）》分析，休闲已经成为人们日常生活的刚性需求，并且呈现休闲时间大幅提升、休闲半径收缩、休闲活动丰富等趋势。文旅项目要将消费者的偏好需求作为创新发展的原动力，细分 Z 世代、银发族、商务群体等高端客群，抓住"野奢"、深度沉浸、体旅融合等行业风口，革新文旅行业未来格局。在微观项目方面，强化运营前置理念。在招引、洽谈文旅项目阶段，就树立"以运营结果作为判定产业项目成功的唯一标准"的理念，对硬件投入所需的效益回收率预期、成本与效益构成比例等财务数据进行精细化的测算，提前考量内容独特性、业态丰富性、营收可行性等运营问题。同时，对于重点文旅项目，要从更大范围、更大格局考虑运营问题，同步规划、同步建设相应的配套设施。

（二）扩大招商，优化产业结构

树立"大招商、招大商"的理念，大力招引线上旅行社、互联网媒体、演出经纪公司、赛事运营公司等头部企业落户扬州，完善文旅产业结构布局。优化区域结构，实现特色发展。提高主城项目核心竞争力，实施古城文化解读、城市有机更新、月亮城打造等项目，丰富度假酒店、非遗体验、文化休闲、精致餐饮、古城街巷游等业态。提高县域项目旅游贡献度，依托瓜洲诗渡文旅小镇、邵伯运河风情小镇、"江上盐都"十二圩等综合性度假项目，形成南部滨湖、西部山地、北部乡村三大旅游增长极。优化业态结构，延长产业链条。围绕"吃住行游购娱"全要素，实施文旅项目补链强链延链工程。放大"世界美食之都"品牌效应，推动"冶春""富春"等老字号品牌连锁经营，打造一批"名宴、名店、名街"，谋划建设世界美食广场。引进度假酒店、主题酒店、度假村、汽车营地等住宿项目，打造10家以上旅游等级民宿。创建一批省级以上旅游度假区、A 级旅游景区、文旅街区集聚区、乡村旅游重点村镇等品牌项目。打造"扬州有礼"文创示范店项目。激励发展一批旅游演艺、足浴康养、体旅融合、研学旅游、夜间文旅等精品娱乐项目。完善旅游交通、游客中心、智慧平台等公共服务项目。优化资本结构，提升市场活力。强化国企担当，组建市级文旅集团，推动市县

文旅相关集团整合资源，加大项目招引、建设、运营水平。发挥民营企业灵活性、机动性优势，在符合相关法律法规和政策的前提下，探索以竞争性配置方式向社会力量出让景区经营权或业态经营权，鼓励社会资本参与文旅项目。

（三）精准施策，盘活存量项目

盘活旅游存量项目，推动项目内容优化、质量提升，既是旅游领域深化供给侧结构性改革的"风向"和抓手，也是在旅游业持续复苏和高质量发展背景下旅游行业新的投资"风口"。盘活低效项目，实现项目效益"从低到高"转变。在全市范围内组织开展文旅领域存量项目摸排和数据更新工作，盘点项目底数。重点分析仪征枣林湾"两园"、户外猩球、扬州乐园、华侨城梦幻之城等低效项目的症结，提出具有针对性和可操作性的盘活方案。注入新兴动能，实现项目类型"从旧到新"转变。鼓励古建、古宅、名人、名园、名著年轻化表达、时尚化运营，让文化遗产"活起来""火起来"。依托瓜洲镇等现有资源打造数字文旅项目，推动景区管委会、运河文投、扬子江文旅、城控集团等至2025年各建成1个文旅元宇宙项目。推动谢馥春等"老字号"与新兴品牌企业、知名IP跨界合作，推进非遗产业化发展。推进资源整合，实现项目布局"从散到聚"转变。整合线性资源，贯通瓜洲—南门码头—邵伯—高邮盂城驿码头水上游览线，在沿线布局一批精品项目"打卡点"。整合多元业态，以中国大运河博物馆等流量项目为核心，科学搭配周边业态，拓展上下游消费空间。

（四）强化保障，加快建设进度

针对影响文旅项目推进最突出、最集中、最难办的问题，重点加强"三大保障"。一是用地保障。各县（市、区）科学制定旅游专项规划，并与国土空间总体规划、镇村布局规划等相衔接，为旅游业发展预留空间，争取获得更多土地指标。对利用老旧厂房、废弃工矿、历史古建等进行改造的旅游项目，优化用地和规划审批流程。借鉴常州经验，用好用足省政府推出的委托用地审批新政，探索"村镇农用地转建设用地"、"作价入股完成集体建设用地确权"、点状用地等新方法新模式。二是资金保障。推动落实市县文旅融合发展专项资金，用好大运河文化旅游发展基金。建立文旅项目融资信息共享机制，探索开展旅游项目收益权、旅游项目（景区）特许经营权入市交易、备案登记试点工作，多维度拓宽文化和旅游企业融资渠道。三是人才保障。依托文旅专家智库，建立"文旅项目指导师"机制，这些"文旅项目指导师"在项目不同发展阶段予以针对性指导。加强文旅项目服务队伍建设，鼓励参照工业项目配备熟悉审批流程的"项目服务专员"，提高项目落地效率。选拔培养讲解员、导游、研学指导师，引导其通过个性化服务或新媒体平台开展文旅项目宣传，从而集聚消费人气、提升项目效益。

（五）完善机制，形成推进合力

发展文旅项目是一项系统工程，也是建设文化旅游名城的战略举措。下阶段将重点做好以下工作，真正形成工作合力。强化政策引领。召开全市文化旅游名城建设推进会，出台并实施《关于加快建设文化旅游名城的实施意见》《扬州市促进文旅名城建设若干扶持政策》等一揽子政策文件，编制《全市旅游度假区发展规划》等专项规划，做好文旅产业及项目培育、发展、承接、引流、淘汰等文章。明晰责任落实。依托市旅委会，完善项目推进工作责任制和联席会议制度，确保每个重点项目有人牵头、有人负责、有人推进、有人协调。落实全生命周期管理，坚持工程项目化、工作指标化、责任具体化、管理信息化，形成"谋划—储备—立项—建设—竣工"项目推进闭环。狠抓督察考核。优化考核督促机制，将文旅项目纳入全市招商引资目标考核体系，推动文旅项目建设按时间节点和要求推进。完善旅游统计制度，推动文旅、统计、公安、交通、商务等部门间数据互联互通，从而为旅游项目开发、管理和服务提供精准数据支撑。

B.23
2023年度扬州市"一件事一次办"
改革研究报告

扬州市政务服务管理办公室课题组 *

摘　要：　"一件事一次办"改革是坚持以人民为中心发展理念的有力体现，是加快转变政府职能、持续优化营商环境、提升政务服务效能的重要举措。2023年，扬州市"经营主体歇业备案一件事"获国家市场监管总局认可，其经验做法由国家市场监管总局内部期刊印发，"军人退役一件事"获江苏省军人退役厅发文肯定，"不动产登记+执行一件事"被评为"2021~2023年度江苏省法治建设创新项目"，"连锁企业分支机构变更批量网办一件事"被江苏省市场监管局写入《2023年全省登记注册工作要点》向全省推广。

关键词：　全生命周期　一件事一次办　扬州

　　"一件事一次办"是指将多个部门相关联的"单项事"整合为企业和群众视角的"一件事"，推行集成化办理，实现"一件事一次办"。2023年，扬州市深入贯彻国务院和省政府关于加快推进"一件事一次办"改革部署要求，持续深化"一件事一次办"改革，切实解决群众办理复杂政务服务事项的堵点、难点问题，助推"高效办成一件事"。

---

*　课题组负责人：乔有金，扬州市政务服务管理办公室党组成员、副主任。课题组成员：阮静静，扬州市政务服务管理办公室审改处处长；张京生，扬州市政务服务管理办公室审改处副处长（执笔人）。

一 "一件事一次办"改革基本情况

"一件事一次办"改革是坚持以人民为中心发展理念的有力体现，是加快转变政府职能、持续优化营商环境、提升政务服务效能的重要举措。2023年以来，扬州市"经营主体歇业备案一件事"获国家市场监管总局认可，其经验做法由国家市场监管总局内部期刊印发，"军人退役一件事"获江苏省军人退役厅发文肯定，"不动产登记+执行一件事"被评为"2021～2023年度江苏省法治建设创新项目"，"连锁企业分支机构变更批量网办一件事"被江苏省市场监管局写入《2023年全省登记注册工作要点》向全省推广。

1. 坚持高位谋划，着力夯实"一件事一次办"改革基础

近年来，扬州市高度重视"一件事一次办"改革工作，该改革工作连续3年被纳入市委、市政府"2号文件"，先后被纳入市委、市政府"我为群众办实事"项目清单和市委深改办年度重点改革任务清单和县（市、区）营商环境月度评价机制，始终聚焦企业和群众高频办事需求，按年度制定全市"一件事一次办"改革实施方案，动态公布"一件事"改革实施清单（2021年扬州市公布了26项"一件事"改革事项清单，2022年公布了43项，2023年公布了56项。见图1），不断加大"一件事一次办"改革推进力度，以"高效办成一件事"为目标，组织推进国家、省定一件事和扬州特色一件事"线上线下一次办"。

2023年，扬州市制定印发《扬州市关于加快推进"一件事一次办"打造政务服务升级版的实施方案》，创新提出以打造"全生命周期一件事一次办"服务为目标，并将个人全生命周期分为出生、教育、出行、就医、就业、置业、婚育、退役、退休、养老、救助、身后12个阶段（见图2），企业全生命周期分为企业开办、投资建设、生产经营、企业变更、企业注销5个阶段（见图3），围绕全生命周期服务中高频事项和重点环节，逐步拓展"一件事"改革覆盖范围，公布26项省定一件事清单和30项市定一件事清单，按照"市级统筹、县区试点、部门协同、复制推广"的总体思路，推

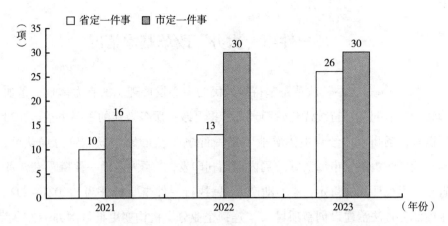

图1　2021~2023年扬州市"一件事一次办"改革事项数量

资料来源：笔者整理。下同。

动教育入学、异地就医、就业登记、军人退役、扶残助困和开办企业、开餐饮店、开便利店、开网约车、注销企业等56个一件事改革。重点完成了重大项目建设审批、人才服务和新生儿出生一件事3项政务中台省级试点，逐

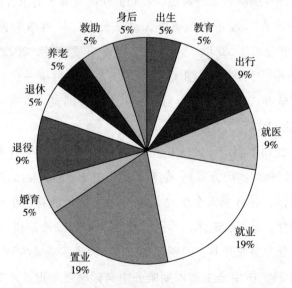

图2　个人全生命周期（12个阶段）"一件事一次办"
服务事项分布

项优化一件事办事指南、线下窗口受理服务和线上平台功能，推进"一件事"由"能办"向"好办""易办"转变。

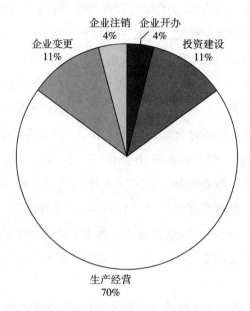

图3　企业全生命周期（5个阶段）"一件事一次办"服务事项分布

2. 坚持流程再造，一体推进"一件事一次办"改革实施

按照"一件事一专班一方案"的原则，扬州市组建各项"一件事"改革推进专班，统筹协调解决改革难点、堵点问题。一是重塑审批流程，分类制定"一件事"具体实施方案。将企业和群众需要办理的多个事项打包整合为"一件事"，按照"一次告知、一表申请、一套材料、一窗（端）受理、一网办理、一次送达"要求，持续减少办事环节、精简申请材料、压缩办理时限、再造办事流程，实现"一件事一次办"。二是推行"一窗通办"，实现"最多跑一次"。按照"方便群众、就近办理"的原则设置"一件事"窗口，在市、县、镇三级政务服务中心、医院、婚姻登记处等多处设置"一件事"线下综窗。积极推进"一件事"赋权基层受理，推进开办企业、开餐馆、开便利店、开理发店等企业类准入准营的"一件事"延伸

至开发园区、乡镇（街道）等离企业更近的地方进行办理；推进扶残助困、尊老金申报、公租房申请等个人类民生一件事延伸至村（社区）便民服务站办理。全面推行"前台综合受理、后台分类审批、综合窗口出件"和告知承诺办理、帮办代办等制度，实现"一件事就近办"。三是聚焦"一网通办"，打造"不见面审批"升级版。以企业和群众"只上一网、一次提交"为目标，统一建设"一件事"线上办理专区，企业和群众只须进入一件事一次办办理入口填报"一件事"办理申请，在提交所有材料后，就可进行线上办理，该办理系统同时全面归集、应用"一件事"办理所需电子证照。2023年，扬州市线上累计办理58万余件"一件事"。四是深化集成改革，不断拓展"一件事"改革范围。在"一件事一次办"改革基础上，选取开餐饮店、开药店、开旅馆等高频"一件事"，试点开展"一业一证"改革，实现"一证准营"。同时，探索推动"一件事"向事中事后监管延伸，在全省率先推动"养老机构安全生产监管一件事"，实现"一件事"从事前审批到事后监管的全链条服务。

3. 坚持探索创新，充分释放"一件事一次办"改革成效

通过"一件事一次办"改革，申请表由原来平均7张整合成1张，申请材料平均减少40%，跑动次数由原来平均7.5次减少为1次。

其中，"新生儿出生一件事"在市妇幼保健院、苏北人民医院、扬州市第一人民医院等全市7家医院设立线下"出生一件事一次办"窗口，实现办理新生儿出生证、户口、医保、社保、疫苗接种证等事项"一次办"，已累计为近万名新生儿快捷办理"五证"（见表1）。"军人退役一件事"对8个部门14个事项梳理整合，在全省率先建成"军人退役一件事"网办平台，截至目前，全市已有4000多名退役军人享受到"一件事一次办"服务。"二手房转移与水电气讯联动过户一件事"整合了不动产登记、交易监管、税收征缴、水电气讯过户等环节和流程，用"数据跑路"代替"群众跑路"，优化了办理模式，破解了群众"多头跑、往返跑"难题。市行政审批局等部门联合制定《扬州市经营主体歇业备案工作指引》，建设"扬州市歇业备案一件事系统"，经营主体可以一次性办完歇业备案、简并纳税申报、减缴缓缴公积金等事项,扬州市在全省率先实现"全程网办"。"企业市内迁移一件事"通过优化环节,解决企业迁移登记过程中"两头申请、多次跑动"的问题,实现企业市内迁移"一次申请、当场办结"。目前,已完成634余件"企业市内迁移一件事"的办理。连锁企业分支机构变更批量网办一件事通过开发上线"扬州市分支机构信息变更一件事系统",自动生成制式申请文书和信用承诺书等,全省首家实现连锁企业分支机构变更登记"批量申请、全程网办"。"法院执行一件事"依托市"一件事一次办"平台,将查封房产、车辆、股权等高频联动"多件事"合并为"一件事",网上一键推送至多个部门,实现协助执行事项办理全面提档加速,该一件事入选省创新试点项目。"公积金提取一件事"打通13个部门数据,开发"不见面审批"业务39项,实现业务由人工审核向系统自动审核转变。创新实施"党建"引领"一件事",坚持党建与业务深度融合、同向发力,成立企业开办、不动产交易登记、重大项目建设审批等10个"一件事"行动党支部,通过将党支部建在审批链上,充分发挥党员干部在"一件事"改革中的先锋模范作用,助推"高效办成一件事"。深化涉企经营"一件事"服务,在"一件事"改革基础上,先后推出"云勘验""告知承诺制"等改革创新举措,通过告知承诺制、远程勘验和人力资源服务许可"三合一"的创新改革方法,实现"准入即准营",大幅节省办理时间和减少跑动次数,提高审批服务效能,得到企业和群众的普遍认可。

表1 一件事一次办改革成效（以"新生儿出生一件事"改革为例）

"新生儿出生一件事"	改革前	改革后
办理时间	18个工作日	7个工作日
跑动次数	5次	1次
环节数量	15个	2个
申请材料	14个	0个

资料来源:江苏省政务服务网。

二 "一件事一次办"改革存在的主要问题

1. 数据共享不够充分

企业和群众办事面临网站多、平台多、App多的问题仍然突出。窗口人员办理"一件事"时往往需要使用多个系统,且各系统相互间连通不畅,造成数据多次录入,同级部门、跨层级部门、垂管部门间的数据共享难题仍未有效破解。如"外国人来华工作一件事",办理系统涉及科技部政务服务平台、全国公安出入境管理信息系统,但是"一件事"平台数据无法推送至国省办理系统,需要人工"二次录入"。另外,一些部门系统已有的数据无法实现共享。如"新生儿出生一件事"中,涉及的父母双方的基本信息仍需要人工输入,无法自动获取,导致线上申办填报内容多、要求高,群众办理体验感较差。"一件事一次办""一网通办"距离"好办""易办"仍有距离。

2. 事项标准不够统一

政务服务事项标准化是推进政务服务规范化、便利化的前提。目前,除行政许可外,其他类型政务服务事项仍然存在公布的事项数目、名称、申请材料、设定依据、审查标准不一致等问题。如对于居民办理一站式户口迁移,多地在材料清单、审核要求、办理时限上都不一样。同时存在"一件事一次办"公布的事项名称与审批部门自建业务系统事项名称不一致的情形,如"涉企不动产登记一件事"中公布事项为不动产统一登记,但部门审批系统为不动产首次登记、接续登记,造成业务协同难度增大。

3. 体制机制不够完善

随着相对集中行政许可权改革的开展,各地政务服务管理机构和行政审批机构设置不尽相同,机构设置条线不一、职能不一,直接制约了"一件事一次办"工作的上下联动、整体推进。如扬州市和下辖县(市、区)虽均设置了行政审批局,但各地划转事项并不一致,同时省级层面并未设置行政审批局,导致业务协同、审管衔接不到位,事项主管部门难以明确。同时，国家层面出台的相关改革文件并未考虑到各地相对集中行政许可权改革现状，改革部署落地难。如《"十四五"市场监管现代化规划》并未考虑各地"审管分离"情形，"审管衔接"闭环管理难，这给"一件事一次办"事中事后有效监管带来困难。另外，对于相对集中行政许可权改革何去何从，目前各地缺乏明确指导。

4.法治保障不够健全

"一件事"涉及的许多事项分布在不同层级办理，各地为了实现"一件事""就近办"，积极推进"一件事"赋权基层办理，但赋权法律依据、赋权程序等尚不明晰，行政权力事项下放至乡镇（街道）或开发园区行使，直接导致实际审批层级与法定行使层级冲突，给下放工作带来法律性、技术性难题，"一件事""就近办"难以提速。

三 "一件事一次办"改革的对策建议

1.推进系统融合和数据共享

推动打通国、省垂直管理系统和本地业务系统与省、市"一件事一次办"统一受理平台，推进系统联动，实现五级网络贯通。进一步完善数据共享协同机制，充分发挥各级大数据局牵头抓总作用，集中实行数据源头全量化汇聚、标准化治理、场景化开发，做到数据真实、完整、准确、通用、共享。消除"数据孤岛"，建设完善"一市一平台"，全面整合部门自建政务服务系统，实现"一部门一系统"。持续提升电子证照共享应用质效，扩大在线身份认证、电子签章、电子营业执照和企业电子印章应用范围，切实推动"两个免于提交"，全面提升"一件事"办理效率。

2.加快政务服务事项标准化建设

深入落实《国务院关于加快推进政务服务标准化规范化便利化的指导意见》（国发〔2022〕5号），参照行政许可事项标准化工作经验，由国家和省级层面自上而下实行政务服务事项清单化管理，建立政务服务事项基本目录审核制度，修订印发统一的国家政务服务事项基本目录，并在国家目录

基础上修订完善各地区政务服务事项基本目录，推进名称、编码、依据、类型等基本要素"四级四同"，推动逐步实现同一政务服务事项受理条件、服务对象、办理流程、申请材料、法定办结时限、办理结果等要素在全国范围内统一，形成政务服务事项实施清单。同时，加快建立健全政务服务事项动态管理机制，推动实现市场准入负面清单、投资审批管理事项清单、工程建设项目审批事项清单等与政务服务事项基本目录的同类事项名称、类型等要素一致，实现政务服务事项数据同源、动态更新、联动管理。

3.加大改革统筹实施力度

国家和省级层面要加强对"一件事一次办"改革的统筹推动，着力增强改革系统性、整体性和协同性，按照"省级统筹、市县试点、复制推广、成果共享"的改革模式，逐步扩大改革覆盖范围。要加强对各地相对集中行政许可权改革的指导和评估，统筹谋划相对集中行政许可的事项范围。对于已开展行政许可权改革的地区，及时评估改革成效，明确改革方向。同时，建议从国家层面进一步明确相对集中行政许可的合法性地位，对实行相对集中行政许可权改革地区的审批监管职责进行明确，审批职责由划转后的行政机关行使，事中事后监管职责由原行政机关行使。

4.加强法律法规保障

按照"在法治下推进改革、在改革中完善法治"的要求，国家和各级政府应该加快完善法律、行政法规、地方性法规体系，为全面推进依法赋权提供基本遵循，实现改革与法治的有机统一。同时，进一步制定完善赋权指导性意见和配套措施，在法治规范、政策协同上形成合力，进一步规范赋权工作开展。对于开展赋权的地区按照法定程序进行授权，支持和鼓励地方继续探索改革经验。

B.24
2023年度扬州市道路交通治理
现代化发展研究报告

扬州市公安局课题组*

摘　要： 道路交通治理是一项事关人们生命安全、民生福祉、城市文明、安全生产的重要工作，也是一项复杂开放的系统工程。2023年，扬州在加强道路交通治理方面做了大量探索，并取得了一定成效，但受到各种因素影响，仍存在诸多瓶颈问题。需要以党的二十大精神为指引，以服务全市高质量发展为主题，以提升市民群众幸福感、安全感、满意度为目标，实施道路交通治理"属地化、精细化、信息化、规范化、法治化、制度化"建设，全力推动扬州道路交通治理现代化，以"好交通"助力"好地方"扬州好上加好。

关键词： 扬州　道路交通治理　市域交通现代化

随着经济社会发展、人民生活水平提高，扬州市域"人、车、路"等交通要素迎来快速增长期，交通规模日渐庞大，要素在不同地域间的往来流动也日趋频繁，给交通管理带来了新的考验。特别是伴随"三都三城"品牌形象的广泛传播，来扬游客保持着10%左右的年均增长，叠加扬州"景在城中"的突出特点和古城保护等因素影响，节假日期间热门景区周边交通拥堵、出行难、停车难问题日益凸显。亟须顺应经济社会和时代发

---

* 课题组负责人：盛卫中，扬州市副市长、市公安局局长。课题组成员：陈红华，扬州市公安局交通警察支队支队长；周震，扬州市公安局办公室主任；吴昊，扬州市公安局研究室副主任；李瑞骐，扬州市公安局办公室调研科科长；张赐政，扬州市公安局办公室一级警员。

展趋势，革新思想观念、手段机制，从融入市域社会治理现代化大局的角度来认识、把握道路交通管理，实现由"传统管理"向"现代治理"的转型升级。

一 道路交通治理现代化的理念与扬州实践

市域社会治理现代化是社会治理现代化在市域的具体体现，道路交通治理现代化是市域社会治理现代化的重要内容。加强和创新道路交通治理现代化，必须完整准确全面贯彻新发展理念，立足市域实际，把握本质安全要求，坚持以人民为中心，深化系统治理、依法治理、综合治理、源头治理，推进治理体系和治理能力现代化。2023 年，扬州牢牢把握道路交通治理现代化的发展方向，紧密结合市域实际，边实践边探索，取得了部分成效。

1.市域交通治理现代化必须坚持以人民为中心的发展思想

随着社会经济的发展，群众交通出行的需求也在加速升级，对交通的便捷性、舒适性、安全性有了更高期待，对交管政务服务、一线规范执法提出了更高要求。此外，扬州城区旅游资源丰富，具有"景在城中""城景交融"的特点，特别是 5.09 平方公里的明清古城，既是"老扬州"世代生活的家园，也是聚集东关街、仁丰里、皮市街、南河下四大历史文化街区的热门打卡点，市民、游客活动范围重合，出行需求交织叠加，在治理服务中必须对此统筹兼顾。为此，市公安局坚持把人民群众作为交通治理的最广参与者、最大受益者、最终评判者，一体兼顾游客和市民的出行需求，开展交通出行"换位体验"活动，统筹实施疏堵保畅、增设泊位、智慧停车引导等措施，盘活新增机动车停车泊位 1.2 万个，节假日期间拥堵指数与 2019 年相比同比下降 20%，市九届人大常委会第十一次会议专题询问市区道路交通秩序管理工作，满意率与基本满意率合计达 100%，"好寻好行好停"的道路交通环境让市民、游客更舒心。

2.市域交通治理现代化必须树立共建共治共享的系统观念

道路交通治理是一项系统工程，治理范围遍及城乡，又涉及多主体、多环节，必须运用系统集成思维，压紧压实各主体治理责任，构建责任共担、风险共治、安全共享的命运共同体；必须贯通规划、建设、管理各环节，推动治理模式由事后救急向源头预控转型升级；必须着眼扬州全域，健全城乡一体的交通治理运行机制，用现代化交通治理来更好保障城乡协同发展。对此，市公安局深入推进道路交通安全管理属地化改革，实体化运作市、县两级道交委，全面落实道路交通事故领导到场、"红黑榜"通报、深度调查"三项制度"，推动将交通安全落实情况按5%比例纳入安全生产工作责任考核和高质量发展考核，形成交通安全条抓块管的格局；推行交巡融合、交所融合，与属地共建队伍，提升交通管理、治安防控整体效能；联动属地加强农村等薄弱地区交通安全隐患排查治理，全市213处挂牌整治的隐患全部整改到位，亡人交通事故数、死亡人数分别同比下降4.44%、4.37%。

3. 市域交通治理现代化必须发挥现代科技的支撑作用

截至2023年底，全市机动车保有量115.8万辆，机动车驾驶人数173.4万，分别同比增长6.0%、2.24%。交通要素规模日渐庞大，带动城市出行强度、场景复杂度持续攀高，短期有限的通行条件与日渐庞大的机动化出行规模以及人民追求高品质出行体验之间的矛盾，给传统人力管理带来严峻挑战，交通治理迫切需要融入市域社会数字化、智能化的发展方向，发挥大数据、人工智能等新技术的支撑保障作用，推动交通治理向决策科学化、动作措施精准化、公共服务便捷化方向发展。为此，市公安局大力推进智能感知前端设备建设，两年间新增1.6万个设备，较2021年底增长2.3倍；建成并推广应用轻微道路交通事故视频快处平台，日均处理交通事故50起，占同时段事故总数的60%，平均处理时长6分钟，群众满意率达100%；组织公安凌云数据战队，搭建违规通行、重点路段分析等数据模型，全面研判城区大型货运车辆通行情况，排查发现禁区内通行车辆1379辆，协助查处"黑渣土车"387辆，以数据科技手段助推安全水平、治理效能、群众体验全面提升。

4. 市域交通治理现代化必须明确德法并重的价值导向

法治具有固根本、稳预期、利长远的保障作用，德治具有凝聚共识、感

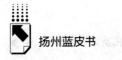

染人心的教化作用。道路交通治理现代化，就是要坚持德法相济，既"以良法促进发展、保障善治"，又以文明城市创建为契机，强化交通安全劝导和宣传提示，培养群众文明出行的意识和习惯，做到法治与德治相辅相成、相得益彰，推动市域交通治理在德治与法治双轮驱动中行稳致远。2023年，扬州深入贯彻《扬州市市区停车场建设和管理条例》，带动市区停车场和停车泊位规划、建设、管理进入法治化轨道，建成智慧停车管理服务平台，实现241个封闭停车场、9.1万个停车泊位一网共享、智慧管理；在全市农村地区组织开展"美丽乡村行"交通安全巡回宣讲活动，驰而不息加强农村"一老一小"和进城务工人员宣传教育及警示提示，推动文明交通"扬州共识"和安全行车"扬州规矩"深入人心。

二 制约扬州道路交通治理现代化的主要问题

与城镇化、机动化快速发展的形势相比，与人民群众的期待相比，扬州道路交通治理现代化发展仍存在三个方面短板制约。

1. 交通规划建设须进一步加强

系统治理理念强调从源头到末端的全链条治理，而扬州在城市规划、路网建设、停车资源配备等源头供给方面，还没有适应时代发展需求，带来交通拥堵、出行难、停车难等交通问题。①向心交通现象明显。优质资源空间分布不均，如汶河街道2.6平方公里范围聚集了苏北人民医院、3所小学、3所中学、3家商业综合体，"向心交通""潮汐交通"现象明显。②古城保护影响交通改造。主城区"断头路"较多，部分路口因规划宽度不足不能实现信号灯分向放行。受古城保护等因素限制，"断头路"和通行不畅路口难以开展大范围系统改造。③停车资源供给不足。市区（不含江都）现有小型车辆49.34万辆，对照省住建厅"停车便利化工程"停车泊位与机动车拥有量1.2∶1的标准要求，市区停车泊位尚有较大缺口。

2. 交通安全管理须进一步加强

2023年，全市道路交通事故数和死亡人数虽实现"双下降"，但事故总量仍处于高位运行，重点领域、重点时段、重点人群的交通安全管理有待增强。①从地区分布看，农村地区亡人交通事故易发多发，个别区县农村地区亡人交通事故占比超 8 成，交通安全管理责任须进一步向属地乡镇压实传递；高速公路亡人事故仍时有发生，需要严密防范高速公路输入性风险。②从车辆类型看，涉电动自行车亡人交通事故起数和死亡人数分别占总数的 61.25%、60.68%。在日常执勤执法中，逆向行驶、违法载人、不按规定佩戴安全头盔等交通违法行为面广量大；非标电动自行车和三、四轮车等违规车型大量生产销售，问题边改边冒，综合治理力度仍须加大。③从发生时段看，6 时至 9 时、17 时至 20 时两个时段亡人交通事故起数和死亡人数分别占总数的 42.06%、41.66%，须加强重点时段的指挥疏导、巡逻防范。④从年龄结构看，60 周岁以上中老年人事故高发，死亡人数占总数的 61.59%，相关群体交通规则意识和安全防范能力有待进一步提高。

3. 科技建设应用须进一步加强

扬州市交管科技建设步伐缓慢，应用不多不深，与实现智慧治理的目标还存在较大差距。①智慧交通覆盖率不足。扬州人卡、车卡等智能感知前端设备数仍有提升空间，部分路口电子警察老旧过保占比 9.2%；市区智能信号灯联网率 85%，另有部分岗点尚未进行智能化改造。②现代技术应用不够。深圳、南京已大规模推广应用无源 RFID 电动自行车号牌，通过射频识别技术精准获取车辆、车主信息，有力支撑交警非现场执法，扬州市智能识别应用刚刚起步，尚未常态深度应用。③数字化交管水平不高。杭州、长春等地建设交通大数据平台，汇聚政府公共数据、企业运营数据及互联网出行数据等多维度信息数据，实时感知交通态势，精准决策协同治理。扬州市各类系统平台相对独立，数据存储分散，交通态势诊断评估等功能欠缺，智慧交管水平不高。

三　推动扬州道路交通治理现代化的对策建议

推动扬州道路交通治理现代化，必须以党的二十大精神为指引，以服务

全市高质量发展为主线，以提升市民群众安全感、幸福感、满意度为目标，牢牢把握市域社会治理现代化的理念要求，持续提高道路交通治理属地化、精细化、信息化、规范化、法治化、制度化水平，奋力开创"人享其行、货畅其流"崭新局面。

1. 坚持系统思维，实施协同共治行动，推动道路交通治理属地化

深入贯彻落实《市政府关于进一步加强全市道路交通安全治理的实施意见》，完善市、县两级道交委工作机制，压实属地管理责任、部门监管责任和企业主体责任，形成"党政领导、部门主抓、社会协同、群众参与"的治理格局。深化交巡融合、交所融合改革，按照"一镇街8人8骑"标准，与属地共建"铁骑队"，提升道路交通动态引导力、管控力。健全城乡一体交通治理运行机制，配齐配强"一村一交通辅警"，保持全市亡人交通事故起数、死亡人数双下降的良好态势。

2. 坚持综合施策，实施城市畅通行动，推动道路交通治理精细化

坚持规划先行，科学确定城市定位、城市功能、城市空间、城市布局，结合新区建设、旧城改造，推动城市功能有机疏解。重点加强堵点治理、停车供给，2024年计划完成城区18处堵点改造，新建4000个公共停车泊位，积极探索居民小区与周边单位共享停车机制，力争三年内新建5处货车停车场，着力从源头上解决城市病。紧盯古城交通治理难题，按照"外围分流、公交主导、智慧停车"的总体思路，持续优化城市路网结构，改造提升城市慢行系统，优化"古城微巴"循环线路，完善智慧停车引导系统，提升古城交通承载力、泊位周转率。

3. 坚持智慧引领，实施科技赋能行动，推动道路交通治理信息化

结合"雪亮工程""智慧交通"建设，按照"规范统一、联网共享"的标准，推进交通信号灯、视频监控、区域测速等智能化设备建设改造，新建2700路车辆识别摄像机，完成100个路口交通信号灯智能联网，建成233国道、264省道"智慧平安大道"，推广应用RFID电动自行车号牌，持续提高智慧交通建设的广度深度。加快交通指挥实战中心建设，实行"用数据研判、用数据决策、用数据监督、用数据创新"的交通组织模式，提升

交管智慧化应用水平。

4. 坚持民意导向，实施服务提升行动，推动道路交通治理规范化

畅通社情民意渠道，健全完善社情民意受理、办理、反馈工作机制。加大互联网交通安全综合服务管理平台、交管12123 App推广应用力度，深化"新车上牌""车辆检测"等"一件事"改革，拓展警邮、警保等融合代办服务，持续提升公安"放管服"质量。紧盯群众关心的事故处置问题，完善轻微道路交通事故"视频快处"平台，推进公安、保险、救援、医疗等机构信息共享、在线联动，实现事故报警、定责定损、保险理赔等业务全流程网上办，提升事故处理效能。

5. 坚持法治理念，实施规范执法行动，推动道路交通治理法治化

从市域交通治理实际出发，探索运用地方立法权解决治理中的差异性难题，形成更具针对性的社会规范体系。加强夜间、凌晨等重点时段及违法、事故多发路段的警力部署，深化"一盔一带"安全守护，严厉惩治"三超一疲劳"、酒驾醉驾等突出违法行为，树立执法权威，形成尊法风气。加强执法衔接，建立非标电动自行车、超载超限运输车联合执法工作机制，对亡人交通事故逐起溯源调查，整改隐患、追究责任，推动治理工作由事后"个案被动应对"向事前"类案主动预防"转变。

6. 坚持文明示范，实施文明交通行动，推动道路交通治理制度化

会同宣传部门（文明办）健全交通安全公益宣传机制，依托学校、高速公路服务区、农村应急广播打造交通安全宣传阵地。发挥驾驶人"两个教育"和"学法减分"教育作用，实现全驾驶周期宣传教育；积极开展交通安全宣传"七进"活动，重点加强"一老一小"面对面宣传和快递、外卖、网约车、代驾等新业态驾驶人安全告诫，提升交通安全宣传的精准性、扩大覆盖面。加强交通安全文化建设，开展文明村镇、文明单位创建活动，将交通文明列入村规民约，提高群众的文明交通自觉性。

Abstract

The "Yangzhou Blue Book" for the years 2023-2024 is the fourteenth blue book compiled by the Yangzhou Social Science Federation under the guidance of the Yangzhou Blue Book Editorial Committee, which comprehensively evaluates the economic and social development situation in Yangzhou. The book consists of 24 articles, focusing on analyzing the economic and social development situation of Yangzhou from 2023 to 2024, summarizing and analyzing the operation of key areas, key industries, and social undertakings. The entire book uses annual economic and social development data as the basis for analysis and judgment, providing decision-making references for the high-quality economic and social development of Yangzhou in the new year.

Overall, the city's economy has steadily recovered and continued to rebound, with stable and high-quality industrial development, overall improvement in market demand, accelerated growth of emerging drivers, stable employment and prices, strong basic livelihood guarantees, vigorous development of various social undertakings, and solid steps towards high-quality economic and social development. In 2023, the city achieved a regional GDP of 742. 326 billion yuan, an increase of 6%, and economic growth returned to a reasonable range.

According to comprehensive research, in 2024, the city's agriculture will maintain a steady growth, industry is expected to continue a rapid growth trend, the service industry will continue to recover steadily, and the construction industry is expected to maintain overall stability. With the overall expansion of domestic demand and the deepening of supply side structural reform, fixed assets investment and total retail sales of social consumer goods are expected to maintain a rapid growth, and foreign trade import and export growth is expected to recover under pressure, which is expected to support the city's economic growth of more than 6% in 2024.

Contents

I   General Report

B.1   Analysis and prediction of the economic and social development

situation in Yangzhou from 2023 to 2024

Research Group of Yangzhou Development and Reform Commission / 001

Abstract: In 2023, Yangzhou City deeply implemented the spirit of the 20th National Congress of the Communist Party of China and the important instructions of the General Secretary Xi Jinping's speech, closely followed the decision-making and deployment of the "Year of Vigor and Progress", and made every effort to stabilize growth, expand investment, and increase momentum, continuously promoting the overall improvement of economic operation. The city's economy achieved steady recovery and sustained recovery, and the total regional GDP of the city reached 742. 326 billion yuan, a growth rate of 6%, and economic growth returned to a reasonable range. In 2024, Yangzhou City will deeply implement the spirit of the Central Economic Work Conference, fully, accurately and comprehensively implement the new development concept, adhere to the principle of seeking progress while maintaining stability, promoting stability through progress, and focusing on the central work of economic construction and the primary task of high-quality development. It will effectively enhance economic vitality, prevent and resolve risks, improve social expectations, consolidate and enhance the positive trend of economic recovery, and continuously write a new

chapter of "strong wealth, beautiful height" in the modernization construction of Yangzhou.

Keywords: Yangzhou; Macroeconomics; Industrial Integration

II Economic Development

B.2 Research Report on Evaluation and Assessment of High
Quality Development in Yangzhou City

*Research Group of Organization Department of Yangzhou
Municipal Party Committee* / 014

Abstract: The evaluation and assessment of high-quality development is a major institutional arrangement to implement the new development concept and promote high-quality development at the forefront. Establishing a sound assessment system and making good use of the evaluation mechanism can not only provide important benchmarks for local development, but also play a guiding, motivating, and constraining role in bridging the practical path. Since 2023, Yangzhou has taken the clear requirements put forward by the Party Central Committee and the Provincial Party Committee for high-quality development as the fundamental principle, and has comprehensively considered the indicator system, evaluation methods, and results of comprehensive assessment using systematic thinking. The goal and task of high-quality development have been concretized, and the promotion process of assessment has been refined, forming a set of evaluation and assessment systems that are conducive to promoting high-quality development at the levels of ideology, system, policy, and practice. Yangzhou has condensed a continuous source of development momentum with assessment efficiency as a "good place".

Keywords: High-quality Development; Evaluation Mechanism; Yangzhou

B . 3　Research Report on the Economic System Reform of

　　　Yangzhou City in 2023

Research Group of Yangzhou Development and Reform Commission / 025

Abstract: Economic system reform is the key to comprehensively deepening reform. In 2023, the economic system reform work in Yangzhou City adheres to the guidance of the Xi Jinping's socialist ideology with Chinese characteristics in the new era, fully implements the decision-making arrangements of the central, provincial, and municipal committees to deepen reform, focuses on key areas such as the comprehensive service reform of "streamlining administration, delegating powers, and improving services", supply side structural reform, and the construction of a new development pattern, and plans and launches a number of important reform items and innovative reform measures. These reforms have achieved fruitful results and promoted the overall recovery of the economy.

Keywords: Economic System Reform; Supply Side Structural Reform; Yangzhou

B . 4　Research Report on the Development of Service Industry

　　　in Yangzhou City in 2023

Research Group of Yangzhou Development and Reform Commission / 036

Abstract: The first part of this report outlines the phased characteristics of the service industry development in Yangzhou City in 2023, including the overall operation of the city's service industry and the development of the service industry in various counties (cities, districts); The second part provides an overview of the key work carried out since 2023, including coordinating the management of service industry goals, fully promoting the recruitment and construction of service industry projects, cultivating and strengthening service industry market entities, and accelerating the construction of new service industry systems; The third part

outlines the key tasks that the service industry needs to focus on in the next stage according to the target tasks.

Keywords: Yangzhou; Service Industry; Goal Management

B.5 Research Report on the Development of Digital Economy in Yangzhou City in 2023

Research Group of Yangzhou Development and Reform Commission / 046

Abstract: The digital economy is a new economic form that takes data resources as the key element, modern information networks as the main carrier, information and communication technology integration and application, and full factor digital transformation as important driving forces. In recent years, the Yangzhou Municipal Party Committee and Government have regarded the digital economy as a key increment for transformation and development. This article carefully summarizes the current situation of digital economy development in the city, and based on this, proposes the trends of digital economy development and the shortcomings of Yangzhou, and clarifies the main measures for promoting digital economy development in the next stage.

Keywords: Digital Economy; Core Industries; Yangzhou

B.6 Research Report on High Quality Development of Manufacturing Industry in Yangzhou City in 2023

Research Group of Yangzhou Municipal Bureau of Industry and

Information Technology / 054

Abstract: Manufacturing is the foundation of a country and the foundation of a strong country. In 2023, Yangzhou City deeply implemented the important discourse and instructions of General Secretary Xi Jinping on the development of new industrialization, focused on the main waterway of industrial science and technology innovation cities, accelerated the construction of a modern industrial system with advanced manufacturing as the core, and further played the role of the manufacturing industry as a "ballast stone" and "main force". Next, Yangzhou will take new industrialization as the direction, focus on building the "613" industrial system, promote deep integration of industrial chain, innovation chain, capital chain, and talent chain, focus on cultivating new quality productivity, and accelerate the construction of an influential and competitive advanced manufacturing base and industrial science and technology innovation highland in the Yangtze River Delta.

Keywords: Manufacturing Industry; New Industrialization; Industrial Development; Innovation Transformation

B.7 Research Report on the High Quality Development Path of Development Parks in Yangzhou City in 2023

Research Group of Yangzhou Natural Resources and Planning Bureau / 062

Abstract: Development parks are the main battlefield for industrial development and technological innovation, and play a crucial role in the city's economic development. Against the backdrop of the current transition from the "incremental era" to the "stock era" of national land space, pursuing high-quality development has become an inevitable trend in building modern industrial parks. Industrial agglomeration and land intensification have become new issues facing the development of development parks, and supporting services have become the core elements to attract enterprises and talents. Therefore, this report starts from the three dimensions of "industry, space, and service", analyzes the current situation and problems, proposes countermeasures and suggestions, in order to promote the high-quality development of development parks and assist in the construction of

Yangzhou's "Industrial Science and Technology Innovation City".

Keywords: Development Park; Yangzhou; Industrial Space; Industrial Science and Technology Innovation City

B.8　Research Report on the Development of Yangzhou's Open Economy in 2023

Research Group of Yangzhou Municipal Bureau of Commerce / 072

Abstract: In 2023, the open economy in Yangzhou City has made steady progress, with strong improvement in open carriers and continuous optimization of the open environment. However, there are still weak areas in terms of total scale, structural quality, and import and export balance. On the basis of in-depth research, this article carefully summarizes the current situation of the development of Yangzhou's open economy, dialectically analyzes its advantages and disadvantages, and combines the analysis of the opportunities and challenges currently faced. From the aspects of promoting investment attraction, expanding quantity and improving quality, promoting stable scale and structure of foreign trade, improving the level of open platform carriers, optimizing and improving the business environment, etc., it proposes the next steps of development ideas and measures, so as to promote the high-quality development of the city's open economy with a higher level of opening up to the outside world.

Keywords: Open Economy; Yangzhou; Open Carrier

B.9　Research Report on the Development of New Tourism Formats in Yangzhou City in 2023

Research Group of Yangzhou Municipal People's Government Office / 081

Abstract: In 2023, Yangzhou City adheres to the development of new formats to promote the upgrading of the tourism industry, and the new tourism formats maintain a strong development momentum. However, compared to advanced regions, the development of new tourism formats in Yangzhou still faces some "shortcomings" and "bottlenecks" constraints. Yangzhou should follow the direction of cultural and tourism integration and the trend of high-quality, healthy, themed, deep, customized, intelligent, and trendy development of tourism supply, establish the unique resource endowment of Yangzhou, and focus on building a new tourism format development pattern of "characteristic cultural experience tourism+ecological leisure vacation tourism+other new formats" (1+1+ X) to help upgrade the construction of Yangzhou's cultural and tourism city.

Keywords: Tourism; New Business Formats; Yangzhou

B. 10   Research on the Development and Countermeasures of

Yangzhou's Sports Industry in 2023

Research Group of Yangzhou Sports Bureau / 091

Abstract: The sports industry is an important component of the socialist market economy and an important part of promoting high-quality development and building a modern economic system. Accelerating the cultivation of market entities in the sports industry is of great significance for enhancing economic endogenous momentum and promoting high-quality development.

Keywords: Sports Industry; Industrial Structure; Yangzhou

B. 11   Review and Outlook on the Financial Situation in Yangzhou

City in 2023   *Research Group of Yangzhou Financial Society* / 098

Abstract: In 2023, facing the complex economic and financial situation, the entire city's financial system will resolutely implement the decisions and

扬州蓝皮书

deployments of the central, municipal, and municipal governments, combine with the requirements of the city's "Year of Vigor and Progress" work, accurately and effectively implement a prudent monetary policy, continue to implement a series of sub policy measures, increase financial support for entities, effectively prevent financial risks, steadily promote financial innovation, effectively improve financial services, and help the economy recover and improve. The total amount of monetary credit in the city has steadily increased, with loan growth ranking at the highest in history. The credit structure has been further optimized, supporting key areas and weak links of the economy effectively and effectively. Financing costs have been steadily reduced, and various financial indicators have maintained a good level. Affected by the still severe and complex external situation, as well as numerous uncertain factors, the sustained recovery and development of the economy still face many challenges. The quality and efficiency of financial services for the real economy still need to be further improved, and financial risk prevention and control still need further attention. Looking forward to the future, the city's financial departments will continue to increase their support for the real economy, focus on maintaining financial stability, take the practical action of taking the road of financial development with Chinese characteristics, and provide more powerful financial support for comprehensively promoting the new practice of Chinese path to modernization in Yangzhou.

Keywords: Financial Operation; Credit Support; Real Economy

Ⅲ Social Development

B.12 Analysis Report on Income and Consumption Status of
Urban and Rural Residents in Yangzhou City in 2023

Research Group of Yangzhou Survey Team of the National

Bureau of Statistics / 103

Abstract: The report of the 20th National Congress of the Communist Party

of China pointed out the need to "solidly promote common prosperity".
Resident income, as an important indicator reflecting the level of prosperity of
residents, is an important lever and powerful measure to promote the construction
of common prosperity. This article focuses on analyzing the current situation and
characteristics of income and living consumption of urban and rural residents in
Yangzhou in 2023. By comparing with data from other regions in the province
and counties within the city, it analyzes the shortcomings and shortcomings of
residents in increasing income and promoting consumption, and explores ways and
measures to further increase income for urban and rural residents, improve income
distribution systems, and promote consumption upgrading.

Keywords: Yangzhou; Urban and Rural Residents; Income; Consumption

B.13　Report on the Consumer Price Situation of Residents

　　　　in Yangzhou City in 2023

Research Group of Yangzhou Survey Team of the

National Bureau of Statistics / 114

Abstract: Consumption is closely related to people's well-being and overall
economic development. A stable price level and a good consumption environment
are the key foundations for boosting consumer confidence and promoting social
consumption. In order to improve the happiness and sense of gain of the masses,
Yangzhou City will focus on promoting the work of ensuring the supply and stable
prices of important livelihood commodities in 2023. The supply of important
livelihood commodities such as grain, pork, aquatic products, and vegetables will
steadily increase, and a series of consumption promotion policies have been
introduced to encourage the restoration and expansion of consumption. At the same
time, special rectification work will be vigorously carried out on the consumer
market order. In 2023, Yangzhou City will have sufficient supply of various
consumer goods and service projects, orderly and standardized market operation, and

the overall level of consumer prices will be in a low operating trend.

Keywords: Yangzhou; Consumer Prices; Operational Situation

B.14　Research Report on the Development of Rural Revitalization
　　　　Strategy in Yangzhou City in 2023

Research Group of Yangzhou Agriculture and Rural Bureau / 127

Abstract: Comprehensively promoting rural revitalization is not only a major task to achieve the great rejuvenation of the Chinese nation, but also a key move to adapt to the situation and open up new opportunities. In recent years, the work of agriculture, rural areas, and farmers in Yangzhou has always adhered to the guidance of the Xi Jinping's socialist ideology with Chinese characteristics in the new era, fully implemented various decisions and deployments of the central and provincial governments, and achieved positive results in rural revitalization. Based on the background of the rural revitalization strategy, this article analyzes the current situation of rural revitalization development in Yangzhou, sorts out the main problems currently existing, and proposes specific measures to accelerate the construction of a strong agricultural city, advance the modernization of agriculture and rural areas, and strive to build a new era of fish and rice town with strong agriculture; beautiful rural areas, and rich farmers.

Keywords: Rural Revitalization; Agriculture, Rural Areas, and Farmers; Modernization of Agriculture and Rural Areas

B.15　Research Report on the Development of Education in
　　　　Yangzhou City in 2023

Research Group of Yangzhou Education Bureau / 136

Abstract: In 2023, the education system of Yangzhou City will take theme education as the guide, focus on the requirements of high-quality education development, continuously deepen education reform, and strive to provide satisfactory "good education" for the masses in Yangzhou. In the future, the education system in Yangzhou will anchor the goal of striving forward, maintain a "running posture", and coordinate the integration and improvement of educational resources, policy investment, reform and innovation, and connotation development.

Keywords: Education Industry; Basic Education; High Quality Education; Yangzhou

B.16 Report on the Development of Health Care in Yangzhou City in 2023

Research Group of Yangzhou Municipal Health Commission / 142

Abstract: Yangzhou has always prioritized the development of people's life safety and physical health. This article comprehensively analyzes the current development status of Yangzhou, analyzes the health resources and service volume, and provides a good foundation for the development of Yangzhou's health industry; This paper analyzes the current situation of development. Yangzhou City has steadily and orderly implemented the "Class B and Class B management" of the COVID-19 epidemic, and high-quality development has become more successful. The key health work has been steadily promoted. The article analyzes the risks and challenges in the healthcare industry and proposes four countermeasures and suggestions: fully implementing the demonstration project of public hospital reform and high-quality development; Continuously deepening the construction of healthy Yangzhou; Accelerate the construction of an integrated medical and health service system; Continuously increasing efforts to ensure the protection of key populations.

Keywords: Hygiene and Health; Healthy Yangzhou; Reform of Public Hospitals

B. 17　Report on the Development of Civil Affairs in Yangzhou

City in 2023

Research Group of Yangzhou Civil Affairs Bureau / 148

Abstract: In 2023, Yangzhou's civil affairs adhered to the development concept of putting the people at the center, showcasing the people's sentiment in promoting high-quality development of civil affairs. Civil affairs work took the lead and worked steadily, striving to answer this warm and thick civil affairs questionnaire well. This article summarizes the development of civil affairs in Yangzhou in 2023, explores the problems in social assistance, elderly care services, social affairs and other fields, and proposes to make efforts in four aspects: ensuring basic livelihood throughout the entire process, promoting public services throughout the cycle, comprehensively improving governance level, and comprehensively consolidating the foundation of work.

Keywords: Five Societies Linkage; Elderly Care Services; Yangzhou; Civil Affairs

B. 18　Research Report on the Development of Yangzhou's

Characteristic Cultural Industry Cluster in 2023

Research Group of Yangzhou Municipal Bureau of Statistics / 159

Abstract: The statistics of characteristic cultural industries is an important task jointly deployed by the Propaganda Department of the Jiangsu Provincial Party Committee and the Provincial Bureau of Statistics to promote the development of cultural industries. It is not only an important tool to comprehensively reflect the development status of characteristic cultural industries in Jiangsu Province, but also an important basis for accurately calculating the added value of cultural industries in various regions. Taking the statistical work of characteristic cultural industries as an opportunity, Yangzhou City expands the scope of cultural industry statistical work, deeply understands the development of characteristic cultural industries in various regions, in order to provide data reference for the protection and development of material cultural heritage, provide a basis for exploring new methods and ideas of cultural statistics in Yangzhou City, and strive to comprehensively improve the quality and efficiency of the development of characteristic cultural industries.

Keywords: Characteristic Cultural Industry; Material Cultural Heritage; Yangzhou

B.19 Report on Enlarged "World Food Capital" Brand Construction and Development in Yangzhou City in 2023

Research Group of Yangzhou Municipal Bureau of Commerce / 169

Abstract: In 2019, Yangzhou was selected for the UNESCO Creative City Network, becoming the fourth "World Food Capital" in China. As one of the international business cards of the "Three Capitals", Yangzhou attaches great importance to the business card of the "World Food Capital". It places the construction of the "World Food Capital" in the urban development strategy system, promotes the improvement of industry quality and efficiency, strengthens external exchanges and cooperation, and systematically creates a brand of Yangzhou's food culture. It showcases the charm of Yangzhou's food culture from multiple perspectives, comprehensively polishing the golden signboard of the "World Food Capital", and adds new momentum to promoting high-quality urban development, enhancing the city's domestic and international influence, and building a new "strong, rich, beautiful, and high" Yangzhou.

Keywords: Yangzhou; The world's Culinary Capital; Brand Building

Ⅳ　Public Services

B.20　Report on City Business Entity Development in Yangzhou

City in 2023

Research Group of Yangzhou Market Supervision Administration / 178

Abstract: Business entities are important participants in business activities and the main driving force for sustainable economic development. The vitality of the operating entity represents the vitality of economic development. In 2023, the Market Supervision Administration of Yangzhou City has always adhered to the principle of "two unwavering", actively created a good business environment for business entities, further stimulated their development vitality, and promoted the healthy development of the socialist market economy. Next, we will continue to promote the expansion and improvement of business entities, expand and strengthen them, and inject strong impetus into the high-quality development of the economy and society.

Keywords: Business Entity; Business Environment; Yangzhou

B.21　Report on Public Employment Service System Construction

and Development in Yangzhou City in 2023

Research Group of Yangzhou Human Resources and

Social Security Bureau / 196

Abstract: The report of the 20th National Congress of the party points out that employment is the most basic livelihood of the people. People are one of the decisive factors in urban development, and the key to retaining people is employment. At the sixth plenary session of the eighth session of the CPC

Yangzhou municipal committee, it was proposed that the construction of a high-quality city with full employment should be further promoted. The 2023 and social welfare departments in Yangzhou should focus on this goal, taking the construction of employment service station at home as the starting point, to thoroughly understand the current situation of employment service at the grass-roots level, the results achieved and the problems and challenges faced, and to widely solicit opinions and suggestions from various parties, finally, it will form countermeasures and paths to improve Yangzhou's public employment services and promote high-quality full employment.

Keywords: Yangzhou; Public Employment; Service System

B.22 Report on the 2023 Development of Cultural Tourism in Yangzhou

Yangzhou Culture, Radio, Television and Tourism Bureau / 204

Abstract: In 2023, Yangzhou City adheres to the "demonstration and driving strategy of major cultural and tourism projects", leading the high-quality development of the cultural and tourism industry with high-quality projects. The promotion system for cultural and tourism projects is gradually improving, project investment is growing rapidly, cultural and tourism integration is deepening, and the driving effect is becoming increasingly evident; But at the same time, it faces severe challenges such as insufficient endogenous power support, increasingly prominent resource constraints, and doubled horizontal comparative pressure. At present, Yangzhou City should seize the important opportunity period of "cultural and tourism city construction", further update development concepts, optimize industrial structure, activate existing projects, strengthen factor guarantees, and improve promotion mechanisms, in order to enhance its contribution to the "good place" of industrial prosperity and cultural and tourism cooperation.

Keywords: Cultural Tourism; Key Projects; Yangzhou

B . 23   Research Report on "One task, One Action" Reform

in Yangzhou City in 2023

Research Group of Yangzhou Municipal Government

Service Management Office / 212

Abstract: The "one task, one action" reform is a powerful manifestation of adhering to the people-centered development concept, and an important measure to accelerate the transformation of government functions, continuously optimize the business environment, and improve the efficiency of government services. In 2023, the "closure and filing of business entities" in Yangzhou City was recognized by the State Administration for Market Regulation, and its experience and practices were published by internal journals of the State Administration for Market Regulation. The "retirement of military personnel" was recognized by the Jiangsu Provincial Department of Military Retirement, and the "real estate registration + execution" was rated as an "innovative project for the construction of the rule of law in Jiangsu Province from 2021 to 2023". The "batch online handling of changes in chain enterprise branches" was included in the "2023 Provincial Key Points for Registration and Registration Work" by the Jiangsu Provincial Administration for Market Regulation and promoted throughout the province.

Keywords: Full Lifecycle; One task, One Action; Yangzhou

B . 24   Research Report on the Modernization Development of

Road Traffic Governance in Yangzhou City in 2023

Research Group of Yangzhou Public Security Bureau / 221

Abstract: Road traffic management is an important task related to people's life safety, livelihood, urban civilization, and safety production. It is also a complex and open system engineering. In 2023, Yangzhou has made a lot of explorations in strengthening road traffic management and achieved certain results. However, due to various factors, there are still many bottleneck problems. Guided by the spirit of the 20th National Congress of the Communist Party of China, with the theme of serving the high-quality development of the city, and with the goal of enhancing the happiness, security, and satisfaction of the citizens, we need to implement the construction of " localization, refinement, informatization, standardization, rule of law, and institutionalization" of road traffic governance, fully promote the modernization of road traffic governance in Yangzhou, and use "good transportation" to help "good places" improve Yangzhou.

Keywords: Yangzhou; Road Traffic Management; Modernization of Urban Transportation

社会科学文献出版社

皮 书

智库成果出版与传播平台

❖ 皮书定义 ❖

皮书是对中国与世界发展状况和热点问题进行年度监测，以专业的角度、专家的视野和实证研究方法，针对某一领域或区域现状与发展态势展开分析和预测，具备前沿性、原创性、实证性、连续性、时效性等特点的公开出版物，由一系列权威研究报告组成。

❖ 皮书作者 ❖

皮书系列报告作者以国内外一流研究机构、知名高校等重点智库的研究人员为主，多为相关领域一流专家学者，他们的观点代表了当下学界对中国与世界的现实和未来最高水平的解读与分析。

❖ 皮书荣誉 ❖

皮书作为中国社会科学院基础理论研究与应用对策研究融合发展的代表性成果，不仅是哲学社会科学工作者服务中国特色社会主义现代化建设的重要成果，更是助力中国特色新型智库建设、构建中国特色哲学社会科学"三大体系"的重要平台。皮书系列先后被列入"十二五""十三五""十四五"时期国家重点出版物出版专项规划项目；自2013年起，重点皮书被列入中国社会科学院国家哲学社会科学创新工程项目。

皮书网

（网址：www.pishu.cn）

发布皮书研创资讯，传播皮书精彩内容
引领皮书出版潮流，打造皮书服务平台

栏目设置

◆ **关于皮书**

何谓皮书、皮书分类、皮书大事记、
皮书荣誉、皮书出版第一人、皮书编辑部

◆ **最新资讯**

通知公告、新闻动态、媒体聚焦、
网站专题、视频直播、下载专区

◆ **皮书研创**

皮书规范、皮书出版、
皮书研究、研创团队

◆ **皮书评奖评价**

指标体系、皮书评价、皮书评奖

所获荣誉

◆ 2008年、2011年、2014年，皮书网均
在全国新闻出版业网站荣誉评选中获得
"最具商业价值网站"称号；

◆ 2012年，获得"出版业网站百强"称号。

网库合一

2014年，皮书网与皮书数据库端口合
一，实现资源共享，搭建智库成果融合创
新平台。

皮书网

"皮书说"
微信公众号

权威报告·连续出版·独家资源

皮书数据库
ANNUAL REPORT(YEARBOOK)
DATABASE

分析解读当下中国发展变迁的高端智库平台

所获荣誉

- 2022年，入选技术赋能"新闻+"推荐案例
- 2020年，入选全国新闻出版深度融合发展创新案例
- 2019年，入选国家新闻出版署数字出版精品遴选推荐计划
- 2016年，入选"十三五"国家重点电子出版物出版规划骨干工程
- 2013年，荣获"中国出版政府奖·网络出版物奖"提名奖

皮书数据库

"社科数托邦"
微信公众号

成为用户

登录网址www.pishu.com.cn访问皮书数据库网站或下载皮书数据库APP，通过手机号码验证或邮箱验证即可成为皮书数据库用户。

用户福利

- 已注册用户购书后可免费获赠100元皮书数据库充值卡。刮开充值卡涂层获取充值密码，登录并进入"会员中心"—"在线充值"—"充值卡充值"，充值成功即可购买和查看数据库内容。
- 用户福利最终解释权归社会科学文献出版社所有。

社会科学文献出版社 皮书系列
SOCIAL SCIENCES ACADEMIC PRESS (CHINA)

卡号：758858793131
密码：

数据库服务热线：010-59367265
数据库服务QQ：2475522410
数据库服务邮箱：database@ssap.cn
图书销售热线：010-59367070/7028
图书服务QQ：1265056568
图书服务邮箱：duzhe@ssap.cn

S 基本子库
SUB DATABASE

中国社会发展数据库（下设 12 个专题子库）

紧扣人口、政治、外交、法律、教育、医疗卫生、资源环境等 12 个社会发展领域的前沿和热点，全面整合专业著作、智库报告、学术资讯、调研数据等类型资源，帮助用户追踪中国社会发展动态、研究社会发展战略与政策、了解社会热点问题、分析社会发展趋势。

中国经济发展数据库（下设 12 专题子库）

内容涵盖宏观经济、产业经济、工业经济、农业经济、财政金融、房地产经济、城市经济、商业贸易等 12 个重点经济领域，为把握经济运行态势、洞察经济发展规律、研判经济发展趋势、进行经济调控决策提供参考和依据。

中国行业发展数据库（下设 17 个专题子库）

以中国国民经济行业分类为依据，覆盖金融业、旅游业、交通运输业、能源矿产业、制造业等 100 多个行业，跟踪分析国民经济相关行业市场运行状况和政策导向，汇集行业发展前沿资讯，为投资、从业及各种经济决策提供理论支撑和实践指导。

中国区域发展数据库（下设 4 个专题子库）

对中国特定区域内的经济、社会、文化等领域现状与发展情况进行深度分析和预测，涉及省级行政区、城市群、城市、农村等不同维度，研究层级至县及县以下行政区，为学者研究地方经济社会宏观态势、经验模式、发展案例提供支撑，为地方政府决策提供参考。

中国文化传媒数据库（下设 18 个专题子库）

内容覆盖文化产业、新闻传播、电影娱乐、文学艺术、群众文化、图书情报等 18 个重点研究领域，聚焦文化传媒领域发展前沿、热点话题、行业实践，服务用户的教学科研、文化投资、企业规划等需要。

世界经济与国际关系数据库（下设 6 个专题子库）

整合世界经济、国际政治、世界文化与科技、全球性问题、国际组织与国际法、区域研究 6 大领域研究成果，对世界经济形势、国际形势进行连续性深度分析，对年度热点问题进行专题解读，为研判全球发展趋势提供事实和数据支持。

法律声明

"皮书系列"（含蓝皮书、绿皮书、黄皮书）之品牌由社会科学文献出版社最早使用并持续至今，现已被中国图书行业所熟知。"皮书系列"的相关商标已在国家商标管理部门商标局注册，包括但不限于LOGO（▧）、皮书、Pishu、经济蓝皮书、社会蓝皮书等。"皮书系列"图书的注册商标专用权及封面设计、版式设计的著作权均为社会科学文献出版社所有。未经社会科学文献出版社书面授权许可，任何使用与"皮书系列"图书注册商标、封面设计、版式设计相同或者近似的文字、图形或其组合的行为均系侵权行为。

经作者授权，本书的专有出版权及信息网络传播权等为社会科学文献出版社享有。未经社会科学文献出版社书面授权许可，任何就本书内容的复制、发行或以数字形式进行网络传播的行为均系侵权行为。

社会科学文献出版社将通过法律途径追究上述侵权行为的法律责任，维护自身合法权益。

欢迎社会各界人士对侵犯社会科学文献出版社上述权利的侵权行为进行举报。电话：010-59367121，电子邮箱：fawubu@ssap.cn。

社会科学文献出版社